詳説日本史 改訂版（日B309）準拠

高校の先生がつくった

教科書の要約
と年表で学ぶ

日本史

編著　梶野靖夫
　　　Kajino Yasuo

JN107540

山川出版社

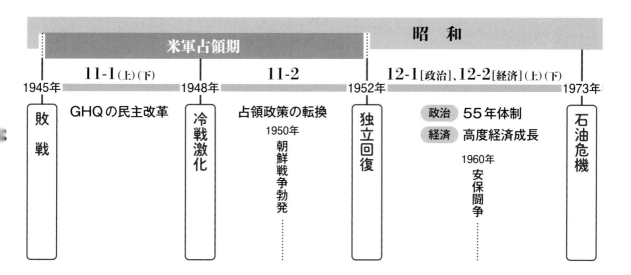

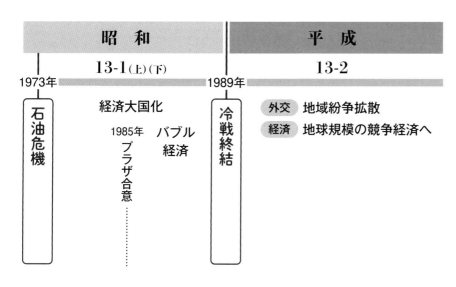

日本史略年表

※学説・用語の厳密さよりも、わかりやすさを優先して、単純化してまとめました。

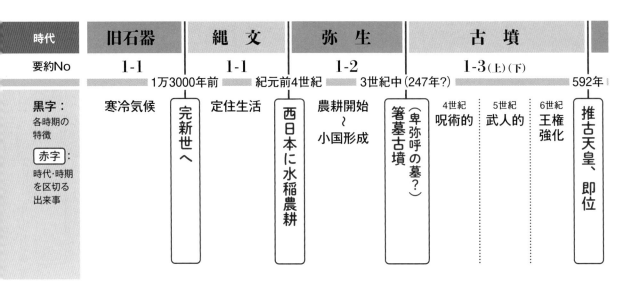

時代	旧石器	縄 文	弥 生	古 墳	
要約No	1-1	1-1	1-2	1-3(上)(下)	

| 1万3000年前 | 紀元前4世紀 | 3世紀中(247年?) | | 592年 |

- 寒冷気候
- 完新世へ
- 定住生活
- 西日本に水稲農耕 — 農耕開始〜小国形成
- 箸墓古墳（卑弥呼の墓?）
- 4世紀 呪術的
- 5世紀 武人的
- 6世紀 王権強化
- 推古天皇、即位

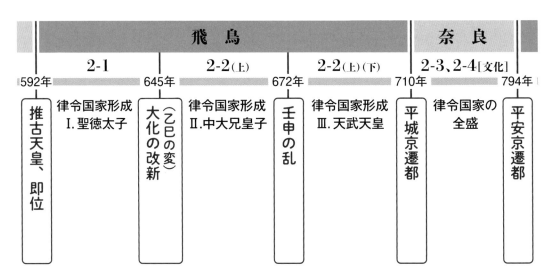

	飛 鳥			奈 良	
	2-1	2-2(上)	2-2(上)(下)	2-3、2-4[文化]	

592年 — 645年 — 672年 — 710年 — 794年

- 推古天皇、即位
- 律令国家形成 I.聖徳太子
- （乙巳の変）大化の改新
- 律令国家形成 II.中大兄皇子
- 壬申の乱
- 律令国家形成 III.天武天皇
- 平城京遷都
- 律令国家の全盛
- 平安京遷都

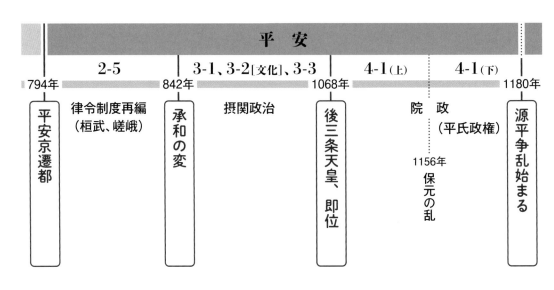

	平 安				
	2-5	3-1、3-2[文化]、3-3	4-1(上)	4-1(下)	

794年 — 842年 — 1068年 — 1180年

- 平安京遷都
- 律令制度再編（桓武、嵯峨）
- 承和の変
- 摂関政治
- 後三条天皇、即位
- 院政（平氏政権）
- 1156年 保元の乱
- 源平争乱始まる

黒字：各時期の特徴
赤字：時代・時期を区切る出来事

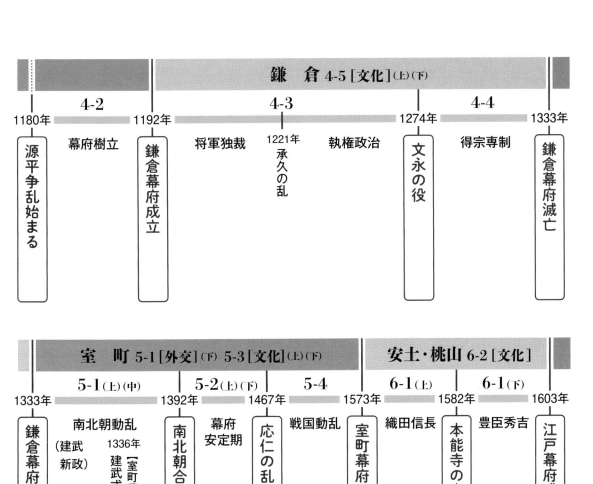

鎌　倉 4-5 [文化] (上) (下)

4-2　　　　　　　　　　4-3　　　　　　　　　4-4

1180年　　　　1192年　　　　　　　　　　1274年　　　　　1333年

幕府樹立　　　　　将軍独裁　　　　　執権政治　　　得宗専制

1221年
承久の乱

源平争乱始まる　　鎌倉幕府成立　　　　　　　　　　文永の役　　　鎌倉幕府滅亡

室　町 5-1 [外交] (下) 5-3 [文化] (上) (下)　　　**安土・桃山** 6-2 [文化]

5-1 (上) (中)　　5-2 (上) (下)　　5-4　　　6-1 (上)　　6-1 (下)

1333年　　　　1392年　　　　1467年　　　1573年　　　1582年　　　1603年

南北朝動乱　　　幕府安定期　　戦国動乱　　　織田信長　　　豊臣秀吉

（建武新政）　　1336年
　　　　　　　　【室町幕府成立へ】
　　　　　　　　建武式目

鎌倉幕府滅亡　　南北朝合体　　応仁の乱始まる　　室町幕府滅亡　　本能寺の変　　江戸幕府成立

　　　　　　　　3代義満　　8代義政

江　戸

6-3 (上) (中) (下)　7-1、7-2 (上) (下)　8-1 (上) (下)　8-3 (上) (下)　9-1

6-4　　　　　　7-3 [文化]　　　8-2 [文化]　　8-4 [文化]　　(上)　(下)

1603年　　　1651年　　　1716年　　　1787年　　　1853年　　　1868年

幕藩体制づくり　文治政治　　幕政改革　　列強接近　　幕末の動乱　明治維新
（武断政治）

江戸幕府成立　　（由井正雪の乱）　8代吉宗　（享保）（田沼）（寛政改革始まる）　ペリー来航　（戊辰戦争開始）
　　　　　　　　4代家綱　　　　　　上　下　11代家斉（寛政）（天保）　　　1860年
　　　　　　　　　　　　　　　　　　　　　　　　　　　　　　桜田門外の変

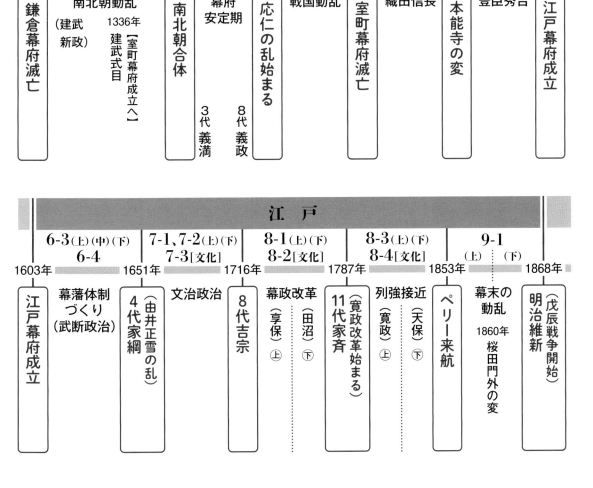

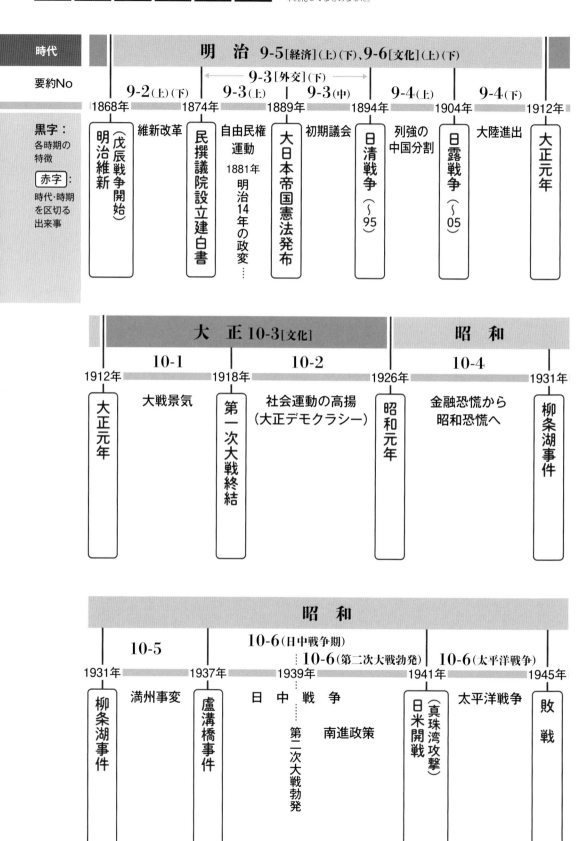

日本史略年表

※学説・用語の厳密さよりも、わかりやすさを優先して、単純化してまとめました。

時代 　明　治　9-5[経済](上)(下)、9-6[文化](上)(下)

要約No

9-3[外交](下)

9-2(上)(下)　9-3(上)　9-3(中)　9-4(上)　9-4(下)

1868年　1874年　1889年　1894年　1904年　1912年

黒字：各時期の特徴
[赤字]：時代・時期を区切る出来事

明治維新 ｜ (戊辰戦争開始) ｜ 維新改革 ｜ 民撰議院設立建白書 ｜ 自由民権運動　1881年　明治14年の政変… ｜ 大日本帝国憲法発布 ｜ 初期議会 ｜ 日清戦争(〜95) ｜ 列強の中国分割 ｜ 日露戦争(〜05) ｜ 大陸進出 ｜ 大正元年

大　正　10-3[文化]　　　　昭　和

10-1　　　　10-2　　　　10-4

1912年　1918年　1926年　1931年

大正元年 ｜ 大戦景気 ｜ 第一次大戦終結 ｜ 社会運動の高揚(大正デモクラシー) ｜ 昭和元年 ｜ 金融恐慌から昭和恐慌へ ｜ 柳条湖事件

昭　和

10-5　　10-6(日中戦争期)　10-6(第二次大戦勃発)　10-6(太平洋戦争)

1931年　1937年　1939年　1941年　1945年

柳条湖事件 ｜ 満州事変 ｜ 盧溝橋事件 ｜ 日中戦争　第二次大戦勃発　南進政策 ｜ 日米開戦(真珠湾攻撃) ｜ 太平洋戦争 ｜ 敗戦

はじめに

　本書は、教科書『詳説日本史 改訂版』（日 B309、山川出版社、以下『詳説』）を使いこなして、基礎固めから論述対策までをおこなう問題集です。

　『詳説』は「時期区分の厳密さ」と「詳細で正確な記述」に特長があり、日本史受験に必須の教科書です。とくに時期区分の厳密さは、歴史認識の土台となるものです。しかし、それゆえに、これを使いこなすのは実はそれほど容易ではありません。

　私は愛知県の県立高校で教鞭をとってきましたが、『詳説』を使いこなすため、要約文と年表で授業プリントを作成し、長い間、高校生と一緒に使ってきました。本書は、この授業プリントが土台になっています。

　『詳説』を徹底的に使いこなし、あとは志望大学（あるいは共通テスト）の過去問演習だけで足りるように、工夫して作成してあります。私の教え子たちと同じように、是非、皆さんも本書を徹底的に使いこなして、志望校に合格して欲しいと願っています。

2021年7月

梶野靖夫

本書の構成と使い方

〈構成〉

1　教科書『詳説日本史 改訂版』（日B309、山川出版社、以下『詳説』）の各節ごとに、基本的に
　見開きに要約しました（内容の多い節は、分割して掲載しています）。各節の番号は、折り込み
　の「日本史略年表」と対応しています。

2　各節の中の小見出しは『詳説』よりも、細かく内容ごとに整理しました。この小見出しをテー
　マとする要約文には、穴埋め語句を設けています。これは、歴史事象把握のための基礎用語＋入
　試頻出用語という基準で設定しています。

3　小見出しの横にある→は、『詳説』の参照ページです。穴埋めの作業にも、関連学習としても
　参照が必要です。🔍は、要約文を視覚的に補うものとして、ぜひ図録などで確認して欲しいこ
　とを示しています。

4　論述対策として、本書を活用した「論述問題の解法」をコラムで示しました。

〈使い方〉

以下の順序で進めましょう。

① 穴埋め作業で『詳説』を精読

　解答を見ずに、『詳説』をすみずみまで探して穴埋めをしましょう（本文・脚注・写真の説明
　など）。自然に教科書の精読ができます。教科書を精読することは、この先おこなう受験勉強の
　基礎・土台になります。

　※異なる番号の空欄に、同じ語が入る場合があります。

　※穴埋めのヒントとして、あらかじめ答えの一部を赤字で示している箇所もあります。

② 歴史用語の習得

　穴埋めを赤ペンで書き込むことにより、赤シートで隠しながらの反復練習が容易になります。
　歴史事象の内容（要約文）の中に用語を位置づけ、生きた言葉として覚えましょう。

③ 論述問題の基礎知識（内容把握）

　小見出しをテーマとした内容が、要約文で簡潔にまとめられているため、論述問題に取り組む
　ために必要な、歴史事象の内容把握が容易になります。歴史事象の内容把握のためには、小見出
　しを見て穴埋め語句を思い出す練習も効果的です。

　※論述対策は、コラム「論述問題の解法」でくわしく解説していますので、是非読んでみてください。

④ 時期区分学習で、共通テスト対策

　時期区分学習（P.3を参照）で、『詳説』の「一つひとつの時期」のイメージをつくり、「こ
　の出来事はいつの時期のものか？」を見きわめる判断能力をつけましょう。

　→センター試験と同様に大学入学共通テストでも出題される、出来事を時代順に並べ替える問題
　や、時代・時期のずれの正誤を問う問題への対策になります。

⑤ 受験校対策（過去問演習の準備）

　以上の①〜④の学習をふまえることで、自分の受験校の過去問演習が容易になります。ここま
　での学習で使い込んできた『詳説』を横に置き、常に参照しながら、どんどん過去問を解きましょ
　う。

※時期区分学習について

本書では、時期区分を意識した学習を、時期区分学習と呼んでいます。具体的には、『詳説』の各節「一つひとつの時期」のイメージをつくる作業です。

1　学習の際、タイトルの横にある「現在地」や折り込みの「日本史略年表」を参照し、「いま勉強しているのは、いつの時期の出来事か？」を常に意識しながら進めましょう。

2　見開きごとに、略年表でその位置と特徴を把握したら、『詳説』の該当ページを見てください。地図・写真・史料・系図・グラフなどを利用し、各時期の視覚的なイメージを作りましょう。

3　見開きごとに、小見出しだけを拾い読みし、各時期と小見出しを結びつけましょう。その際にも、略年表で各時期の位置を確認しましょう。

4　略年表は、最終的には、何も見ずに手書きできるように暗記しておくと便利です。たとえば、200～400字程度で時代の変化を論述する問題は、略年表の中から該当時期の部分を抜き出すと、容易に取り組めるようになります（P.160のコラムを参照）。

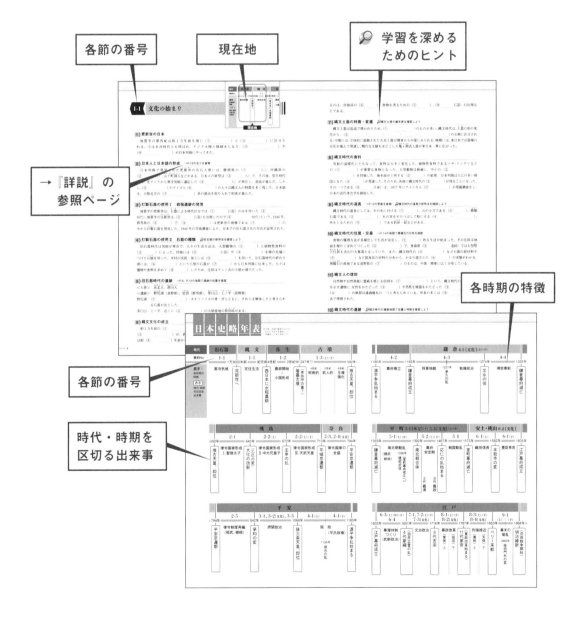

目次

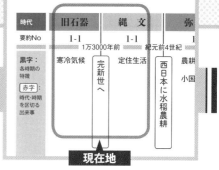

時代	旧石器	縄 文	弥
要約No	1-1	1-1	1

黒字：各時期の特徴
赤字：時代・時期を区切る出来事

1万3000年前　紀元前4世紀
寒冷気候　完新世へ　定住生活　農耕
西日本に水稲農耕　小国

現在地

1-1　文化の始まり

1 ▶更新世の日本

地質学の第四紀は約1万年前を境に（①　　　　　　）と（②　　　　　　）に区分される。①は氷河時代とも呼ばれ、アジア大陸と陸続きになり、（③　　　　　　　　）や（④　　　　　　　　）が日本列島にやってきた。

2 ▶日本人と日本語の形成　→P.15の注②を参照

日本列島で発見された更新世の化石人骨には、静岡県の（①　　　　　　人）、沖縄県の（②　　　　　人）・山下町洞人などがある。日本人の原型は（③　　　　　人）で、その後、弥生時代以降、北アジアから寒冷気候に適応した（④　　　　　　　人）が移住し、混血が進んだ。しかし、（⑤　　　　　）のアイヌと（⑥　　　　　　　）の人々は縄文人の特徴を多く残した。日本語も、大陸北方の（⑦　　　　　　　）系の語法を取り入れて形成が進んだ。

3 ▶打製石器の使用Ⅰ　岩宿遺跡の発見

地質学の更新世は、石器による時代区分では（①　　　　石器）のみを用いた（②　　　　時代）、地質学の完新世は、（③　　　　石器）も出現したので（④　　　　　時代）という。1946年、群馬県の（⑤　　　　　）で、（⑥　　　　　　　）は更新世の地層である（⑦　　　　　　　　）の中から打製石器を発見した。1949年の学術調査により、日本での旧石器文化の存在が証明された。

4 ▶打製石器の使用Ⅱ　石器の種類　🔍旧石器の使用法を確認しよう

旧石器時代は気候が寒冷で、人々の生活方法は、大型動物の（①　　　　　）と植物性食料の（②　　　　　）によった。狩猟には（③　　　　　　石器）や（④　　　　　　　）を棒の先端につけた石槍を用いた。木材の伐採・加工には（⑤　　　　　　　　）を用いた。旧石器時代の終わり頃には、（⑥　　　　　　）という小型の石器が（⑦　　　　　）から日本列島に伝来した。人々は獲物や食料を求めて（⑧　　　　　　）したため、住居はテント式の小屋か洞穴だった。

5 ▶旧石器時代の遺跡　→P.9、P.14の地図で遺跡の位置を確認

＜人骨＞　浜北人、港川人

＜遺跡＞　野尻湖（長野県）、岩宿（群馬県）、茶臼山・上ノ平（長野県）

野尻湖：（①　　　　　　　）・オオツノジカの骨・牙とともに、それらを解体したと考えられる石器が出土した。

茶臼山・上ノ平：近くに（②　　　　　　）の大原産地の和田峠がある。

6 ▶縄文文化の成立

約1万年前の（①　　　　　　　）になると地球の気候は温暖化し、東日本にはブナ・ナラなどの（②　　　　　　　　）が、西日本にはシイなどの（③　　　　　　　　）が広がった。縄文時代は約（④　　　　　）年前から、約（⑤　　　　　）年前までの期間である。縄文文化を特徴づけ

るのは、狩猟具の（⑥　　　　　　　）、食物を煮るための（⑦　　　　　　　）、（⑧　　　　　　　石器）の出現などである。

7 縄文土器の特徴・変遷　　🔍縄文土器の編年表を確認しよう

　縄文土器は低温で焼かれたため、（①　　　　　　　　　　　）のものが多い。縄文時代は、土器（どき）の形の変化から、（②　　　　　・　　　　　・　　　　　・　　　　　・　　　　　・　　　　　）の6期に区分される。中期には、立体的に装飾された火炎土器が関東から中部にみられる。晩期には、東日本では器種の分化が進んで発達し、精巧な文様をほどこした亀ヶ岡（かめがおか）式土器が東日本一帯に広がった。

8 縄文時代の食料

　気候の温暖化にともなって、食料は大きく変化した。植物性食料であるトチ・ドングリなどの（①　　　　　　　）が重要な食物となった。大型動物は絶滅し、中小の（②　　　　　　・　　　　　　　　）を狩猟した。海水面が上昇する（③　　　　　）の結果、日本列島は入江の多い島国となり、（④　　　　　）が発達した。そのため、各地に縄文時代の（⑤　　　　　）が残ることになった。その一つである（⑥　　　　　貝塚）は、1877年にアメリカ人（⑦　　　　　　　）が発掘調査をし、日本の近代考古学を創始した。

9 縄文時代の道具　　→P.13の写真を参照　　🔍縄文時代の道具の使用法を確認しよう

　縄文時代の道具としては、矢の先に付ける（①　　　　　　　）、石の小刀である（②　　　　　　）、磨製（ませい）石器である（③　　　　　　　）、木の実をすりつぶして粉にする（④　　　　　・　　　　　）、魚をとるための（⑤　　　　　　　）である釣針（つりばり）・銛（もり）などがある。

10 縄文時代の住居・交易　　→P.14の地図で黒曜石の分布を確認

　食物の獲得方法が多様化して生活が安定し、（①　　　　　　）的な生活が始まった。その住居は地面を堀りくぼめてつくった（②　　　　　　　）で、青森県（③　　　　　　　遺跡）では大型竪（たて）穴住居（あなじゅうきょ）も含む巨大集落となっていた。また、縄文時代の（④　　　　　　　）など石器の原材料や（⑤　　　　　　　）など装身具の材料の分布から、かなり遠方との（⑥　　　　　　）の実態がわかる。黒曜石（こくようせき）の産地である長野県の（⑦　　　　　　　）のものは、中部・関東に広く分布している。

11 縄文人の信仰

　自然物や自然現象に霊威を感じる信仰を（①　　　　　　　　　　）という。縄文時代の呪術的風習を示す遺物に、女性をかたどった（②　　　　　　）や男性生殖器をかたどった（③　　　　　　）がある。（④　　　　　　）の風習は通過儀礼の一つと考えられている。死者の多くは（⑤　　　　　）という葬法で埋葬された。

12 縄文時代の遺跡　　🔍縄文時代の遺跡地図で位置と特徴を確認しよう

　亀ヶ岡遺跡（青森県）、三内丸山（さんないまるやま）遺跡（青森県）、大森貝塚（おおもりかいづか）（東京都）、津雲貝塚（つくも）（岡山県）

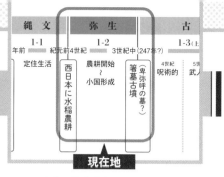

1-2 農耕社会の成立

1 弥生文化の成立Ⅰ 大陸からの伝来 →P.9の本文、P.16の本文、注③を参照

　稲作の伝播経路は、中国の （①　　　　　　　） から山東半島を経て （②　　　　　半島） の西岸に至り、さらに日本に来たと考えられている。弥生文化は、金属器と農耕技術をもつ人々が朝鮮半島から渡来し、在来の （③　　　　　　　） とともに生み出したと考えられる。西日本の弥生遺跡の人骨には、背が高く、顔は面長で （④　　　　　　　） の少ない ［寒冷地適応の］ ものがみられる。

2 弥生文化の成立Ⅱ 西日本から東日本へ

　紀元 （①　　　　　　　） 頃、（②　　　　　　　） に （③　　　　　　　） を基礎とする弥生文化が成立し、その後（④　　　　　　）にも広がった。しかし、（⑤　　　　　　　）と（⑥　　　　　　　　　）［沖 縄 な ど］ に は お よ ば ず、北 海 道 で は（⑦　　　　　　文化）、南 西 諸 島 で は（⑧　　　　　　文化）と呼ばれる食料採取文化が続いた。北海道では7世期以降、食料採取［漁労・狩猟］の （⑨　　　　　　文化）、⑩　　　　　　　文化） が成立する。

3 弥生文化の特徴

　紀元 （①　　　　　　　） 頃から紀元 （②　　　　　　　） の時期を弥生時代と呼んでいる。弥生文化は、（③　　　　　　　） を基礎とし、（④　　　　　　） や （⑤　　　　　　） などの金属器、稲の穂摘み用具など朝鮮半島系の （⑥　　　　　石器）、朝鮮半島伝来の （⑦　　　　　　　技術）などをともなっている。弥生土器は （⑧　　　焼き） で文様が少なく、その名称は、明治17年に東京・本郷弥生町の （⑨　　　　　　貝塚） から出土したときの地名に由来する。

4 水田農耕技術

　水田農耕に関する道具類としては、初期の耕作用には木製の （①　　　　　）・（②　　　　　　） が用いられ、収穫は （③　　　　　　） による （④　　　　　　） がおこなわれた。脱穀には（⑤　　　　　） と （⑥　　　　　） が用いられ、収穫物は （⑦　　　　　　　） や貯蔵穴におさめられた。後期には （⑧　　　　　） が普及し、木鍬・木鋤にも鉄製の刃先がつけられた。その農具を使って （⑨　　　　　） の開発も進められた。

5 弥生時代の葬法

　弥生時代の葬法は、（①　　　　　　）・木棺墓・（②　　　　　　　） などに （③　　　　　　　）したものが多い。九州北部では、地上に大石を配した （④　　　　　　） や、大型の （⑤　　　　　　）に死者を葬ったものもある。また、低い墳丘のまわりに溝をめぐらした （⑥　　　　　　　） が各地にみられる。九州北部の弥生中期の甕棺墓のなかには多数の （⑦　　　　　　　） や青銅製武器を副葬したものがあり、各地に強力な （⑧　　　　　　） が出現したことを示している。

6 青銅器の分布 🔍青銅器の形と分布状況を確認しよう

　豊作祈願・収穫感謝の祭り［神を祀る儀式］には （①　　　　　　　　　　） が用いられた。このうち

（②＿＿＿＿＿＿）は近畿地方、（③＿＿＿＿＿＿＿＿＿）は瀬戸内海中部、（④＿＿＿＿＿＿・＿＿＿＿＿＿）は九州北部を中心に分布している。

7 ▶ 弥生時代の遺跡　🔍 弥生時代の遺跡地図で位置と特徴を確認しよう

菜畑遺跡（佐賀県）、板付遺跡（福岡県）、吉野ヶ里遺跡（佐賀県）、荒神谷遺跡（島根県）、加茂岩倉遺跡（島根県）、唐古・鍵遺跡（奈良県）、登呂遺跡（静岡県）、弥生町遺跡（東京都）

8 ▶ 弥生時代の集落　→P.20のコラムを参照

弥生時代の集落には、まわりに濠や土塁をめぐらした（①＿＿＿＿＿＿＿＿）が少なくない。これは防御用の施設であり、弥生時代が（②＿＿＿＿＿＿）の時代に入ったことを示す。その代表的な遺跡として、佐賀県の（③＿＿＿＿＿＿＿＿遺跡）がある。また、弥生時代の中〜後期には、香川県の（④＿＿＿＿＿＿＿＿遺跡）のように、日常生活には不便な山上に（⑤＿＿＿＿＿＿＿＿）と呼ばれる集落が出現する。これも戦争に備えた集落と考えられる。

9 ▶ 中国の史書Ⅰ　『漢書』地理志［前1世紀］

（①＿＿＿＿＿＿＿＿＿）によると、前1世紀頃倭人の社会は（②＿＿＿＿余国）にわかれ、（③＿＿＿＿＿＿＿）に定期的に使者を送っていたという。

10 ▶ 中国の史書Ⅱ　『後漢書』東夷伝［1世紀］

（①＿＿＿＿＿＿＿＿＿）には、紀元（②＿＿＿＿＿）年に（③＿＿＿＿＿＿＿＿）の王の使者が中国の都洛陽におもむいて（④＿＿＿＿＿＿＿＿）から印綬を受けたことがしるされている。福岡市の（⑤＿＿＿＿＿＿＿）からは、この時に授かった金印が発見されている。印には「（⑥＿＿＿＿＿＿＿＿＿＿＿）」と彫られている。107年には倭国王帥升らが（⑦＿＿＿＿＿＿＿）160人を安帝に献じた。

11 ▶ 中国の史書Ⅲ　「魏志」倭人伝［3世紀］

（①＿＿＿＿＿＿＿＿＿）によると、2世紀末に倭国で大きな争乱がおきたが、諸国は共同して（②＿＿＿＿＿＿＿）の（③＿＿＿＿＿＿＿）を女王に立てると、争乱はおさまった。女王は（④＿＿＿＿＿）年、魏の皇帝に使いを送り、「（⑤＿＿＿＿＿＿＿）」の称号と多数の銅鏡などを下賜された。

12 ▶ 邪馬台国の組織・位置　→P.23の注①を参照

邪馬台国では（①＿＿＿＿＿＿）と（②＿＿＿＿＿＿）などの身分差があり、ある程度の統治組織や租税・刑罰の制度も整っていた。卑弥呼が247年頃に亡くなると再び国内が乱れたが、卑弥呼の一族の女性（③＿＿＿＿＿）が王となっておさまった。この女王国の位置には、（④＿＿＿＿説）と（⑤＿＿＿＿説）の2説があるが、次の時代のヤマト政権との連続性を考えるなら、⑤のほうが自然となる。奈良県桜井市の（⑥＿＿＿＿＿＿遺跡）は、邪馬台国との関係で注目されている。⑥の周辺には（⑦＿＿＿＿＿＿古墳）など出現期の古墳が分布している。

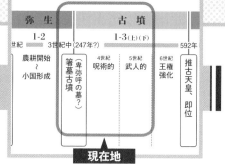

1-3 古墳とヤマト政権（上）

1）古墳の出現［3世紀中後半］

3世紀（①　　　　　　）、大規模な（②　　　　　　　　）が西日本を中心に出現した。埋葬施設は（③　　　　　　　　）で、銅鏡などの（④　　　　的）な副葬品をもつなど画一的特徴がある。古墳は4世紀中頃までに（⑤　　　　地方中部）まで波及した。これは、この地域まで（⑥　　　　　　　　）に組み込まれたことを示している。なお、出現期の古墳として最大規模をもつのは、奈良県桜井市の（⑦　　　　古墳）である。

2）古墳の時期区分と石室・埴輪 →後期の埴輪はP.28を参照

古墳時代は、前期［①　　　　　～　　　　　］、中期［②　　　　　～　　　　　］、後期［③　　　　～　　　　］に区分される。前期・中期の埋葬施設は、棺を（④　　　　　　　）におさめるものや、棺を粘土でおおう（⑤　　　　　　　）などを用いた。後期の埋葬施設は（⑥　　　　　　　）が多くなる。⑥は、墓室である（⑦　　　　）と通路である（⑧　　　　　）をもち、（⑨　　　　　　）が可能である。古墳の墳丘上に並べられる（⑩　　　　　　）も、前・中期は（⑪　　　　埴輪）や（⑫　　　　　埴輪・　　　埴輪）が用いられ、後期には（⑬　　　　埴輪・　　　埴輪）がさかんになる。⑫⑬を形象埴輪という。

3）古墳の特徴Ⅰ　前期［4世紀］

前期古墳の副葬品には、（①　　　　　　　　　）をはじめとする銅鏡や碧玉製の腕輪類など、（②　　　　的）・宗教的色彩の強いものが多い。そのことから、被葬者は（③　　　　的）な性格をもっていたと考えられる。

4）古墳の特徴Ⅱ　中期［5世紀］ （古墳の特徴Ⅲは1-3〈下〉）

中期古墳の副葬品には、（①　　　　　・　　　　　）の占める割合が高くなり、（②　　　　　）も加わり、被葬者の（③　　　　的）性格が強まった。中期には巨大古墳が全国的に出現した。最大規模の古墳は近畿に出現し、第1位は大阪府の（④　　　　　古墳：　　　　　天皇陵古墳）、第2位は大阪府の（⑤　　　　　　古墳：　　　　　天皇陵古墳）である。巨大古墳は近畿以外にも、（⑥　　　　　・　　　　　・　　　　　・　　　　　）［旧国名］などに出現した。岡山県の（⑦　　　　古墳）は第4位の規模をもつ。

5）4世紀の朝鮮半島情勢

4世紀の朝鮮半島は、北部では（①　　　　　　）が領土を広げ、313年に中国直轄地の（②　　　　　　）を滅ぼした。南部は（③　　　　・　　　　・　　　　）の小国連合のなかから、馬韓からは（④　　　　）が、辰韓からは（⑤　　　　）がおこって国家を形成した。

6）大陸との交渉Ⅰ　『高句麗好太王碑』［4世紀末］

ヤマト政権は、朝鮮半島南部の（①　　　　　　）を確保するために（②　　　　　　　　　）と密接な

関係をもった。高句麗の南下に対抗して、ヤマト政権［③　　　　国］は出兵して争った。その事情は（④　　　　　　）の（⑤　　　　　　）の碑文によれば、「（⑥　　　　　　　　）は旧是属民なり。由来朝貢す。而るに（⑦　　　　）、辛卯の年［（⑧　　　　）年］よりこのかた、海を渡りて・・・」と記されている。

7）大陸との交渉Ⅱ　『宋書』倭国伝［5世紀］　→P.27の史料、P.32の本文を参照

ヤマト政権は朝鮮半島南部での立場を有利にするため、5世紀に入るとたびたび中国の南朝に（①　　　　）した。（②　　　　　　　　）によれば、（③　　・　　・　　・　　・　　）と記された（④　　　　　　　）である。そのうち、済・興・武は（⑤　　　・　　・　　）天皇にあたる。とくに武が（⑥　　　）年に差し出した上表文では、彼の祖先が国内・朝鮮半島を服属させていったとする事情を記している。

8）大陸文化の受容Ⅰ　渡来人［5〜6世紀］

5〜6世紀には、朝鮮半島からの（①　　　　　　）によって大陸の先進技術が伝えられた。『古事記』『日本書紀』には、西文氏の祖先の（②　　　　　）、東漢氏の祖先の（③　　　　　　）、秦氏の祖先の（④　　　　　　）らの渡来説話が伝えられている。漢字の使用が始まり、（⑤　　　　古墳）出土鉄剣の銘文には漢字を使った日本語の表記がみられる。

9）大陸文化の受容Ⅱ　儒教・仏教［6世紀］

6世紀には（①　　　　）から渡来した（②　　　　　　　）によって儒教が伝えられた。仏教は、百済の聖明王が（③　　　　天皇）に仏像・経論を伝えたのが公式の伝来だが、その年代は『（④　　　　　　　）』『元興寺縁起』では（⑤　　　）年、『（⑥　　　　　　　）』では（⑦　　　　）年となっている。『古事記』『日本書紀』のもととなった「（⑧　　　　　）」・「（⑨　　　　）」はこの頃まとめられ始めた。

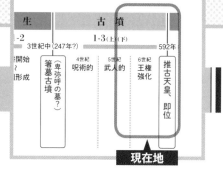

1-3 古墳とヤマト政権（下）

1）古墳の特徴Ⅲ　後期［6世紀］（古墳の特徴Ⅰ・Ⅱは1-3〈上〉）

6世紀の古墳は、埋葬施設では（①＿＿＿＿＿＿＿＿）が一般化し、多量の（②＿＿＿＿＿＿）の副葬が始まった。埴輪では、（③＿＿＿＿＿＿＿・＿＿＿＿＿＿＿）などの形象埴輪がさかんに用いられた。墓室内部を彩色などする（④＿＿＿＿＿＿古墳）も出現した。（⑤＿＿＿＿）中央部では大規模な前方後円墳が営まれたが、地方では大規模古墳は消滅し、地方豪族の服属が進んだ。一方で、全国的に（⑥＿＿＿＿墳）と呼ばれる小型古墳が爆発的に増加した。これは（⑦＿＿＿＿＿＿＿）層も古墳を造営したためである。

2）古墳時代の土器

土器は、前期には弥生土器の系譜を引く赤焼きの（①＿＿＿＿＿＿＿）が用いられた。中期の5世紀になると、（②＿＿＿＿半島）から硬質で灰色の（③＿＿＿＿＿＿＿）の製作技術が伝えられた。

3）古墳時代の信仰

古墳時代の信仰でもっとも重要なものは農耕儀礼で、豊作を祈る春の（①＿＿＿＿＿＿＿）や収穫に感謝する秋の（②＿＿＿＿＿＿）がおこなわれた。穢れをはらう（③＿＿＿＿＿・＿＿＿＿＿）、鹿の骨を焼いて吉凶を占う（④＿＿＿＿＿＿＿）、熱湯に手を入れて真偽を判断する（⑤＿＿＿＿＿＿）などの呪術的風習もおこなわれた。

4）古墳の終末

6世紀末から7世紀初めに（①＿＿＿＿＿＿墳）の造営は終わり、かわって大型の（②＿＿＿＿墳）や（③＿＿＿＿墳）が営まれた。地方では（④＿＿＿＿＿）に任じられた一部の有力豪族が、それらの古墳を営んだ。中央では、近畿の大王の墓が（⑤＿＿＿＿墳）になった。大王はほかの豪族を超越した存在であることを示そうとしたと考えられる。

5）ヤマト政権の支配Ⅰ　雄略天皇

『宋書』倭国伝によれば、（①＿＿＿＿＿）年に倭王（②＿＿＿＿＿＿）が中国南朝皇帝に送った上表文には、倭の王権が（③＿＿＿＿＿＿＿）たちを服属させたとあり、それは古墳の遺物からもわかる。埼玉県（④＿＿＿＿＿古墳）出土の鉄剣銘と熊本県（⑤＿＿＿＿＿＿古墳）出土の鉄刀銘には、ともに「（⑥＿＿＿＿＿＿＿）」という大王名があり、古墳の主である地方豪族が⑥に仕えたとある。⑥は倭王武であり、（⑦＿＿＿＿天皇）のことである。

6）ヤマト政権の支配Ⅱ　氏姓制度

5〜6世紀にヤマト政権の豪族たちは、大王を頂点とする組織化を進めた。その制度を（①＿＿＿＿＿＿）という。大王から豪族たちに与えられる（②＿＿＿＿）［カバネ］には序列があり、近畿の有力豪族のうち葛城・蘇我などに（③＿＿＿＿）、大伴・物部などに（④＿＿＿＿）、地方有力豪族に（⑤＿＿＿＿）、地方豪族に（⑥＿＿＿＿）が与えられた。中央政治は③④の豪族から大臣・大連

が任じられて中枢を担い、その下で実務・技術者集団を率いる（⑦＿＿＿＿＿＿）が軍事・行政実務を担った。有力豪族は、私有地である（⑧＿＿＿＿＿）や私有民である（⑨＿＿＿＿＿）を領有していた。

7 ヤマト政権の支配Ⅲ　地方豪族支配

527年、九州の豪族（①＿＿＿＿＿＿＿＿）が朝鮮半島の（②＿＿＿＿＿）と結んで反乱し、ヤマト政権は2年がかりで制圧した。ヤマト政権は地方豪族を従属させ、直轄領としての（③＿＿＿＿＿）や、直属民としての（④＿＿＿＿＿・＿＿＿＿＿）の部を各地に設けていった。6世紀には地方豪族は（⑤＿＿＿＿＿）に任じられて、その地方の支配権をヤマト政権から保証され、その子女を（⑥＿＿＿＿＿・＿＿＿＿＿）として大王に出仕させた。

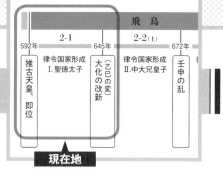

飛　鳥

2-1

2-2(上)

592年　　　　　　　645年　　　　　　　672年

推古天皇、即位

律令国家形成
Ⅰ.聖徳太子

(乙巳の変)大化の改新

律令国家形成
Ⅱ.中大兄皇子

壬申の乱

現在地

2-1　飛鳥の朝廷

1〉6世紀の朝鮮半島情勢

　6世紀の朝鮮半島では、(①　　　　　　　) の圧迫を受けた (②　　　　　) と (③　　　　　) が勢力を南下させ、(④　　　　　) 諸国は (⑤　　　　) 年までに次々と百済・新羅の支配下に入った。

2〉6世紀のヤマト政権

　古墳時代後期にあたる6世紀のヤマト政権では、軍事貴族の (①　　　　　　　　　) が朝鮮半島での失政を理由に失脚した。6世紀中頃には蘇我氏と物部氏が対立し、仏教の受容に積極的な (②　　　　　氏) と 反対する (③　　　　　氏) が戦い、蘇我馬子は (④　　　　　　) を滅ぼして権勢を確立した。蘇我氏は渡来人と結んで朝廷の財政を握り、(⑤　　　　　・
　　　　　・　　　　　) を管理した。

3〉推古朝廷

　587年に政敵を滅ぼした (①　　　　　　　) は、(②　　　　) 年には (③　　　　　天皇) を暗殺して権力を握った。蘇我馬子は④ (④　　　　　天皇) を即位させ、④の甥の (⑤　　　　　　) と協力して国家組織の形成を進めた。

4〉聖徳太子Ⅰ　国内改革

　推古朝廷は、603年に (①　　　　　　　　)、604年に (②　　　　　　　　　) を定めた。冠位十二階は個人に対して冠位を与えることで、(③　　　　　制) をめざそうとしたものといえる。憲法十七条もまた、豪族たちに国家の官僚としての自覚を求めるものだった。

5〉聖徳太子Ⅱ　外交

　推古朝廷は (①　　　　) 年、(②　　　　　　　) として (③　　　　　　　) を中国に派遣した。隋への国書は倭の五王時代とは異なり、中国皇帝に臣属しない形式をとったため、皇帝の (④　　　　　　) から無礼とされた。遣隋使に同行した (⑤　　　　　)・(⑥　　　　　　)・(⑦　　　　) らの留学生・学問僧は、大化改新の政治に大きな影響を与えた。

6〉寺院建立

　寺院の建立は、(①　　　　　) にかわって豪族の権威を示すものとなった。蘇我氏による (②　　　　　) や、舒明天皇創建と伝える (③　　　　　)、厩戸王の創建といわれる (④　　　　　)・(⑤　　　　　　) などが建立された。

7〉南北朝様式

　飛鳥文化は渡来人の活躍もあり、百済・高句麗や中国の (①　　　　　　) 時代の文化の影響を多く受けた。百済の僧 (②　　　　　) が暦法を、高句麗の僧 (③　　　　　) が彩色・紙・

墨の技法を伝えたという。仏教彫刻では2系統があり、（④　　　　　　　　　　）の作といわれる法隆
寺金堂釈迦三尊像などは（⑤　　　　　　　　　様式）、中宮寺半跏思惟像・法隆寺百済観音像などは
（⑥　　　　　　　　　様式）である。

8 飛鳥文化Ⅰ　寺院の伽藍配置　🔍図録などで確認しよう

①〜③の伽藍配置の名称を書きなさい。

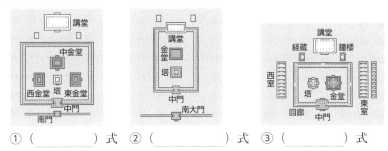

① （　　　　　　　　　）式　② （　　　　　　　　　）式　③ （　　　　　　　　　）式

9 飛鳥文化Ⅱ　美術作品

教科書 p.37 の写真の作品名を書きなさい（所蔵寺院も）。

①彫刻（　　　　　　　　　　　　　、　　　　　　　作、　　　　　　　様式）

②彫刻（　　　　　　　　　　　　　　　　　　　様式）

③工芸（　　　　　　　　　　　　）

④彫刻（　　　　　　　　　　　　　　　　様式）

🔍次の図版の作品名を調べて書こう。

⑤ （　　　　　　　　　　　　）

⑥ （　　　　　　　　　　　　）

⑦ （　　　　　　　　　　　　）

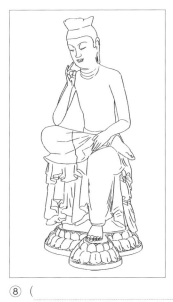

⑧ （　　　　　　　　　　　　）

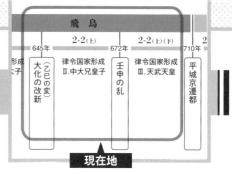

2-2　律令国家への道（上）

1 ▶ 中大兄皇子Ⅰ　大化改新

　（①　　　　　　　　皇子）は、蘇我倉山田石川麻呂や（②　　　　　　　　）の協力を得て、（③　　　　　）年に（④　　　　　　・　　　　　　　　）を滅ぼして権力を握った。これを（⑤　　　　　　　　の変）という。中大兄皇子は（⑥　　　　　　天皇）を即位させて自らは皇太子となり、中臣鎌足を（⑦　　　　　　）、（⑧　　　　・　　　　　　　　　）を国博士などとする新政権をつくった。翌年に出した改新の詔では、「昔在天皇等の立てたまへる（⑨　　　　　　）の民、処々の（⑩　　　　　　）、及び、別には臣・連・伴造・国造・村首の所有る（⑪　　　　　　）の民、処々の（⑫　　　　　　）を罷めよ」と述べて、（⑬　　　　　　制）への移行をめざした。この一連の改革を（⑭　　　　　　　　）という。

2 ▶ 中大兄皇子Ⅱ　朝鮮半島危機と権力強化

　朝鮮半島では、（①　　　　　　）と（②　　　　　　）が結んで、660年に（③　　　　　　）を668年には（④　　　　　　　）を滅ぼした。倭は③復興を支援するために大軍を派遣したが、（⑤　　　　　）年に（⑥　　　　　　の戦い）で①②の連合軍に大敗した。中大兄皇子は九州の大宰府を守る位置に（⑦　　　　　）や（⑧　　　　　　　城）・（⑨　　　　　　城）、対馬から大和にかけて（⑩　　　　　　　　城）を築くなどして防備を固める一方で、権力強化策を推進した。667年に都を（⑪　　　　　　　　）に移し、翌年即位して（⑫　　　　　天皇）となった。670年には最初の全国規模、ほぼ全階層を載せた戸籍である（⑬　　　　　　）を作成した。

3 ▶ 天武天皇Ⅰ　壬申の乱

　天智天皇の死後、皇位継承をめぐって子の（①　　　　　　皇子）と弟の（②　　　　　　皇子）が対立し、（③　　　　）年に近畿地方を戦場とする内乱となった。これを（④　　　　　　の乱）という。乱の結果、大海人皇子が勝利し、即位して（⑤　　　　　天皇）となった。

4 ▶ 天武天皇Ⅱ　天皇の絶対権力　→P.41の注①を参照

　天武天皇は絶対的な天皇権力を確立し、律令国家形成を推進した。684年に（①　　　　　　）を定め、豪族たちを、天皇を頂点とする身分秩序に編成した。中国にならって（②　　　　　　）を鋳造し、国史と律令の編纂を開始した。大王にかわって「（③　　　　）」の称号、「（④　　　　）」の国号が用いられるのもこの頃である。あとを継いだ妻の（⑤　　　　　天皇）の時に（⑥　　　　　　　　　）を施行し、戸籍 ［（⑦　　　　　　）］ を作成し、694年、（⑧　　　　　　）に遷都した。

5 ▶ 律令制度（1）　中央官制と中央軍　→P.42の表を参照

　701年（①　　　　　親王）・（②　　　　　　）らによって（③　　　　　　）が完成した。718年には③を若干修正した（④　　　　　　）が、②らによってつくられた。中央行政組織には神々の祭祀をつかさどる（⑤　　　　　　）と、行政全般を統轄する（⑥　　　　　　）の2系統があった。行政の運営は、太政官のうちの太政大臣・（⑦　　　　　　・　　　　　・　　　　　　）らの合議で進められた。太政官のもとで八省が政務を分担した。八省には、詔書の作成をおこなう

（⑧＿＿＿＿＿省）、民政・租税・財政を扱う（⑨＿＿＿＿＿省）、裁判・刑罰をおこなう（⑩＿＿＿＿省）などがあった。都におかれた軍事組織には、宮城諸門の警備をする（⑪＿＿＿＿＿＿＿）、京中の巡検などをおこなう左右（⑫＿＿＿＿＿＿）、朝廷の親衛軍となる左右（⑬兵＿＿＿＿＿）の五衛府があった。なお、各組織は（⑭＿＿＿＿＿・＿＿＿＿＿・＿＿＿＿＿・＿＿＿＿＿）の四等官で運営された。

6 ）律令制度（2）　地方行政機構　→畿内・七道は教科書の表見返しを参照

　全国は（①＿＿＿＿＿）と七道に行政区分された。畿内・七道には58（のち66）の（②＿＿＿＿＿）がおかれ、その行政官である（③＿＿＿＿＿）は、都から派遣された。行政・軍事の要地には特別組織がおかれた。京の（④＿＿＿＿＿）、難波の（⑤＿＿＿＿＿）、九州北部の（⑥＿＿＿＿＿）がある。畿内には、（⑦＿＿＿＿＿・＿＿＿＿＿・＿＿＿＿＿・＿＿＿＿＿・＿＿＿＿＿）の五カ国があった。七道には、畿内からみて、伊賀・伊勢から始まる（⑧＿＿＿＿＿）、近江から始まる（⑨＿＿＿＿＿）、若狭・越前から始まる（⑩＿＿＿＿＿）、丹波から始まる（⑪＿＿＿＿＿）、播磨から始まる（⑫＿＿＿＿＿）、淡路・紀伊から始まる（⑬＿＿＿＿＿）、九州全域の（⑭＿＿＿＿＿）があった。

7 ）律令制度（3）　国司と郡司　→P.48を参照

　全国66国はさらに（①＿＿＿＿＿）・（②＿＿＿＿＿）に区分された。①の行政官を（③＿＿＿＿＿）といい、もとの国造など伝統的な地方豪族が任じられた。③は領内の民衆を実質的に支配する存在であり、都から派遣された各国の行政官である（④＿＿＿＿＿）は、③を指揮下に組み込むことで国内の民衆支配を実現することができた。

8 ）律令制度（4）　貴族の特権　🔍官位相当制の表を確認しよう

　官吏には30段階の位階が与えられ、位階に応じた官職に任じられた。これを（①＿＿＿＿＿＿＿）という。約1万人の官吏のうち、五位以上を（②＿＿＿＿＿）といい百数十人いた。②のうちさらに三位以上と参議を（③公＿＿＿＿＿）といい十数人いた。③の多くは太政官を構成し、行政全般を統轄した。官吏には位階に応じた（④＿＿＿＿＿・＿＿＿＿＿）と呼ばれる封戸［指定された戸からの租税を受け取る］、位田・職田、季禄などの給与があった。農民が負担する（⑤＿＿＿＿＿・＿＿＿＿・＿＿＿＿＿）などは免除された。なかでも②に対しては、子は父・祖父の位階に応じた位階を与えられる（⑥＿＿＿＿＿）があり、貴族層の維持がはかられた。

9 ）律令制度（5）　司法制度

　司法制度には、（①＿＿＿＿＿・＿＿＿＿＿・＿＿＿＿＿・＿＿＿＿＿・＿＿＿＿＿）の五刑があり、地方では笞罪までの裁判権は（②＿＿＿＿＿）がもった。謀反・不孝など、有位者でも減免されない重い罪を（③＿＿＿＿＿）といった。

10 ）律令制度（6）　班田収授　（律令制度（7）（8）は2-2〈下〉）

　律令制度では民衆はすべて（①＿＿＿＿＿）に登録された。①にもとづき、（②＿＿＿＿＿）歳以上の男女に一定額の（③＿＿＿＿＿）を支給し、死後に収公した。これを（④＿＿＿＿＿法）という。律令の規定では、男子は（⑤＿＿＿＿＿）段、女子はその（⑥＿＿＿＿＿）で、私有の奴婢は良民男女のそれぞれ（⑦＿＿＿＿＿）とされた。戸籍の作成、班田収授の実施は（⑧＿＿＿＿＿）年ごとにおこなわれた。

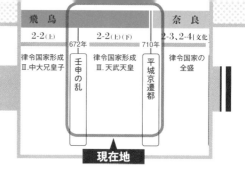

飛　鳥　　　　　　　　　　　　　　奈　良

2-2（上）　　　　2-2（上）（下）　　　2-3、2-4|文化

672年　　　　　　　　710年

律令国家形成　　　壬　律令国家形成　　平　律令国家の
Ⅱ.中大兄皇子　　申　Ⅲ.天武天皇　　城　全盛
　　　　　　　　　の　　　　　　　　　京
　　　　　　　　　乱　　　　　　　　　遷
　　　　　　　　　　　　　　　　　　　都

現在地

2-2 律令国家への道（下）

1）律令制度（7）身分（律令制度（1）～（6）は2-2〈上〉）

　　人々は良民と賤民にわけられ、賤民には官有の（①＿＿＿＿＿・＿＿・＿＿＿＿）と、私有の（②＿＿＿＿・＿＿＿＿）があった。

2）律令制度（8）税制・兵役

　　課税台帳である（①＿＿＿＿）は毎年作成された。租・出挙以外の税は基本的に正丁などの（②＿＿＿＿＿＿）に課せられ、中央政府の財源である庸・調は都まで運ぶ（③＿＿＿＿）の義務があった。

🔍公民の税負担の表を確認しよう

区分	負担者			備　考	
	⑫＿＿＿＿（21～60歳）	次丁（老丁）（61～65歳）	中男（少丁）（17～20歳）		
④＿＿	田地にかかる租税。田1段につき2束2把の穎稲（籾付きの穂を束ねたもの）を納入（収穫の約3％）			諸国の財源、諸官司の常食用　706年に1束5把に改めたが、実量は2束2把と同じ	
課役　⑤＿＿	正規の調は、絹・絁（太糸で織った絹布）8尺5寸（約2.6m）、糸（絹糸）8両（300g）、綿（絹綿）1斤（600g）、布（麻布）2丈6尺（約7.9m）などのうち1種を納入	正丁の1/2	正丁の1/4	京と畿内諸国は半減　正規の調を納めない場合は、その地の特産物34種（雑物）のうち1種を納入	⑯＿＿（京へ運ぶ）の義務（食料自弁）あり　調・庸の布の幅は、約72.7cm
⑥＿＿（歳役）	京での労役（歳役）年間10日にかえて布（麻布）2丈6尺（約7.9m）を納入	正丁の1/2	―	京と畿内諸国は免除措置あり	
調副物	染料（紫・紅・茜）・胡麻油・塩・漆・麻などのうち1種を納入	―	正丁のみが負担	京と畿内諸国は免除	
⑦＿＿	年間60日を限度とする労役（国府の雑用や国内の土木工事など）	正丁の1/2	正丁の1/4	795年、桓武天皇は雑徭を半減。以降、正丁30日となる	
⑧＿＿	正丁3人に1人（国内の正丁の3分の1）を徴集　⑬＿＿ 兵士（諸国の常備軍）：10番交代で勤務（毎番10日）　⑭＿＿ （宮城の警備）：1年間　⑮＿＿ （九州沿岸の警備）：3年間	―		大宝令では正丁4人に1人　兵士の武器や食料は自弁が原則　軍団兵士は庸・雑徭が免除　衛士・防人は調・庸・雑徭が免除　防人には多く東国の兵士があてられる	
⑨＿＿	50戸につき正丁2人を3年間徴発（食料は50戸で負担）			中央諸官司の労役に従事	
⑩＿＿（公出挙）	国家が春に稲を貸し付け、秋の収穫時に高い利息とともに徴収する。当初は勧農救貧政策であったが、のちに強制的貸付けに変質　利息（出挙利稲）は5割（のち3割）	諸国の財源　私出挙もある。利息は10割（のち5割から全面禁止に）		公民の戸ごとに課す	
⑪＿＿	備荒貯蓄策で、親王を除く全戸が貧富に応じて粟などを納める	貧富は9等級に区分			

④（　　　　　）　　⑤（　　　　　）　　⑥（　　　　　）

⑦（　　　　　）　　⑧（　　　　　）　　⑨（　　　　　）

⑩ (　　　　　)　　⑪ (　　　　　)　　⑫ (　　　　　)

⑬ (　　　　　)　　⑭ (　　　　　)　　⑮ (　　　　　)

⑯ (　　　　　)

3) 白鳳文化　🔍白鳳期の壁画の類似性を確認しよう

（①　　　　　・　　　　　天皇）の時代を中心とする文化を（②　　　　　文化）という。天武天皇は仏教興隆を国家的に推進し、（③　　　　　　　）・（④　　　　　　　）を建立しはじめた。遣唐使による（⑤　　　　　　）の文化の影響を受けた。（⑥　　　　　　　　　）はインド・アジャンターの石窟壁画に類似し、（⑦　　　　　　　　）には唐・高句麗の影響がみられる。

4) 白鳳期の建築・美術作品

教科書 p.40 ～ 41 の写真の作品名を書きなさい（寺院名も）。

①彫刻 (　　　　　　　　　　)

②建築 (　　　　　　　　　　)

③絵画 (　　　　　　　　　　)

④彫刻 (　　　　　　　　　　　)

🔍次の写真の作品名を調べて書こう。

⑤ (　　　　　　　　　　　)

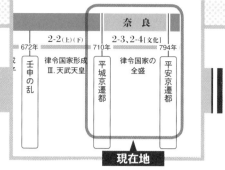

		奈 良	
	2-2（上）（下）	2-3, 2-4［文化］	
672年		710年	794年
壬申の乱	律令国家形成 Ⅲ.天武天皇	平城京遷都 ・ 律令国家の全盛	平安京遷都

現在地

2-3　平城京の時代

1 〉遣唐使　→P.36を参照

　最初の遣唐使は、630 年（①　　　　　　　）らが使節のときである。航路は、初めは陸づたいの（②　　　　　）をとったが、（③　　　　　　　）との関係が悪化した 8 世紀には危険な（④　　　　　）をとった。在唐留学 17 年で帰国した（⑤　　　　　　　）・（⑥　　　　　　　）は聖武天皇に重用されて政界で活躍したが、（⑦　　　　　　　　）のように帰国できず現地で生涯を終える者もいた。

2 〉朝鮮半島と北方

　朝鮮半島を統一した（①　　　　　　　）とのあいだには、多くの使節が往来した。8 世紀末に関係が悪化して遣新羅使の派遣がまばらとなったあとも、民間商人の往来は（②　　　　　　）だった。新羅の北方の（③　　　　　　）とは親密な使節の往来が続いた。

3 〉平城京

　（①　　　　　）年（②　　　　　天皇）は平城京に遷都した。平城京は、唐の長安にならって碁盤の目状に区画された（③　　　　　　　）をもつ。中央を南北に（④　　　　　　　　）が走り、北部中央には（⑤　　　　　　　）が位置した。⑤は、天皇の生活の場である（⑥　　　　　　）、儀礼や政務をおこなう（⑦　　　　　　　・　　　　　　　）、二官・八省の官庁などがおかれた律令国家の中枢である。

4 〉商業の未発達

　左京・右京には官営の（①　　　　　　）が設けられ、地方から運ばれた産物、官吏に現物給与された布・糸などが交換された。銭貨では、天武天皇時代の（②　　　　　　　　）に続いて、708 年に（③　　　　　　　）が鋳造され、その流通をめざして（④　　　　　　　　　　）が出された。しかし京・畿内以外の地域では、稲・布など（⑤　　　　　　）による交易が広くおこなわれていた。

5 〉地方機関と道路網

　各国の（①　　　　　　）は、国司が政務をおこなう国庁や役所群・倉庫群が設けられ、一国内の政治・経済の中心となった。①の近くには（②　　　　　　　　）も設けられ、文化の中心になった。都から地方の①を結んでいく七道は（③　　　　　　）として整備され、約 16km ごとに（④　　　　　　　）を設ける駅制がしかれ、公用に利用された。

6 〉蝦夷制圧　→P.61の地図で位置を確認

　政府は、（①　　　　　　）と呼んだ東北地方の人々に対して、支配領域拡大を進めた。日本海側に 647 年に（②　　　　　　柵）、648 年に（③　　　　　　柵）を設けた。奈良時代になると日本海側に（④　　　　　）国を設置し、733 年には（⑤　　　　　　城）を築いた。太平洋側では 724 年、陸奥国府となる（⑥　　　　　　城）を築いた。南九州の（⑦　　　　　　）と呼ばれた人々の地域も制圧し、薩摩国・大隅国をおいた。

7) 奈良時代の政権 I　不比等—長屋王—4兄弟

（①＿＿＿＿＿＿＿）は娘の宮子を（②＿＿＿＿＿天皇）に嫁がせ、その子［のちの（③＿＿＿＿＿天皇）］にも娘の（④＿＿＿＿＿＿）を嫁がせて天皇家と密接な関係を築いた。①の死後、皇族の（⑤＿＿＿＿＿）が政権を握った。①の子の（⑥＿＿＿＿＿＿）・（⑦＿＿＿＿＿）・宇合・麻呂の4兄弟は、729年、策謀によって長屋王を滅ぼして政権を握った。

8) 奈良時代の政権 II　諸兄—仲麻呂—道鏡

737年、藤原4兄弟が天然痘で病死すると、（①＿＿＿＿＿天皇）の下で（②＿＿＿＿＿＿）が政界を主導し、唐から帰国した（③＿＿＿＿＿・＿＿＿＿＿）が権力をふるった。聖武天皇のあとを継いだ娘の（④＿＿＿＿＿天皇）の時代は、①の妻［孝謙天皇の母］の（⑤＿＿＿＿＿皇太后）の後ろ盾を得た（⑥＿＿＿＿＿＿）［のち（⑦＿＿＿＿＿）と改名］が権力を握った。彼は757年、（⑧＿＿＿＿＿＿）を滅ぼした。孝謙太上天皇は自分の看病をした僧（⑨＿＿＿＿＿）を寵愛し、⑥を滅ぼし、（⑩＿＿＿＿＿天皇）として再び即位して道鏡政権を支えた。

9) 聖武天皇の鎮護国家

奈良時代前半期の天皇である聖武天皇は、飢饉・疫病・（①＿＿＿＿＿＿の乱）などの社会不安に動揺し、（②＿＿＿＿＿・＿＿＿＿＿）などへの転都を繰り返しながら、仏教による（③＿＿＿＿＿＿）の政策を推進した。741年（④＿＿＿＿＿＿）、743年（⑤＿＿＿＿＿＿）を出し、752年には盛大に（⑥＿＿＿＿＿＿）の儀式をおこなった。

10) 奈良時代の政権 III　百川

称徳天皇が死去すると道鏡は失脚した。770年、藤原式家の（①＿＿＿＿＿＿）らは、天智天皇の孫の（②＿＿＿＿＿天皇）を擁立した。②は仏教政治を改め、律令政治の再建をめざした。

11) 家族制度

この頃の婚姻は、男性が女性の家に通う（①＿＿＿＿＿＿）に始まり、やがてみずからの家をもった。夫婦は結婚しても（②＿＿＿＿姓）のままで、自分の財産をもっていた。

12) 班田収授の破綻

政府は口分田の不足を補うため、722年に（①＿＿＿＿＿＿）を立てた。723年には（②＿＿＿＿＿＿）を施行し、開墾を奨励した。（③＿＿＿＿＿）年には（④＿＿＿＿＿法）を発し、開墾した田地の私有を永年にわたって保障した。（⑤＿＿＿＿＿＿）などの大寺院は大規模な原野の開墾をおこない、私有地を拡大した。こうした私有地を（⑥＿＿＿＿＿＿）という。これらは、租をおさめるべき（⑦＿＿＿＿＿＿）であった。

13) 律令税制の破綻　→P.54の史料の注②⑤を参照

律令制が施行されるとまもなく、奈良時代の初期から、過重な税負担を逃れるため、故郷を捨てて浮浪・逃亡する農民が続出した。律令の規定では、本籍地を離れても賦役をおさめる者を（①＿＿＿＿＿）、おさめない者を（②＿＿＿＿＿）といった。彼らは地方豪族のもとに身を寄せたり、勝手に出家して（③＿＿＿＿＿）になったり、（④＿＿＿＿＿）という貴族の従者になって税負担を逃れようとした。

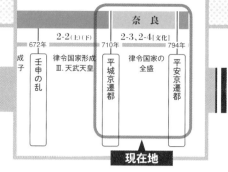

2-4 天平文化

1 》歴史書の編纂

712 年にできた『(①＿＿＿＿＿＿)』は、「帝紀」「旧辞」をもとに (②＿＿＿＿＿天皇) が (③＿＿＿＿＿＿) に読み習わせた内容を、(④＿＿＿＿＿＿) が筆録したものである。720 年にできた『(⑤＿＿＿＿＿)』は (⑥＿＿＿＿＿＿) が中心となって編纂したもので、漢文の編年体で書かれている。諸国の産物、山川原野の名の由来、古老の伝承などの地誌をまとめた (⑦＿＿＿＿＿) もこの頃に編纂された。(⑧＿＿＿＿＿) 国のものがほぼ完全に残っている。

2 》六国史

『日本書紀』をはじめとして朝廷による歴史編纂は平安時代前期まで継続された。『日本書紀』ののち、『(①＿＿＿＿＿＿)』『(②＿＿＿＿＿＿)』『続日本後紀』『日本文徳天皇実録』『日本三代実録』の 6 つの漢文正史がある。これらを「(③＿＿＿＿＿＿)」と総称する。

3 》漢詩文と和歌

貴族・官人には (①＿＿＿＿＿＿) の教養が必須だった。751 年、現存最古の漢詩集『(②＿＿＿＿＿)』が編まれ、大友皇子・長屋王らの漢詩をおさめている。その文人の一人の石上宅嗣は (③＿＿＿＿＿) と名づけた図書施設を人々に開放した。和歌は天皇から庶民までに詠まれ、759 年までの和歌約 4500 首を収録した『(④＿＿＿＿＿＿)』が編集された。このなかには、東国の民衆たちがよんだ (⑤＿＿＿＿) や (⑥＿＿＿＿＿) もある。編者は (⑦＿＿＿＿＿＿) といわれる。

4 》教育機関

官吏養成のための教育機関として、中央に (①＿＿＿＿＿)、地方に (②＿＿＿＿＿) がおかれた。①の教科には、儒教の経典を学ぶ (③＿＿＿＿＿道)、律令などの法律を学ぶ (④＿＿＿＿＿道) などがあり、のち 9 世紀には漢文・歴史を学ぶ (⑤＿＿＿＿＿道) ができた。

5 》南都六宗

奈良の大寺院ではさまざまな仏教理論の研究が進められ、三論・成実・(①＿＿＿＿＿)・倶舎・(②＿＿＿＿)・(③＿＿＿＿＿) の (④＿＿＿＿＿＿) と呼ばれる学派ができた。華厳宗の (⑤＿＿＿＿＿) は東大寺建立に活躍した。律宗は 753 年に来日した (⑥＿＿＿＿＿) によって伝えられた。

6 》戒壇

正式な僧侶となるには、得度して修行したのち、さらに戒を受けること [(①＿＿＿＿＿) という] が必要で、そのあり方を唐から来日した (②＿＿＿＿＿) が伝えた。①をおこなうための式場を (③＿＿＿＿＿) といい、はじめ (④＿＿＿＿＿＿＿＿) につくられた。のち、九州の (⑤＿＿＿＿＿＿＿＿＿)、東国の (⑥＿＿＿＿＿＿) にもつくられ、「本朝三戒壇」と称された。

7 〉僧侶の社会事業

　政府は仏教を統制し、僧侶の活動を寺院内に限っていたが、（①　　　　　　　）は民衆への布教とともに、用水や救済施設をつくる社会事業をおこなった。光明皇后は平城京に（②　　　　　　　）を設けて孤児・病人を収容し、（③　　　　　　　）を設けて医療に当たらせた。

8 〉天平彫刻

　奈良時代の彫刻では、木を芯として粘土を塗り固めた（①　　　　　　　）や、麻布を幾重にも漆で塗り固めた（②　　　　　　　）の技法が発達した。塑像の代表作としては、東大寺法華堂の（③　　　　　　・　　　　　　像）、乾漆像の代表作としては東大寺法華堂の（④　　　　　　　　　　　　）、興福寺の（⑤　　　　　　　　）、唐招提寺の（⑥　　　　　　　）などがある。

9 〉天平美術

教科書 p.57 ～ 59、口絵⑥の写真の作品名を書きなさい（寺院名も）。
①彫刻（　　　　　　　　　　　　、　　　　　像）
②建築（　　　　　　　　　　）
③彫刻（　　　　　　　　　　、　　　　　像）
④彫刻（　　　　　　　　　　　　、　　　　像）
⑤彫刻（　　　　　　　　　　　　、　　　　　　像）
⑥左（　　　　　　　　）、右（　　　　　　、　　　　　像）
⑦工芸（　　　　　　　　　　　　　　　）
⑧絵画（　　　　　　　　　　　）
⑨口絵⑥ 彫刻（　　　　　　　　　、　　　　　像）

🔍次の写真の作品名を調べて書こう。

⑩（　　　　　　　　　　　　　）

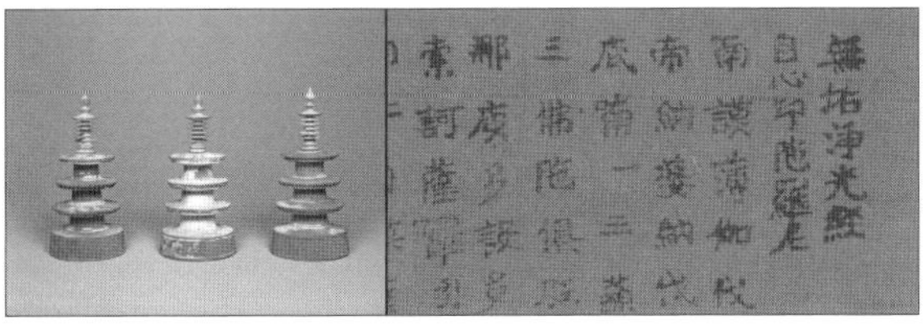

⑪（　　　　　　　　　　）

⑫（　　　　　　　　　　　　　　　　）

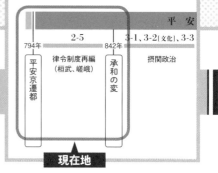

2-5　平安王朝の形成

1）平安遷都

（①＿＿＿＿＿天皇）は仏教政治の弊害を断ち、天皇権力を強化するために、（②＿＿＿＿）年山背国の（③＿＿＿＿＿＿）に遷都した。しかし、腹心の（④＿＿＿＿＿＿＿）が暗殺され、さらに身内の不幸があいつぐと、それを弟（⑤＿＿＿＿＿親王）の怨霊の祟りだと怖れた桓武天皇は、（⑥＿＿＿＿＿）年（⑦＿＿＿＿＿）に再遷都した。

2）蝦夷征討　→P.61の地図で鎮守府の位置を確認しよう

光仁天皇の780年、蝦夷の豪族（①＿＿＿＿＿＿＿＿＿＿）が乱をおこし、陸奥国府・鎮守府がおかれていた（②＿＿＿＿城）をおとしいれた。桓武天皇の789年（③＿＿＿＿＿＿）を征東大使として蝦夷制圧を進めたが、蝦夷の族長（④＿＿＿＿＿＿）により政府軍は大敗した。桓武天皇は（⑤＿＿＿＿＿）を（⑥＿＿＿＿＿＿＿）に任じて蝦夷征討を進めた。坂上田村麻呂は802年（⑦＿＿＿＿＿城）を築き、阿弖流為を帰順させ、鎮守府を多賀城から⑦へ移した。

3）軍事と造作の停止

桓武天皇は晩年の805年、2人の公卿を呼び徳政相論をおこなわせた。（①＿＿＿＿＿＿）は「いま天下の民が苦しむところは（②＿＿＿＿）［蝦夷征討］と（③＿＿＿＿）［平安京造営］である」と批判した。（④＿＿＿＿＿＿）は二大政策の継続を主張したが、桓武天皇は①の意見を採用した。

4）桓武天皇の改革

桓武天皇は地方制度の立て直しと農民の負担軽減策を進めた。（①＿＿＿＿＿＿＿）を設けて、国司の交代に際した事務の引継ぎをきびしく監督させた。また、東北・九州を除いて農民兵士による（②＿＿＿＿＿）を廃止し、郡司の子弟らによる（③＿＿＿＿＿）を採用した。班田収授の励行のため、班田の期間を（④＿＿＿年から＿＿＿年）へ改めた。（⑤＿＿＿＿＿）の期間は、年間60日から30日へと半減させた。

5）嵯峨天皇の改革

（①＿＿＿＿＿天皇）は810年、天皇位をめぐっておきた平城太上天皇の変［（②＿＿＿＿＿の変）ともいう］をきっかけに、秘書官長としての（③＿＿＿＿＿＿）を設け、藤原北家の（④＿＿＿＿＿＿）らを任命した。また、平安京内の警察を強化するために（⑤＿＿＿＿＿）を設けた。③⑤のような、令の規定にない新しい官職を（⑥＿＿＿＿＿）という。

6）格と式

嵯峨天皇は法制の整備として、律令制定後の法令を、律令の規定を補足・修正する（①＿＿＿＿）と、施行細則の（②＿＿＿＿）とに分類・編集し、（③＿＿＿＿＿＿）を編纂させた。こののち100年ほどの間にさらに（④＿＿＿＿＿）・（⑤＿＿＿＿＿＿）が編纂された。これらをあわせて三代格式という。また、令の解釈を公式に統一した『（⑥＿＿＿＿）』が（⑦＿＿＿＿＿）らに

よって編まれ、令の注釈を集めた『(⑧＿＿＿＿＿)』が (⑨＿＿＿＿＿) によって編まれた。

7）律令税制の崩壊Ⅰ　(律令税制の崩壊Ⅱは3-3)

8世紀後半以降、戸籍には成人男性の登録を少なくして税負担を逃れようとする (①＿＿＿＿＿) が増え、中央の国家財政の維持が困難になった。政府は、823年、大宰府において (②＿＿＿＿＿) を、879年には畿内に (③＿＿＿＿＿) という直営方式の田を設けて財源確保をめざした。中央の各官庁は財源となる (④＿＿＿＿＿) をもち、天皇も (⑤＿＿＿＿＿) と呼ばれる田をもった。

8）漢文学の隆盛　→書道はP.67を参照

律令制度の導入にともない、奈良時代以降、貴族・官人の教養として (①＿＿＿＿＿) をつくることが重視された。とくに嵯峨天皇は唐風を重んじ、漢文学が隆盛した。9世紀初めの勅撰漢詩集として『(②＿＿＿＿＿)』『(③＿＿＿＿＿)』『(④＿＿＿＿＿)』がある。空海には詩文評論選集『(⑤＿＿＿＿＿)』や詩文集『(⑥＿＿＿＿＿)』がある。書道でも唐様の書が広まり、(⑦＿＿＿＿＿・＿＿＿＿＿・＿＿＿＿＿) が三筆と称せられた。

9）大学と大学別曹

大学では、儒教を学ぶ (①＿＿＿＿道) や、中国の歴史・文学を学ぶ (②＿＿＿＿道) がさかんになった。貴族が一族の子弟の教育のために設けた寄宿施設の (③＿＿＿＿＿) としては、和気氏の (④＿＿＿＿＿)、藤原氏の (⑤＿＿＿＿＿)、在原氏や皇族の (⑥＿＿＿＿＿)、橘氏の (⑦＿＿＿＿＿) などがある。空海は (⑧＿＿＿＿＿) を創設し、庶民にも門戸を開いた。

10）最澄と空海

(①＿＿＿＿＿) は遣唐使から帰国後、(②＿＿＿＿＿) を開いた。彼の開いた (③＿＿＿＿山) の (④＿＿＿＿＿) には、僧侶認可の式場となる (⑤＿＿＿＿＿) が創設され、延暦寺は日本の仏教教学の中心として秀才を輩出していった。(⑥＿＿＿＿＿) は遣唐使で渡唐して (⑦＿＿＿＿＿) を学び、帰国後 (⑧＿＿＿＿＿) を開いた。彼は (⑨＿＿＿＿山) に (⑩＿＿＿＿＿) を建てた。平安京内の教王護国寺 [(⑪＿＿＿＿＿)] も密教の根本道場となった。

11）密教の流行　🔍密教の護摩壇と法要の様子を確認しよう

密教の方法は、護摩壇で護摩を焚くなどして (①＿＿＿＿＿) をし、病気の回復や幸福追求などの (②＿＿＿＿＿) を求めるもので、皇族・貴族たちの支持を集めた。天台宗でも、最澄の弟子の (③＿＿＿＿＿)、(④＿＿＿＿＿) が渡唐して本格的に密教を導入した。真言宗の密教を (⑤＿＿＿＿＿) といい天台宗の密教を (⑥＿＿＿＿＿) という。天台宗では円仁の門流は延暦寺によって (⑦＿＿＿＿＿) と呼ばれ、円珍の門流は (⑧＿＿＿＿＿) によって (⑨＿＿＿＿＿) と呼ばれた。

12）弘仁・貞観美術

教科書p.66～67の写真の作品名を書きなさい（寺院名も）。
①建築 (＿＿＿＿＿)　②絵画 (＿＿＿＿＿)
③彫刻 (＿＿＿＿＿、＿＿＿造、＿＿＿式)
④彫刻 (＿＿＿＿＿)　⑤書道 (＿＿＿＿、＿＿＿筆)

仏像彫刻では、首と胴体を一本の木でつくる（⑥＿＿＿＿＿造）という技法、衣文は鋭いひだと
なだらかなひだを交互に刻む（⑦＿＿＿＿＿式）という技法が多く用いられた。

🔍次の写真の作品名を調べて書こう。

（⑧＿＿＿＿＿＿＿＿＿）

（⑨＿＿＿＿＿＿＿＿＿＿＿＿＿）

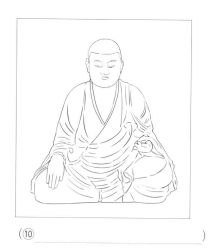

（⑩＿＿＿＿＿＿＿＿＿＿＿＿＿）

（⑪＿＿＿＿＿＿＿＿＿＿＿＿＿）

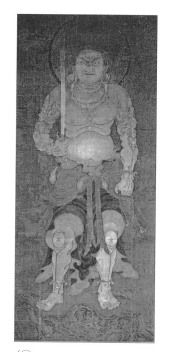

（⑫＿＿＿＿＿＿＿＿＿＿）

※原本は（⑬＿＿＿＿＿＿＿）

→解答例は、解答編 P.22

要約文の小見出しがそのまま論述のテーマになるタイプの問題です。基本的に、小見出しや空欄の語句を使って論述すれば、答案ができます。

A-1. 大化改新の詔「戸籍・計帳・班田収授の法を造れ。…」の政治が実際に実行されるのは30〜50年後の天武・持統天皇の時代であったとされる。その二天皇の時代には、①天皇を中心とした身分秩序が定められ、②銭貨の鋳造が行われた。また③新たな令がつくられ、④戸籍や⑤宮都がつくられた。二天皇の時代に行われた改革について、身分秩序制度の名・銭貨の名・令の名・戸籍の名・宮都の名を入れて、100字以内で説明しなさい。(首都大学東京 2018)

＜手順＞

次の1箇所の要約文を使ってまとめます。下記の空欄の語句を使って書いてみましょう。

2-2. 律令国家への道(上) 4.天武天皇Ⅱ 天皇の絶対権力

　　八色の姓　　富本銭　　持統天皇　　飛鳥浄御原令　　庚寅年籍　　藤原京

A-2. ①8世紀から9世紀の段階になると、儒教の経典は一定程度普及していたことがわかる。都や地方官衙に儒教経典が普及した背景を、律令国家における教育機関について触れながら説明せよ(解答欄：14cm×1行)。

　　②9世紀には儒教の教養を身につけた文人官僚が数多く登用されるようになった。このような動向を踏まえて、貴族たちは子弟の教育に力を注いだ。そのための施設について、具体例を挙げながら説明せよ(解答欄：14cm×1行)。(名古屋大学 2018)

＜手順＞

それぞれ、次の要約文を使ってまとめます。下記の空欄の語句を使って書いてみましょう。

① 2-4. 天平文化 4.教育機関

　　　大学　　国学　　明経道

② 2-5. 平安王朝の形成 9.大学と大学別曹

　　　明経道　　大学別曹　　弘文院・勧学院など

A-3. 9世紀から10世紀には税収入の維持が難しくなり、財源確保にさまざまな方法がとられた。10世紀初めの変化に留意しながら、9世紀から10世紀の財源確保や有力農民に対する課税方法の変遷を説明せよ(200字以内)。(京都大学 2014)

＜手順＞

次の3箇所の要約文を使ってまとめます。小見出しや下記の空欄の語句を使って書いてみましょう(論点をはずさないことが重要なので、字数の都合で全部使えなくても良いです)。

2-5. 平安王朝の形成 7.律令税制の崩壊Ⅰ

　　偽籍　　公営田　　官田　　諸司田　　勅旨田

3-3. 地方政治の展開と武士 2.国司Ⅰ 受領の権限強化

　　国司(受領)　　権限と責任

3-3. 地方政治の展開と武士 3.10世紀以降の税制

　　人から土地へ　　田堵　　名　　負名　　官物　　臨時雑役

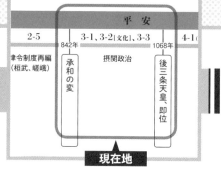

平　安

2-5 ｜ 3-1、3-2［文化］、3-3 ｜ 4-1

842年 ｜ 1068年

律令制度再編
（桓武、嵯峨）

承和の変

摂関政治

後三条天皇、即位

現在地

3-1　摂関政治

1 ▶ 9世紀Ⅰ　藤原良房

　（①＿＿＿＿＿＿）は（②＿＿＿）年、（③＿＿＿＿の変）で（④＿＿＿＿・＿＿＿＿）ら他氏族の勢力をしりぞけ、藤原北家の優位を確立した。858年に幼少の（⑤＿＿＿＿＿天皇）が即位すると、①は天皇の外祖父として（⑥＿＿＿＿）となった。さらに①は、866年（⑦＿＿＿＿＿の変）で大納言（⑧＿＿＿＿＿）を失脚させた。

2 ▶ 9世紀Ⅱ　藤原基経

　藤原良房のあとを継いだ（①＿＿＿＿＿）は、（②＿＿＿＿天皇）を擁立し、884年にはじめて（③＿＿＿＿）となった。次の（④＿＿＿＿天皇）のとき、①は（⑤＿＿＿＿＿）を引き起こし、関白の政治的地位を確立した。

3 ▶ 10世紀Ⅰ　菅原道真

　藤原氏を外戚としない（①＿＿＿＿天皇）は摂政・関白をおかず、学者の（②＿＿＿＿＿）を重用した。左大臣の（③＿＿＿＿＿）は策謀を用いて右大臣の②を（④＿＿＿＿＿）に左遷した。②を祀った京都の（⑤＿＿＿＿＿）は、のちに学問の神としてあがめられ、各地に天神信仰が広まった。

4 ▶ 10世紀Ⅱ　延喜・天暦の治

　10世紀前半、（①＿＿＿＿天皇）は班田を命じ、（②＿＿＿＿＿＿）を出して律令体制の復興に努力した。その子の（③＿＿＿＿天皇）は本朝十二銭最後の（④＿＿＿＿＿）を発行するなど、二人の天皇の時代には摂政・関白をおかない親政がおこなわれ、これはのちに「（⑤＿＿＿＿＿）」とたたえられた。しかし親政の合間には（⑥＿＿＿＿＿）が摂政・関白をつとめた。969年の（⑦＿＿＿＿＿の変）で（⑧＿＿＿＿＿）が左遷されて以降は、摂政・関白がほぼ常置されるようになった。

5 ▶ 11世紀Ⅰ　藤原道長　→（藤原）彰子はP.68の系図、P.73の本文を参照

　（①＿＿＿＿＿）は4人の娘を皇后・皇太子妃とし、権勢をふるった。（②＿＿＿＿・＿＿＿＿・＿＿＿＿）の3代の天皇は①の外孫である。（③＿＿＿＿＿）の日記『（④＿＿＿＿）』には、①の歌として、「此の世をば我が世とぞ思ふ望月のかけたることも無しと思へば」が記録されている。①の長女の（⑤＿＿＿＿＿）は後一条・後朱雀天皇の母であり、紫式部が女房として仕えた。

6 ▶ 11世紀Ⅱ　藤原頼通　→P.68の系図、P.86の本文を参照

　藤原道長のあとを継いだ（①＿＿＿＿＿）は3天皇の約50年にわたって摂政・関白をつとめ、権力を握った。しかし、①の娘には皇子が生まれず、天皇との外戚関係をつくれなかったため、（②＿＿＿＿天皇）の即位とともに晩年はかつての力を失った。

7 ▶ 摂関政治の特徴　→P.78の注①を参照

　摂関政治とは、天皇との（①　　　　　　　　関係）を背景にして摂政・関白の地位に就き、律令制の天皇権力を代行・補佐して絶大な権力を行使するものだった。とくに摂政・関白は官吏の（②　　　　　　　　）を掌握していたため、中・下級の貴族は、摂関家に取り入り、経済的に有利な地位となっていた（③　　　　　　）になることを求めた。中・下級貴族にとって、官吏を任命する（④　　　　　　）の行事は重大な関心事だった。

8 ▶ 遣唐使中止の国際関係

　（①　　　　　　）年、遣唐大使に任じられた（②　　　　　　　　　　　）は派遣の中止を建議した。まもなく唐は滅び、中国は（③　　　　　）によって再統一された。日本は③とは正式な国交を開かなかったが、宋の（④　　　　　　）の来航、日本の（⑤　　　　　　・　　　　　　）らの僧の渡航など、大陸との交渉は活発だった。10世紀には中国東北部の渤海が（⑥　　　　　　）に滅ぼされ、朝鮮半島では（⑦　　　　　　）がおこって新羅を滅ぼした。日本は⑥⑦とも国交を開かなかった。

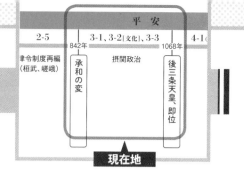

3-2　国風文化

1〉国文学の発達

　漢字の音・訓を利用して日本語を表記する（①＿＿＿＿＿＿）はおもに8世紀頃まで用いられたが、9世紀には①の草書体を簡略化した（②＿＿＿＿＿＿）や、漢字の一部分をとった（③＿＿＿＿＿＿）が用いられ始めた。かな文字を使って、10世紀以降多くの文学作品がつくられた。905年、（④＿＿＿＿＿＿）らは、最初の勅撰和歌集である『（⑤＿＿＿＿＿＿）』を編集した。以後、鎌倉初期の『（⑥＿＿＿＿＿＿）』までの勅撰和歌集を総称して（⑦＿＿＿＿＿＿）という。

2〉女流かな文学

　摂関政治は、女流文学を盛んにした。それは、貴族たちが天皇の（①＿＿＿＿＿＿）に入れた娘たちにつきそわせた、すぐれた才能をもつ女性たちに負うところが大きい。一条天皇の中宮彰子に仕えた（②＿＿＿＿＿＿）は『（③＿＿＿＿＿＿）』を生み出した。一条天皇の皇后（④＿＿＿＿＿＿）に仕えた（⑤＿＿＿＿＿＿）は随筆『枕草子』を著した。かなの日記は（⑥＿＿＿＿＿＿）の『（⑦＿＿＿＿＿＿）』を最初とするが、宮廷に仕えた女性の手になるものが多い。

3〉神仏習合・御霊会

　摂関時代には、神仏習合が進んだ。日本の神々は、仏が仮に形をかえてこの世に現れたものだと説明する（①＿＿＿＿＿＿）も生まれた。また、怨霊を祀ることで疫病や飢饉から逃れようとする（②＿＿＿＿信仰）が広まり、怨霊をなぐさめる（③＿＿＿＿＿＿）が盛んにもよおされた。北野天満宮や（④＿＿＿＿＿＿）の祭りも、御霊信仰が起源である。

4〉浄土教の流行

　浄土教は、（①＿＿＿＿＿＿）を信仰し、来世において（②＿＿＿＿＿＿）に往生することを願う教えである。10世紀半ばに（③＿＿＿＿＿）が京の市でこれを説き、比叡山の僧（④＿＿＿＿）が『（⑤＿＿＿＿）』を著すと、浄土教は貴族・庶民に広まった。この信仰は、（⑥＿＿＿＿思想）によっていっそう強められた。また、往生伝として（⑦＿＿＿＿＿＿）の『（⑧＿＿＿＿＿＿）』などがつくられた。

5〉建築・美術の国風化

　建築では、貴族の邸宅が、白木造・檜皮葺の（①＿＿＿＿造）と呼ばれる日本風のものになった。襖・屏風に描かれる絵画も、日本の風物を題材とする（②＿＿＿＿＿＿）が描かれた。調度品では、漆で文様を描き金・銀粉を蒔きつける（③＿＿＿＿＿）の手法が用いられた。書道も前代の唐風の書に対し（④＿＿＿＿）が発達し、（⑤＿＿＿＿＿＿・＿＿＿＿＿＿・＿＿＿＿＿＿）が三跡と呼ばれた。

6〉浄土教美術

　浄土教の流行を背景にした建築としては、藤原道長が建立した（①＿＿＿＿＿＿）、その子藤原頼

通が建立した（②　　　　　　　　　　）がある。彫刻では、仏師（③　　　　　）が（④　　　　　　　　　　）
の手法で②の阿弥陀如来像をつくった。絵画では、往生する人を仏が迎えに来るという構図の
（⑤　　　　　　　　）がさかんに描かれた。

7 ▶ 衣装の国風化　→P.77の図を参照

　それまでの唐風の衣装にかわり、日本風の衣装が発達した。男性の正装は（①　　　　　　）やそ
れを簡略にした（②　　　　　）で、貴族の通常服は（③　　　　・　　　　）となった。女性の
正装は（④　　　　　　　）で、貴族の通常服は（⑤　　　　　）に袴をつけた。庶民の男性は
（⑥　　　　　・　　　　）で、女性は小袖を着た。

8 ▶ 貴族の生活習慣　→貴族の信仰は、P.65とP.74を参照

　貴族は、10〜15歳くらいで男性は（①　　　　　）、女性は（②　　　　　）の式をあげて成人と
して扱われた。当時の貴族は、陰陽五行説にもとづく（③　　　　　　　　）の影響で吉凶を気にかけ、
（④　　　　　　）と称して引きこもったり、（⑤　　　　　）といって凶の方角を避けた。そうした
貴族の信仰は、（⑥　　　　　教）の念仏、（⑦　　　　　教）の加持祈禱にすがるものだった。

9 ▶ 建築・美術作品

教科書 p.76〜77、口絵⑨の写真の作品名を書きなさい。
①建築　（　　　　　　　　　　、　　　　年、　　　　　　建立）
②絵画　（　　　　　　　　　　）
③口絵⑨　彫刻　（　　　　　　　　　　、　　　作、　　　造）

🔍次の写真の作品名を調べて書こう。

③

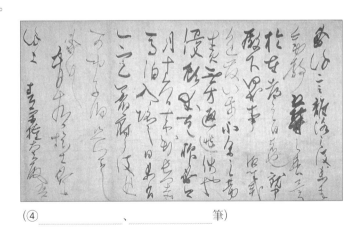

（④　　　　　　　　　、　　　　筆）

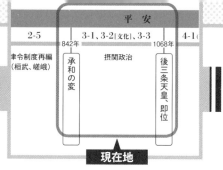

3-3 地方政治の展開と武士

1 律令税制の崩壊Ⅱ （律令税制の崩壊Ⅰは2-5）→偽籍はP.63を参照

醍醐天皇は902年（①　　　　　　　　　　）を出して違法な土地所有を禁じ、班田を命じた。しかし、課税を逃れるために戸籍を作為する（②　　　　）が横行しており、班田収授も税制も崩壊していた。914年（③　　　　　　　）が醍醐天皇に出した「（④　　　　　　　　　　　）」でも、国家財政の窮乏と地方政治の混乱が指摘されている。

2 国司Ⅰ　受領の権限強化 →四等官制については、P.42の表を参照

10世紀頃の政府は、地方政治の長官となる（①　　　　　）の最上席者に、権限と責任を集中させる方針に転換した。国司も四等官制による守・介・掾・目で運営していたが、権限・利権が最上席者[ふつうは（②　　　　）]に独占された。任国に赴任する②は、やがて（③　　　　）と呼ばれた。

3 10世紀以降の税制

律令税制の崩壊に対応し、課税基準は人から（①　　　　）に転換した。受領は、（②　　　　）と呼ばれる有力農民に田地の耕作を請け負わせ、税を課した。②が請け負った田地を（③　　　　）といい、請け負った②のことを（④　　　　）といった。税制も簡素化され、租・庸・調・公出挙の系譜を引く（⑤　　　　：土地税）と、雑徭に由来する（⑥　　　　：労役）になった。

4 国司Ⅱ　遙任・成功・重任

受領の権限強化にともない、受領が勤務する（①　　　　）が重要な役割をもった。受領以外の国司は、赴任せずに国司としての収入のみを受け取る（②　　　　）も増えた。また、受領は大きな利権をもつ官職となり、任地での強欲ぶりも目立った。988年、尾張守（③　　　　）は「（④　　　　　　　　）」で訴えられ翌年解任された。受領などの官職を目当てに朝廷・寺社の費用を提供し官職を得ることを（⑤　　　　）といい、再任してもらうことを（⑥　　　　）といった。

5 国司Ⅲ　平安後期[院政期] →P.87を参照

平安後期（11世紀後半〜院政期）には、受領も任国におもむかなくなり、かわりに（①　　　　）を任国に派遣して（②　　　　）で仕事をおこなわせた。地方政治の実務は、有力な地方豪族を（③　　　　）に任命しておこなわせた。

6 寄進地系荘園Ⅰ　成立[11世紀] →荘園の権利者の階層関係は、P.87の図を参照

さかんに田地の開発を進めた地方の有力農民らは、11世紀になると（①　　　　　　）と呼ばれるようになった。彼らのなかには、国衙の干渉を免れて開発地を確保するため、所領を中央の権力者に（②　　　　）し、権力者を領主とする（③　　　　：私有地）にしようとする者もいた。こうして成立した③を（④　　　　　　）という。寄進を受けた荘園の領主を（⑤　　　　）といい、さらに寄進がおこなわれた時の上級領主を（⑥　　　　）と呼んだ。開発領主は預所や（⑦　　　　）・公文などと呼ばれ、荘園の現地管理者（荘官）として所領の支配を進めた。

7) 寄進地系荘園Ⅱ　不輸・不入の権

　荘園は、中央の権力者［藤原摂関家・東大寺・興福寺・東寺など］の権威を背景にして、官物・臨時雑役などの税の免除［（①　　　　　　　　）という］を得るようになった。正式に政府の出した（②　　　　　　　・　　　　　　　）によって税の免除が認められた荘園を（③　　　　　　　　）といった。国司によって免税された荘園は（④　　　　　　　）という。さらに、（⑤　　　　　　　　）という国司からの使者の立ち入りを認めない（⑥　　　　　　　）の特権を得る荘園も増加していった。

8) 武士Ⅰ　武士の発生［10世紀］

　9世紀末から10世紀、地方の治安悪化と紛争に対し、（①　　　　　・　　　　　）として派遣された中下級貴族のなかには、そのまま土着し（②　　　　　　　）となるものが現れた。武士は、（③　　　　　　　）という一族［血縁関係］と、（④　　　　　　）という従者［主従関係］を率いて武士の家を形成し、集団で戦った。やがて武士たちは連合体をつくり、（⑤　　　　　　　）に成長した。

9) 武士Ⅱ　天慶の乱

　東国の桓武平氏のうち下総を根拠地とする（①　　　　　　　　　）は、939年、国司と対立して反乱をおこした。彼は東国の大半を占領して（②　　　　　　）と称したが、（③　　　　　　　）・（④　　　　　　　）らによって討たれた。同じ頃、（⑤　　　　　　　　）は瀬戸内の海賊を率いて反乱をおこし、伊予国府や大宰府を攻め落としたが、（⑥　　　　　　　）らによって討たれた。この東西の乱をあわせて（⑦　　　　　　　の乱）と呼ぶ。

10) 武士Ⅲ　侍：貴族に奉仕する者

　朝廷や貴族は、武士を（①　　　　　）として身辺の警固などに奉仕させた。宮中の警備をおこなう武士を（②　　　　　　　　　）という。摂津に土着していた清和源氏の（③　　　　　　　　）とその子（④　　　　　　）・（⑤　　　　　　　　）兄弟は、摂関家に取り入って勢威を高めた。地方でも、（⑥　　　　　・　　　　　）として国司のもとに組織し、（⑦　　　　　　　・　　　　　　　）に任命して治安維持に当たらせた。

11) 武士Ⅳ　地方武士団と武家の棟梁［11世紀］ →藤原隆家はP.68の系図を参照

　11世紀になると、（①　　　　　　　）たちは地方の武士団に成長した。彼らは所領の保護を求め、中央貴族の血筋を引く（②　　　　　　　）や（③　　　　　　　）を（④　　　　　　）と仰ぎ、②や③は地方武士団を広く組織して（⑤　　　　　　）を形成した。九州でも武士団の形成が進み、1019年に九州北部をおそった（⑥　　　　　　　）の際には、（⑦　　　　　　　　）の指揮のもとで九州の武士たちがこれを撃退した。

12) 武士Ⅴ　源氏の成長

　1028年、上総で（①　　　　　　　の乱）がおきると、（②　　　　　　　）はこれを鎮圧して東国進出のきっかけとした。（③　　　　　　　）は、その子の（④　　　　　　）とともに、陸奥で反乱をおこした豪族・安倍氏を滅ぼした。この1051〜62年の戦いを（⑤　　　　　　　合戦）という。その後、陸奥・出羽国で大勢力となった清原氏の内紛に④が介入し、④は（⑥　　　　　　　　　）を助けて内紛を制圧した。これを（⑦　　　　　　　合戦）という。

33

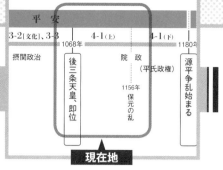

4-1 院政と平氏の台頭（上）

1 ▶ 後三条天皇

（①＿＿＿＿＿＿）年、摂政・関白を外戚としない（②＿＿＿＿＿＿天皇）が即位した。後三条天皇は（③＿＿＿＿＿＿）らの人材を登用し、摂関家に遠慮せずに改革に着手した。

2 ▶ 延久の荘園整理令　→『愚管抄』はP.116を参照

後三条天皇は（①＿＿＿＿＿）年、（②＿＿＿＿＿＿＿＿＿）を出した。この法令は中央に（③＿＿＿＿＿＿＿＿）を設け、荘園設立の証拠書類を審査するもので、摂関家の荘園も例外でなく、荘園整理は成果をあげた。（④＿＿＿＿＿＿＿）領では34カ所中13カ所の荘園が停止された。この間の経緯は、（⑤＿＿＿＿）の歴史書『（⑥＿＿＿＿＿＿）』に書かれている。また、天皇は枡の大きさを（⑦＿＿＿＿＿＿）に統一した。

3 ▶ 荘園公領制 I　成立

後三条天皇の荘園整理によって、貴族・寺社の支配する（①＿＿＿＿＿）と、国司の支配する（②＿＿＿＿＿）の区別が明確になっていった。国内は、荘・郡・郷・保が並立する（③＿＿＿＿＿＿＿＿）に変化していった［「荘」は荘園、「郡・郷・保」は公領］。

4 ▶ 荘園公領制 II　税制

荘園・公領では、耕地の大部分は（①＿＿＿＿＿）という有力農民に割り当てて請負わせた。その耕地を（②＿＿＿＿）と呼び、①は土地への権利を強めて、（③＿＿＿＿＿）と呼ばれた。③は、米・絹布などの（④＿＿＿＿＿＿）、諸行事に必要な手工業品・特産物の（⑤＿＿＿＿＿＿）、労役を奉仕する（⑥＿＿＿＿＿）などを負担した。

5 ▶ 院政 I　開始

（①＿＿＿＿＿天皇）は（②＿＿＿＿＿）年、幼少の（③＿＿＿＿＿天皇）に位を譲り、みずからは上皇として（④＿＿＿＿＿）を開き、天皇を後見しながら政治の実権を握る（⑤＿＿＿＿＿）を開始した。

6 ▶ 院政 II　白河・鳥羽・後白河

白河上皇は院の御所に（①＿＿＿＿＿＿＿＿）を組織し、その権力を強化した。院政では、院庁から出される（②＿＿＿＿＿＿＿＿）や、上皇の命令を朝廷［天皇・太政官など］に伝える（③＿＿＿＿＿）が国政に効力をもった。1086年に院政を始めた（④＿＿＿＿＿上皇）から、（⑤＿＿＿＿＿上皇）・（⑥＿＿＿＿＿上皇）と院政は100年余も続いた。3上皇は仏教を篤く信仰した。出家して（⑦＿＿＿＿＿）となり、（⑧＿＿＿＿＿）などの大寺院を造営し、紀伊の（⑨＿＿＿＿＿詣）・（⑩＿＿＿＿詣）を繰り返した。

7 ▶ 院政 III　経済基盤（1）　荘園

院政の経済基盤の一つは（①＿＿＿＿＿）である。鳥羽上皇の時代には院の周辺に荘園の

（②＿＿＿＿＿）が集中した。（③＿＿＿＿＿上皇）が皇女に伝えた（④＿＿＿＿＿＿領）といわれる荘園群は約100カ所で、鎌倉末期に（⑤＿＿＿＿＿統）に継承された。（⑥＿＿＿＿＿上皇）が寄進した（⑦＿＿＿＿＿領）といわれる荘園群は約90カ所で、鎌倉末期に（⑧＿＿＿＿＿統）に継承された。

8〉院政Ⅳ　経済基盤（2）　公領

院政期には、上級貴族に（①＿＿＿＿＿＿）として一国の支配権を与え、その国からの収益を取得させる（②＿＿＿＿＿）の制度が広まった。①は子弟などを（③＿＿＿＿＿）に任じ、現地には（④＿＿＿＿＿）を派遣して国の支配をおこなわせた。②や（⑤＿＿＿＿＿）の制度が広がると、（⑥＿＿＿＿＿）は院・知行国主・国司の私領のようになり、院政を支える経済基盤となった。

9〉僧兵

院政期の大寺院は多くの荘園を所有し、下級僧侶を（①＿＿＿＿＿）として組織した。①は、荘園から動員した（②＿＿＿＿＿＿）の出身が多かった。興福寺の僧兵は（③＿＿＿＿＿）と呼ばれ、（④＿＿＿＿＿）の神木の榊をささげて朝廷に（⑤＿＿＿＿＿）し、延暦寺の僧兵は（⑥＿＿＿＿＿）と呼ばれ、（⑦＿＿＿＿＿）の神輿をかついで強訴した。興福寺・延暦寺を（⑧＿＿＿＿＿・＿＿＿＿＿）という。

10〉奥州藤原氏

院政期の東北地方では、陸奥の（①＿＿＿＿＿）を根拠地とした（②＿＿＿＿＿氏）が強大となった。奥州藤原氏は、（③＿＿＿＿＿・＿＿＿＿＿・＿＿＿＿＿）の3代100年にわたって、（④＿＿＿＿＿）や（⑤＿＿＿＿＿）などの産物の富で繁栄した。奥州藤原氏は、その富を背景に（⑥＿＿＿＿＿）・（⑦＿＿＿＿＿）などの豪華な寺院を建立した。

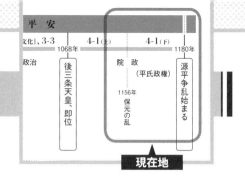

4-1 院政と平氏の台頭（下）

1》伊勢平氏

院政期に、（①　　　　　　上皇）・（②　　　　　　上皇）と結んで発展したのが、桓武平氏のうちの
（③　　　　　平氏）である。③の（④　　　　　　　　）は出雲で反乱した源義親を討った。④の子の
（⑤　　　　　　　　）は瀬戸内海の海賊平定で鳥羽上皇の信任を得、上皇の（⑥　　　　　　　　）とし
て重用された。

2》保元の乱

（①　　　　　　）年の鳥羽法皇の死後、法皇と対立していた（②　　　　　上皇）は左大臣
（③　　　　　　）と結び、（④　　　　　　　）・（⑤　　　　　　　）らの武士を集めた。法皇の立場
を継いでいた（⑥　　　　　天皇）は、関白（⑦　　　　　　）や近臣（⑧　　　　　　　　）
の進言により（⑨　　　　　）・（⑩　　　　　　）らの武士を動員した。戦いは天皇方が勝利し、
崇徳上皇は讃岐に流され、④は処刑された。これを（⑪　　　　　の乱）という。

3》平治の乱

（①　　　　　　）年、（②　　　　　　　上皇）の近臣間の対立が争乱となった。近臣の
（③　　　　　　　）は（④　　　　　　）と結び、（⑤　　　　　）は（⑥　　　　　　）と
結んだ。⑤⑥は兵をあげ、藤原通憲を自殺に追い込んだが、熊野詣から引き返した平清盛により
滅ぼされた。その後、⑥の子の（⑦　　　　　　　）は伊豆に流された。この争乱を（⑧　　　　　の
乱）という。保元・平治の乱は、（⑨　　　　　　）内部の争いが（⑩　　　　）の実力で決す
ることを示し、武家政権に道を開いた。

4》平氏政権Ⅰ　平清盛

平治の乱後、（①　　　　　　　）は（②　　　　　　上皇）を武力で支えて昇進をとげ、1167年
に（③　　　　　　　）となった。その長男（④　　　　　　）らの一族もみな高位高官にのぼっ
た。清盛は、娘の（⑤　　　　）を（⑥　　　　　天皇）の中宮に入れ、その子の（⑦　　　　天皇）
を即位させると、（⑧　　　　）として朝廷内で威勢をふるった。

5》平氏政権Ⅱ　経済基盤　→P.95の『平家納経』を参照

平氏の経済基盤は、全盛期に日本全国の約半数の（①　　　　　　）と、500カ所にのぼ
る（②　　　　）である。一方で平氏は（③　　　　　貿易）にも力を入れた。清盛は摂津の
（④　　　　　　）を修築して瀬戸内航路の安全をはかった。安芸の（⑤　　　　　　）は平
氏の信仰篤く、海の守り神とされた。日宋貿易では、（⑥　　　）・水銀・（⑦　　　　）・木材・米・
（⑧　　　）・漆器・扇などを輸出し、（⑨　　　　　）・（⑩　　　　　）・（⑪　　・　　）・
書籍などを輸入した。⑪は東南アジア産のものである。

6 〉平氏政権Ⅲ　反平氏勢力　→P.95を参照

平氏が官職独占を進めると、旧勢力は強く反発した。1177年、(①＿＿＿＿＿＿＿＿)・僧の
(②＿＿＿＿＿＿)らが平氏打倒をはかり、失敗した。この事件を(③＿＿＿＿＿＿＿＿)という。
清盛は1179年、(④＿＿＿＿＿＿法皇)を鳥羽殿に幽閉し、権力を独占した。さらに、翌1180年
に外孫の (⑤＿＿＿＿天皇)を位につけると、地方武士団や中央貴族・大寺院のなかには、平氏専
制への不満がうずまき始めた。

7 〉今様・田楽・猿楽　🔍田楽・猿楽の起源などを図版で確認しよう

(①＿＿＿＿＿＿上皇)はみずから民間の流行歌謡である (②＿＿＿＿)を学び、歌謡集
『(③＿＿＿＿＿＿)』を編んだ。庶民の農耕芸能に起源をもつ (④＿＿＿＿)や中国から渡来
した滑稽芸が発展した(⑤＿＿＿＿)は、貴族にも大流行し、御霊会や大寺院の法会で演じられた。

8 〉歴史・説話

院政期には、インド・中国・日本の1000余りの説話を集めた『(①＿＿＿＿＿＿)』がつく
られ、当時の貴族・僧侶・武士・庶民の生態が描かれた。将門の乱を描いた『(②＿＿＿＿＿＿)』
や前九年合戦を描いた『③＿＿＿＿＿＿』などの軍記物語が書かれた。また、『(④＿＿＿＿＿)』
や『(⑤＿＿＿＿)』などの和文体の歴史物語も書かれた。

9 〉浄土教建築

院政期には浄土教思想は全国に広まり、奥州・平泉の (①＿＿＿＿＿＿)、陸奥の
(②＿＿＿＿＿＿)、九州豊後の (③＿＿＿＿＿)などの阿弥陀堂が各地につくられた。

10 〉院政期の建築・美術

教科書p.91～95、口絵⑩⑬の写真の作品名を書きなさい。
①建築 (＿＿＿＿＿＿＿＿)　　④絵画 (＿＿＿＿＿＿＿＿)
②庭園 (＿＿＿＿＿＿)　　　　⑤絵画 (＿＿＿＿＿＿＿)
③建築 (＿＿＿＿＿＿)　　　　⑥絵画 (＿＿＿＿＿＿)
⑦口絵⑩ 絵画 (＿＿＿＿＿) を題材にした (＿＿＿＿＿＿)
⑧口絵⑬ 建築 (＿＿＿＿＿＿)

🔍次の写真の作品名を調べて書こう。

⑨ (＿＿＿＿＿＿)

⑩ (＿＿＿＿＿＿)

⑪ (＿＿＿＿＿＿)

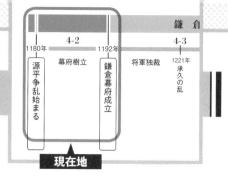

鎌倉

4-2　将軍独裁　4-3

1180年　幕府樹立　1192年　　1221年
　　　　　　　　　　　　　承久の乱

源平争乱始まる　　鎌倉幕府成立

現在地

4-2　鎌倉幕府の成立

1 ▶ 源平の争乱Ⅰ　源氏の挙兵

　（①　　　　　）年、後白河法皇の皇子（②　　　　　　）と源氏の（③　　　　　　　）が平氏打倒の兵をあげ、挙兵を呼びかける②の（④　　　　）が諸国の武士に伝えられた。これに呼応して、伊豆に流されていた（⑤　　　　　　）や木曽谷にいた（⑥　　　　　　）ら各地の武士団が挙兵した。

2 ▶ 源平の争乱Ⅱ　平氏の都落ち　→P.96の年表を参照

　源平の争乱が勃発すると、平氏は1180年、平氏の拠点である（①　　　　　　）に都を移したが、大寺院・貴族の反対で半年後に京都に戻した。平清盛の5男（②　　　　　　）は、反平氏の拠点であった（③　　　　）の寺院を焼き打ちした。1181年、（④　　　　　　）が死去した。1183年に平氏は、北陸の（⑤　　　　　　の戦い）で（⑥　　　　　）に敗北し、（⑦　　　　天皇）を奉じて西国に都落ちした。

3 ▶ 源平の争乱Ⅲ　平氏滅亡

　源頼朝の命を受けた源範頼・（①　　　　　　）は（②　　　　　　）を滅ぼし、さらに平氏を追って西へ向かい、摂津の（③　　　　　　の合戦）、讃岐の（④　　　　　の合戦）を経て、（⑤　　　　）年に長門の（⑥　　　　　　の戦い）で平氏を滅亡させた。

4 ▶ 奥州藤原氏の滅亡

　壇の浦の戦いののち、（①　　　　　　）は兄の頼朝に追われ、（②　　　　　　氏）を頼った。奥州藤原氏の（③　　　　　　）は義経をかくまったが、③の死後、その子の（④　　　　　　）は頼朝に屈服して義経を殺した。頼朝は1189年、奥州に軍を進めて④を滅ぼし、東北地方も支配下においた。

5 ▶ 武家政権の樹立過程　→P.96の年表を参照

　源頼朝は源平の争乱が始まるとともに、武家政権樹立に向けて動き始めた。1180年、（①　　　　　　）を設置し、1183年、（②　　　　　　　　）で東海道・東山道のうち東国の支配権を得た。1184年、（③　　　　　）・（④　　　　　　）を設置した。平氏を滅ぼした（⑤　　　　）年には、（⑥　　　　）・（⑦　　　　　）を設置した。こうして武家政権としての（⑧　　　　　　）が確立した。さらに1190年、（⑨　　　　　　）となり、（⑩　　　　）年には（⑪　　　　　　　）に任ぜられた。⑩年は名実ともに鎌倉幕府が成立した年である。

6 ▶ 鎌倉幕府の機構

　頼朝時代の鎌倉幕府の機構は、中央に侍所・公文所［のち政所］・問注所をおいた簡素なものだった。侍所の初代の長官［（①　　　　）という］には（②　　　　　　　）、公文所の初代の長官［（③　　　　）という］には（④　　　　　　）、問注所の初代の長官［（⑤　　　　）という］

には（⑥＿＿＿＿＿＿＿）が任じられた。

7〉守護

　（①＿＿＿＿＿＿）は各国に一人ずつおかれた国内御家人（ごけにん）の統率者で、（②＿＿＿＿＿＿＿＿）などの職務を任とした。大犯三カ条とは、（③＿＿＿＿＿＿＿＿の催促）と（④＿＿＿＿＿）・（⑤＿＿＿＿＿＿）の逮捕をいう。また、（⑥＿＿＿＿＿＿＿）を支配し、東国では（⑦＿＿＿＿＿）の行政事務も引き継いだ。

8〉地頭

　（①＿＿＿＿＿＿）の任務は、農村の管理者としての職務である。具体的には、（②＿＿＿＿＿＿）を農民から徴収して国司（こくし）・荘園（しょうえん）領主に納入すること、土地の管理、（③＿＿＿＿＿＿）だった。源頼朝はその職務を明確にし、（④＿＿＿＿＿＿権）を（⑤＿＿＿＿＿）や（⑥＿＿＿＿＿）から奪って幕府の手におさめた。

9〉将軍と御家人

　鎌倉幕府体制の基本は、（①＿＿＿＿＿）と（②＿＿＿＿＿）との（③＿＿＿＿＿関係）である。①である源頼朝は、②を（④＿＿＿＿＿）に任命することによって先祖伝来の所領の支配を保障した。これを（⑤＿＿＿＿＿＿）という。また、新たな所領を与えることを（⑥＿＿＿＿＿＿）という。こうした（⑦＿＿＿＿＿）に対して②は、戦時には（⑧＿＿＿＿＿）をつとめ、平時には（⑨＿＿＿＿＿番役）や（⑩＿＿＿＿＿番役）などをつとめて、従者として（⑪＿＿＿＿＿）した。

10〉公武二元支配　Ⅰ→P.87の図、Ⅱ→P.99の図、Ⅲ→P.99の本文を参照

　（①＿＿＿＿＿＿）年の守護・地頭の設置で、武家政権としての鎌倉幕府が確立したということの意味を考えてみよう。
Ⅰ．荘園公領制のもとでは、荘園は本家・（②＿＿＿＿＿＿）、公領は知行国主（ちぎょうこくしゅ）・（③＿＿＿＿＿＿）が支配する領地であり、現地の管理者である荘園の（④＿＿＿＿＿）・公文、公領の（⑤＿＿＿＿＿）・郷司（ごうし）・保司（ほうじ）は、農民から徴収した年貢を②③に納入することがもっとも重要な任務だった。
Ⅱ．④⑤らは、武士としてその所領を維持しようとしていた。源頼朝は御家人となった④⑤らの武士を（⑥＿＿＿＿＿）に任命し、荘園・公領の年貢徴収・納入、土地管理、治安維持に当たらせた。そして頼朝は、⑥の（⑦＿＿＿＿＿権）を②③から奪ってみずからの手におさめたのだった。このことは、土地の給与を通じて御恩（ごおん）・奉公（ほうこう）の主従関係が成立したことを意味する。この制度を（⑧＿＿＿＿＿＿）といい、⑧にもとづく政権としての鎌倉幕府は、（⑨＿＿＿＿＿・＿＿＿＿＿の設置）をもって成立したといえる。
Ⅲ．ただし、鎌倉時代には、京都の（⑩＿＿＿＿＿）や貴族・大寺社などの（⑪＿＿＿＿＿＿＿）の力がまだ強く残っていた。鎌倉時代は、政治面でも経済面でも、公武の（⑫＿＿＿＿＿＿＿）が特徴だった。また、幕府と朝廷の関係も、（⑬＿＿＿＿＿）と呼ばれる朝廷の法令などで定められるものだった。

11〉幕府の経済基盤

　将軍である頼朝自身は、（①＿＿＿＿＿＿＿）と呼ばれる多くの知行国と、（②＿＿＿＿＿＿）と呼ばれる大量の荘園をもっており、これが幕府の経済基盤となっていた。

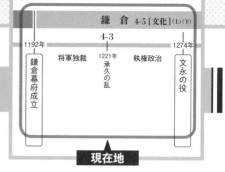

4-3 武士の社会

1〉北条氏の台頭　→P.101の年表を参照

　将軍独裁だった頼朝の死後、勢力を伸ばしてきたのが、頼朝の妻（①　　　　　　　）の実家である北条氏だった。①の父（②　　　　　　　　）は1203年、2代将軍（③　　　　　　　）を廃し、その後見の（④　　　　　　　　）を滅ぼした。そして、③を伊豆の（⑤　　　　　　　）に幽閉し、翌年に暗殺した。北条時政の子の（⑥　　　　　　　）は1213年、（⑦　　　　　　）の別当だった（⑧　　　　　　　　）を滅ぼした。鎌倉幕府における将軍の代行者としての地位を（⑨　　　　）といい、北条時政から北条義時へと継承されていった。

2〉承久の乱Ⅰ　後鳥羽上皇の挙兵

　（①　　　　　　　上皇）はしだいに反幕府の動きを強め、（②　　　　　の武士）をおいて院政を強化した。1219年、3代将軍（③　　　　　　）が（④　　　　　　）に暗殺されると、朝幕関係が不安定になり①は討幕を決意した。①は（⑤　　　　　　）年、（⑥　　　　　　　　）追討の兵をあげた。幕府方は、（⑦　　　　　　　・　　　　　　　　）が軍を率いて京都を攻め、1カ月で圧勝した。

3〉承久の乱Ⅱ　乱後の処置

　承久の乱後、幕府は後鳥羽上皇を（①　　　　　）に、（②　　　　　　上皇）を土佐に、（③　　　　上皇）を佐渡に配流した。また、（④　　　　　　　　）をおいて、（⑤　　　　　　）を監視し、（⑥　　　　　　）の統轄に当たらせた。後鳥羽上皇方についた貴族・武士の所領を没収し、戦功のあった御家人をその地の地頭に任命した。この時に大量に設置された地頭を（⑦　　　　　　　）という。⑦の給与の基準を（⑧　　　　　　　　）という。その基準は、（⑨　　　　　　　　　　　　　　　）、（⑩　　　　　　　　　　　）、（⑪　　　　　　　　　　　　　　）だった。この乱の結果、幕府の力は（⑫　　　　　　・　　　　　　）にも広くおよぶようになった。

4〉執権政治の確立　→P.101の年表を参照

　承久の乱後の幕府は、3代執権（①　　　　　　　　）が主導した。①は1225年、執権を補佐する（②　　　　　　）をおき、叔父の（③　　　　　　　　）をこれにあてた。また同年、（④　　　　　　　）を設置して、有力御家人による（⑤　　　　　　）の政治を進めた。

5〉御成敗式目　→P.103の史料を参照

　北条泰時は1232年、（①　　　　　　　　）を制定した。これは、源頼朝以来の（②　　　　　　　）や（③　　　　　　）と呼ばれた武士社会の慣習・道徳にもとづいていた。御成敗式目は幕府の勢力圏での裁判の基準であって、朝廷の支配下では（④　　　　　　）が、荘園領主のもとでは（⑤　　　　　　）が効力をもっていた。①制定の趣旨は、北条泰時が、六波羅探題として在京中の弟（⑥　　　　　　）に宛てた手紙に述べられている。①後の追加法令は（⑦　　　　　　　）と呼ばれた。室町幕府の法令も、①を基本法典として、それに追加法令を加えていったため、（⑧　　　　　　）と呼ばれた。

6 〉5代執権・北条時頼

5代執権の（①　　　　　　　　）は1247年の（②　　　　　合戦）で（③　　　　　　　）一族を滅ぼし、朝廷にも制度改革を求めた。（④　　　　　　　上皇）は（⑤　　　　　　　　）を設置した。時頼は（⑥　　　　　　）をおいて引付衆を任命し、御家人たちの所領に関する裁判を専門に担当させた。時頼のもとで幕府権力は強化されたが、北条氏独裁の傾向もみえはじめた。

7 〉摂家将軍と皇族将軍　→P.101の注①、系図を参照

1219年、源実朝の暗殺で源氏の直系が絶えると、幕府は摂関家の（①　　　　　　　　）を4代将軍に迎えた。①の子の（②　　　　　　　　）が5代将軍となった。これらを（③　　　　将軍）という。しかし、①は反執権の中心となったため、1246年、京都に送り返された。幕府は1252年、②にかえて、後嵯峨上皇の皇子（④　　　　　親王）を将軍とした。これを（⑤　　　　将軍）といい、以後4代続いたが、実権はなかった。

8 〉武士の生活

鎌倉時代の武士は（①　　　　　　　）の系譜を引く農村の主であった。河川近くの微高地に（②　　　　　　）をかまえ、その周辺には（③　　　・　　　　　）・正作・用作などと呼ばれる直営地があった。公領・荘園の現地の管理者として、農民から（④　　　　　　）を徴収して国衙・荘園領主におさめ、定められた収入として（⑤　　　　　　）などを得ていた。武芸を身につけることが重視され、（⑥　　　　　・　　　　・　　　　　）や巻狩などの訓練をおこなっていた。

9 〉惣領制

鎌倉時代の武士は、血縁関係で結ばれた本家と分家で集団を構成していた。この集団を（①　　　　　　）・一家といい、本家の首長を（②　　　　　　）、他を（③　　　　　　）と呼んだ。戦いは、②が指揮官として一門全体を率いた。年貢・公事の納入も②が責任者となり、庶子たちに割り当てた。こうした体制を（④　　　　　　　）と呼ぶ。相続制度は、（⑤　　　　　　　）を原則とし、それが一門の結束を強めていた。

10 〉地頭請所と下地中分

（①　　　　　の乱）のあとになると、畿内・西国にも多くの（②　　　　　　）が設置され、東国出身の武士が任命された。地頭は、年貢未納などで荘園・公領の領主たちと紛争をおこした。紛争解決のため、荘園・公領の領主たちは地頭と（③　　　　　　　）の契約を結んだり、土地を分け合って互いに支配権を認め合う（④　　　　　　）の取り決めをした。

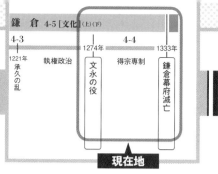

4-4 蒙古襲来と幕府の衰退

1 蒙古襲来Ⅰ　文永の役　→P.108の図版を参照

中国征服を進めたモンゴル族の（①　　　　　　　　　　　　）は、国号を（②　　　　　）と定め、朝鮮半島の（③　　　　　　）を服属させ、日本へも朝貢を要求してきた。幕府の8代執権（④　　　　　　　　　）はこれを拒否した。元は③の軍勢もあわせ、（⑤　　　　　　　）年、博多湾に上陸した。『（⑥　　　　　　　　　　　）』には、元軍は「⑦　　　　　　　　　」と呼ばれる火器を使用し、日本軍を悩ませたことが描かれている。この戦いを（⑧　　　　　　　　）という。⑥は、御家人（⑨　　　　　　　　）のこの戦いでの活躍を描いたものである。

2 蒙古襲来Ⅱ　弘安の役

幕府はモンゴルの再来に備え、九州地方の御家人に（①　　　　　　　　　　）という警備を強化させた。また、博多湾沿いに石造の（②　　　　　　）を構築させた。元はその後、（③　　　　　　　）を滅ぼし、③の軍勢も動員して（④　　　　　　）年に再び九州北部に襲来したが、暴風雨で大損害を受けて敗退した。この戦いを（⑤　　　　　　　　）という。元軍の日本侵攻の失敗の背景には、高麗での（⑥　　　　　　の乱）などの抵抗もあった。

3 得宗専制政治

蒙古襲来後、幕府は博多に（①　　　　　　　）をおき、北条一門を任命して九州全体の政務・裁判・御家人指揮に当たらせた。幕府内での北条氏の権力が強化され、とくに北条氏嫡流［本家］の当主である（②　　　　　）が強大となった。②の家臣である（③　　　　　　　）たちも勢力を強め、御家人たちとの対立が激しくなった。9代執権（④　　　　　　　　）の時の1285年、③の中心［これを（⑤　　　　　）という］である（⑥　　　　　　　）が、有力御家人の（⑦　　　　　　　）を滅ぼした。この事件を（⑧　　　　　　　　）という。強大な得宗のもとで、御内人や北条一門が主導する政治形態を（⑨　　　　　　　　政治）という。

4 琉球とアイヌ

琉球では12世紀頃から農耕が始まり、各地の首長である（①　　　　　　）が、（②　　　　　　　　）を拠点にして勢力を広げた。彼らはやがて（③　　　　　・　　　　　・　　　　　　）の三つの勢力に統合されていった。蝦夷ヶ島では13世紀には（④　　　　　　　）の文化が生まれた。

5 鎌倉時代の農業

蒙古襲来の前後から、畿内・西国では、同じ田で夏季に稲、冬季に麦を栽培する（①　　　　　）が普及した。肥料として（②　　　　・　　　　　）が使われ、家畜の（③　　　　　）を利用した農耕も広がった。多収穫米である（④　　　　　　）も伝えられた。灯油の原料となる（⑤　　　　　）の栽培も広がった。

6) 鎌倉時代の商業 I　三斎市と見世棚

交通の要地や寺社の門前などに（①　　　　　　　　　）が立つようになった。月に三度の開催なので
（②　　　　　　　　）という。『（③　　　　　　　　　　　　）』には、定期市の開催でにぎわう備前国福岡
荘の様子が描かれている。京都・奈良・鎌倉などの都市では、（④　　　　　　　　　　）といわれる常設
の小売店も現われた。売買には、米などの現物にかわって、中国から輸入された（⑤　　　　　　）が
利用された。

7) 鎌倉時代の商業 II　座・問丸・借上　→P.137の注②を参照

商工業者などの同業者団体を（①　　　　　）という。油座・塩座・麹座・紙座など、もともと大寺
社や天皇家に属していた人々が、営業者として保護と特権を与えられ広く活動するようになったも
のである。大寺社に属したものは（②　　　　　　）、天皇家に属したものは（③　　　　　　　）とよ
ばれた。商品の遠隔地取引も盛んになり、商品の中継・委託販売・運送を業とする（④　　　　　　　）
が、各地の湊に発達した。荘園の一部では、年貢の（⑤　　　　　　）も始まった。金銭の輸送を手形
で代用する（⑥　　　　　　）も使われた。高利貸業者の（⑦　　　　　　　）も多く出現した。

8) 地頭の非法

鎌倉後期には、荘園領主や地頭の圧迫・（①　　　　　　　）に対して、農民が団結して訴訟をしたり、
集団で逃亡したりする動きが各地でみられた。1275年、地頭の①を訴えた紀伊国（②　　　　　　　荘）
の農民の訴状は、地頭の非法の生々しさを伝えている。

9) 幕府の衰退 I　御家人の窮乏化

蒙古襲来で幕府は、御家人たちの負担に見合うほどの（①　　　　　）を与えられず、彼らの信頼
を失った。また、蒙古襲来後、御家人の窮乏化が目立ち始めた。原因は、
(1) （②　　　　　　　　）の繰り返しで、所領が細分化されていった。
(2) （③　　　　　経済）の発展に巻き込まれて金銭支出を増やし、窮乏した。
などである。所領の細分化に対応するため、死後は惣領に返す約束つきの相続 [（④　　　　　　　　）
という] が多くなった。

10) 幕府の衰退 II　永仁の徳政令　→P.112の史料を参照

窮乏する御家人を救うため、幕府は（①　　　　　　）年、（②　　　　　　　　　　）を出した。
内容は、(1) 御家人の所領の質入・売却を禁止する。(2) 売却した相手が御家人ならば、売買から
（③　　　　）年過ぎていれば売買を認める。過ぎていなければ、無償で返還させる。(3) 売却し
た相手が「（④　　　　　　　）」や「（⑤　　　　　　）」[具体的には（⑥　　　　　　　）]ならば、
経過年月とは無関係に無償で返還させる。
というものだった。効果は（⑦　　　　　　）で、中小御家人の多くが（⑧　　　　　　）していった。

11) 悪党の発生

鎌倉後期になると、畿内やその周辺では、荘園領主に対抗する（①　　　　　　　　）や（②
　　　　　　　）の新興武士たちの動きが目立ち始めた。彼らは、武力に訴えて年貢納入を拒否し、
荘園領主に抵抗しはじめた。これらの武士を（③　　　　　　）と呼んだ。

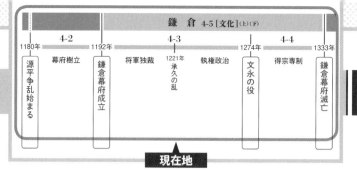

4-5 鎌倉文化（上）

1 ▶ 新仏教Ⅰ　法然

　平安末期に（①　　　　　山）で天台の教学を学んだ（②　　　　　）は、源平争乱のころ、新しい教えを説いた。それは（③　　　　　　　）の誓いを信じ、（④　　　　　　）をとなえれば、死後は誰もが平等に極楽浄土に（⑤　　　　　）できるという（⑥　　　　　　　）の教えだった。その教えは、摂関家の（⑦　　　　　　　）をはじめ公家・武士・庶民に広まり、（⑧　　　　　宗）と呼ばれる。主要著書は『（⑨　　　　　　　　）』、中心寺院は（⑩　　　　　　　）である。

2 ▶ 新仏教Ⅱ　親鸞　→P.114の史料を参照

　（①　　　　　）も初めは比叡山で学んだが、のちにそこを出て（②　　　　　）の弟子となった。彼は師の教えを一歩進め、（③　　　　　　　）を説いた。①の弟子（④　　　　　）の『（⑤　　　　　）』によれば、その教えの核心は、「（⑥　　　　　）なおもちて往生をとぐ、いはんや（⑦　　　　　）をや。」「（⑧　　　　　）をたのみたてまつる悪人、もとも往生の正因なり。」というところにある。この宗派を（⑨　　　　　　　）という。①の主要著書は『（⑩　　　　　　　　　　）』、中心寺院は（⑪　　　　　）である。

3 ▶ 新仏教Ⅲ　一遍

　鎌倉中期に出た（①　　　　　）は、（②　　　　　　　教）の流れをくみ、「善人・悪人や（③　　　　　　）の有無を問わず、すべての人が救われる」と説き、（④　　　　　宗）を開いた。往生決定の喜びは（⑤　　　　　　　）で表現し、全国各地で集団の熱狂をつくりだした。①は布教のために全国各地をまわって（⑥　　　　　　）と呼ばれ、彼に従った人々は（⑦　　　　　　）と呼ばれた。彼の足跡は、『（⑧　　　　　　　　）』に生き生きと描かれている。

4 ▶ 新仏教Ⅳ　日蓮

　鎌倉中期に出た（①　　　　　　）も比叡山で学び、その後、（②　　　　　　　）を釈迦の正しい教えとして選び、「（③　　　　　　　　　）」という（④　　　　　　）をとなえれば救われると説いた。この宗派を（⑤　　　　　宗）という。他宗を激しく攻撃して布教したため、幕府の（⑥　　　　　　）を受け、伊豆、さらに佐渡へ流された。①の主要著書は『（⑦　　　　　　　　　）』、中心寺院は（⑧　　　　　　　）である。

5 ▶ 新仏教Ⅴ　栄西、その後

　比叡山の僧の（①　　　　　）は宋に渡り、日本に禅宗を伝えた。その宗派を（②　　　　　宗）という。臨済宗では、師から与えられる問題を一つひとつ解決する（③　　　　　　）という方法で悟りを求めた。①の主要著書は『（④　　　　　　　　）』、中心寺院は京都の（⑤　　　　　　　）である。①の死後、南宋から多くの禅僧が来日した。5代執権北条時頼に迎えられた（⑥　　　　　　　　）は鎌倉に（⑦　　　　　　）を開き、8代執権北条時宗に迎えられた（⑧　　　　　　　）は鎌倉に（⑨　　　　　　）を開いた。

6〉新仏教Ⅵ　道元

（①　　　　　　　）も初め比叡山に学び、のち建仁寺で禅宗を学んだ。南宋に渡って禅を深め、帰国後（②　　　　　宗）を開いた。曹洞宗は、ひたすら坐禅をする（③　　　　　　　　　）という方法で悟りを求めた。①は、世俗を離れ、山中に（④　　　　　　　　）を開いた。主要著書は『⑤　　　　　　　　　）』である。

7〉旧仏教・神道

鎌倉時代初め、法相宗の（①　　　　　　　）や華厳宗の（②　　　　　　　）は従来の南都仏教の復興に力を注いだ。鎌倉中期には、律宗の（③　　　　　　　）が戒律を重んじた布教をすすめ、同じく律宗の（④　　　　　　　）は（⑤　　　　　　　　　）というハンセン病患者救済施設を建てるなど施療・慈善に力を尽くした。神道では、鎌倉末期に伊勢外宮の神官（⑥　　　　　　　　）が（⑦　　　　　　　　説）をとなえ、その神道理論は（⑧　　　　　神道）と呼ばれた。

8〉和歌・随筆　→P.116の表を参照

鎌倉初期、（①　　　　　　上皇）の命で、（②　　　　　　　）・藤原家隆らが『（③　　　　　　　　　）』を編纂した。個人の歌集としては、（④　　　　　　）が平安末期の変動する諸国を遍歴し、『（⑤　　　　　　　）』を残した。将軍（⑥　　　　　　　）は②に学び、万葉調の歌をよんで『（⑦　　　　　　　）』を残した。随筆では、源平動乱後に（⑧　　　　　　　）が『（⑨　　　　　　　　）』を書き、鎌倉末期には（⑩　　　　　　　　）が『（⑪　　　　　　　）』を書いた。

9〉軍記・歴史　→P.116の表を参照

動乱期の戦いを題材にした軍記物としては、『（①　　　　　　　　）』『（②　　　　　　　　）』『（③　　　　　　　　）』『源平盛衰記』などがある。なかでも③は、（④　　　　　　　　）によって（⑤　　　　　　）として語られ、文字を読めない人々にも広く親しまれた。歴史書としては、摂政・関白だった（⑥　　　　　　　）の弟で天台座主の（⑦　　　　　　）が、「道理」によって歴史をとらえようとして、『（⑧　　　　　　　）』を著した。鎌倉幕府の立場からは、鎌倉中期までの幕府の歴史を記した『（⑨　　　　　　　）』が編まれた。仏教史書では、（⑩虎　　　　　　　）が『（⑪元　　　　　　）』を著した。

10〉学問

鎌倉時代の公家のあいだでは、朝廷の儀式・先例を研究する（①　　　　　　　　　）の学がさかんになった。武士では、北条一門の（②　　　　　　　　）が和漢の書物を集めた（③　　　　　　　　）を設けた。鎌倉末期には儒学の一派である（④　　　　　　　　）が伝えられ、その（⑤　　　　　論）は、後醍醐天皇の討幕運動の理論的よりどころとなった。

4-5　鎌倉文化（下）

1）東大寺再建　→P.96の年表を参照

　源平の争乱のなかで、東大寺は（①　　　　　　　　　）の南都焼討ちで大半が焼失した。勧進上人となった（②　　　　　　　）は諸国から広く寄付を集め、宋の工人（③　　　　　　　　　）の協力を得て、東大寺再建を進めた。

2）建築

　東大寺再建で採用されたのが（①　　　　　　　　）の建築様式で、大陸的雄大さを特色とし、（②　　　　　　　　　　）が代表的遺構である。鎌倉中期には（③　　　　　　）が伝えられ、細かな部材を組み合わせて整然とした美しさを表した。代表的遺構は（④　　　　　　　　　　）である。

3）絵画

　鎌倉時代の絵画では絵巻物が全盛期を迎え、合戦物の『（①　　　　　　　　　　）』、寺院の縁起の『（②　　　　　　　　　）』、高僧の伝記の『（③　　　　　　　　　）』など、数多く描かれた。また、個人の肖像を描く写実的な（④　　　　　）では（⑤　　　　　　　　　）・信実父子の名手が出た。禅宗僧侶の肖像画である（⑥　　　　　）も多くつくられ始めた。

4）鎌倉文化の建築・美術

教科書 p.74、110、118～119、口絵⑯の写真の作品名を書きなさい（寺院名も）。

①彫刻　（　　　　　　　　　　　　　、　　　　　　　　作）
②絵画　（　　　　　　　　　　）
③建築　（　　　　　　　　　、　　　　　　様）
④建築　（　　　　　　　　　、　　　　　　様）
⑤彫刻　（　　　　　　　　　　　、　　　　　　ら作）
⑥口絵⑯ 彫刻　（　　　　　　　　　　　　）

🔍次の作品名を調べて書こう。

⑦（　　　　　　　　　　　　　）　⑧（　　　　　　　　　　　、　　　　ら作）

⑨ (_____)

⑩ (_____)

⑪ (_____、伝_____筆)

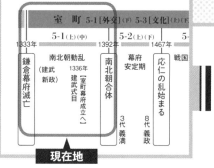

室　町　5-1[外交](下) 5-3[文化](下)(下)

5-1(上)(中)　　　5-2(上)(下)　　5-

1333年　　　　　　　　1392年　　　　1467年

鎌倉幕府滅亡

南北朝動乱（建武新政）1336年〔室町幕府成立へ〕建武式目

南北朝合体

幕府安定期

応仁の乱始まる

戦国

3代義満　　8代義政

現在地

5-1　室町幕府の成立（上）

1　両統迭立　→天皇家領荘園はP.89の注①を参照

鎌倉後期、天皇家は2系統に分裂した。（①　　　　　　　上皇）の（②　　　　　　　統）は（③　　　　　　　領）荘園をもち、（④　　　　　　　天皇）の（⑤　　　　　　　統）は（⑥　　　　　　　領）荘園をもって対抗した。両統が交代で皇位に就く（⑦　　　　　　　）がとられた。大覚寺統から出た（⑧　　　　　　　天皇）は親政を開始し、討幕計画を進めた。

2　後醍醐天皇の討幕運動

幕府では執権（①　　　　　　　）の下で内管領（②　　　　　　　）が権勢をふるっていた。後醍醐天皇の討幕計画は、1324年の（③　　　　　　　の変）、さらに1331年の（④　　　　　　　の変）でも失敗し、天皇は隠岐に流された。幕府は（⑤　　　　　　　統）の（⑥　　　　　　　天皇）を即位させた。

3　鎌倉幕府の滅亡　→悪党と楠木正成はP.112のコラムを参照

後醍醐天皇の隠岐配流後、その皇子（①　　　　　　　親王）や（②　　　　　　　）らは、悪党などを結集して幕府軍と戦った。幕府の有力御家人（③　　　　　　　）は、幕府に背いて京都の（④　　　　　　　）を攻め落とし、同じく（⑤　　　　　　　）は鎌倉の北条高時らを滅ぼし、（⑥　　　　　　　）年に鎌倉幕府は滅亡した。

4　建武の新政

京都に戻った後醍醐天皇は1334年、年号を（①　　　　　　　）と改め、（②　　　　　　　）に権限を集中させた。武士たちの求める土地所有権は、すべて天皇の（③　　　　　　　）によって保障されるとした。中央の重要政務は（④　　　　　　　）、土地裁判は（⑤　　　　　　　）がおこなった。諸国には（⑥　　　　　　　・　　　　　　　）を併置した。東北には（⑦　　　　　　　）、関東には（⑧　　　　　　　）をおいた。

5　南北朝の動乱Ⅰ　足利尊氏の幕府樹立

建武政権は、土地保障の混乱で（①　　　　　　　）の不満を引きおこした。（②　　　　　　　）は、1335年、鎌倉で（③　　　　　　　）が反乱した（④　　　　　　　の乱）を討伐し、そのまま建武政権に反旗をひるがえした。（⑤　　　　　　　）年、②は京都を制圧して（⑥　　　　　　　統）の（⑦　　　　　　　天皇）を立て、（⑧　　　　　　　）を発表して幕府樹立をめざした。（⑨　　　　　　　）年には征夷大将軍に任ぜられた。一方、後醍醐天皇は（⑩　　　　　　　）へ脱出して正統の皇位を主張した。京都の朝廷を（⑪　　　　　　　）といい、吉野の朝廷を（⑫　　　　　　　）という。

6　南北朝の動乱Ⅱ　観応の擾乱

南朝方は（①　　　　　　　）が中心となって抗戦を続けた。北朝・幕府方は、足利尊氏の弟（②　　　　　　　）と、尊氏の執事（③　　　　　　　）が対立し、1350年からは両派の武力対決が始まった。これを（④　　　　　　　）という。三者の抗争は長期化した。当時の武家社会で

は（⑤＿＿＿＿＿相続）が一般化したため、（⑥＿＿＿＿＿＿）が解体していた。武士団は統率者を失って、分裂・抗争を繰り返した。それが南北朝動乱が（⑦＿＿＿＿＿化）し、全国化した原因だった。

7 ▶ 南北朝の動乱Ⅲ　守護の権限拡大

　分裂・抗争を続ける地方武士を動員するために、幕府は（①＿＿＿＿＿の権限）を大幅に拡大していった。鎌倉幕府の守護の職権は（②＿＿＿＿＿＿＿）などだったが、その後、土地紛争に関わる（③＿＿＿＿＿＿）の取締権、幕府の判決を強制執行する（④＿＿＿＿＿＿＿）が加えられた。1352年には（⑤＿＿＿＿＿＿）が発布された。これにより守護は、（⑥＿＿＿＿＿）の半分を確保し、それを兵糧米として国内の武士に与えることで、その組織化を進めた。1352年の⑤では（⑦＿＿＿＿）年限りで、（⑧＿＿＿＿＿・＿＿＿＿・＿＿＿＿）の3国に限定されていたが、やがて永続化・全国化した。荘園・公領の年貢徴収を守護に請負わせる（⑨＿＿＿＿＿＿）も拡大した。一国全体の地域的支配圏を確立したこの時代の守護を（⑩＿＿＿＿＿＿）という。

8 ▶ 国人一揆

　地頭などの在地領主［武士］は（①＿＿＿＿＿）と呼ばれた。彼らは契約によって一致団結し、守護の上からの支配にもしばしば抵抗した。これを（②＿＿＿＿＿＿）という。中世の人々は神仏に誓約して一致団結した状態［これを（③＿＿＿＿＿＿）という］をつくりだした。こうして結ばれた集団を（④＿＿＿＿＿）といい、農民の一揆を（⑤＿＿＿＿＿＿）という。

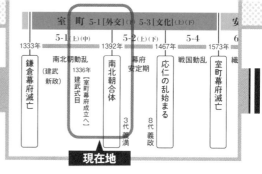

5-1 室町幕府の成立（中）

1 ▶ 南北朝の合体

3代将軍（①＿＿＿＿＿＿）は（②＿＿＿＿）年に南北朝を合体させた。南朝の（③＿＿＿＿ 天皇）は皇位をゆずり、天皇は北朝の（④＿＿＿＿＿ 天皇）一人となった。60年間の内乱に終止符が打たれた。

2 ▶ 足利義満Ⅰ　京都支配・公武の頂点　→P.128の注①を参照

3代将軍（①＿＿＿＿＿＿）の時、室町幕府体制は確立し、安定した。全国的な商工業の中心となっていた（②＿＿＿＿）の市政権や、諸国への（③＿＿＿＿）の徴収権を、（④＿＿＿＿）から奪い幕府の手におさめた。1394年、義満は将軍を辞して（⑤＿＿＿＿＿＿）となり、朝廷官職の頂点にも立った。さらに出家したのち、1401年からの明との国交交渉に当たり、中国皇帝から「（⑥＿＿＿＿＿）源道義」の称号を得て、公武の頂点をきわめた。

3 ▶ 足利義満Ⅱ　有力守護討伐

義満は、南北朝期に強大となった有力守護の討伐を進めた。1390年、（①＿＿＿＿＿＿）の乱を討伐し、1391年の（②＿＿＿＿の乱）では、中国地方で「（③＿＿＿＿＿）」と呼ばれた山名一族の（④＿＿＿＿＿＿）を滅ぼした。1399年には、（⑤＿＿＿＿の乱）で（⑥＿＿＿＿＿＿）を滅ぼした。

4 ▶ 室町幕府体制Ⅰ　政治組織

室町幕府では、在京する（①＿＿＿＿）たちによって幕府政治が運営された。将軍の補佐をする役職を（②＿＿＿＿）といい、（③＿＿＿＿・＿＿＿＿・＿＿＿＿）の3氏が交代で任命された。この3氏を（④＿＿＿＿）という。京都の警備や刑事裁判を管轄する（⑤＿＿＿＿＿）が重要な組織となり、その長官 ［（⑥＿＿＿＿）という］は、（⑦＿＿＿＿・＿＿＿＿・＿＿＿＿・＿＿＿＿）の4氏から任命された。この4氏を（⑧＿＿＿＿）という。守護たちは、領国は（⑨＿＿＿＿＿）に任せ、自身は（⑩＿＿＿＿）して幕府に出仕した。将軍直轄軍を（⑪＿＿＿＿＿）といい、将軍権力を支えた。

5 ▶ 室町幕府体制Ⅱ　経済基盤

室町幕府の財源には、将軍直轄領である（①＿＿＿＿＿＿）からの収入がある。そのほか、京都で高利貸を営む土倉・酒屋に課した（②＿＿＿＿＿）・（③＿＿＿＿＿＿）、交通の要所に設けた（④＿＿＿＿）で徴収される（⑤＿＿＿・＿＿＿）などがあった。中国との（⑥＿＿＿＿＿＿）による利益も財源となった。守護を通じて全国的に課される（⑦＿＿＿＿）（⑧＿＿＿＿＿）もあった。

6 ▶ 室町幕府体制Ⅲ　鎌倉府　→鎌倉公方の管轄区域はP.124の地図を参照

足利尊氏は、（①＿＿＿＿＿幕府）の基盤であった関東を重視し、関東の小幕府ともいえる（②＿＿＿＿＿）を設置し、子の（③＿＿＿＿＿＿）を（④＿＿＿＿＿＿）として東国の支

配を任せた。④を補佐する（⑤_____）は、（⑥_____）氏が世襲していった。

7 ⟩ 室町幕府組織

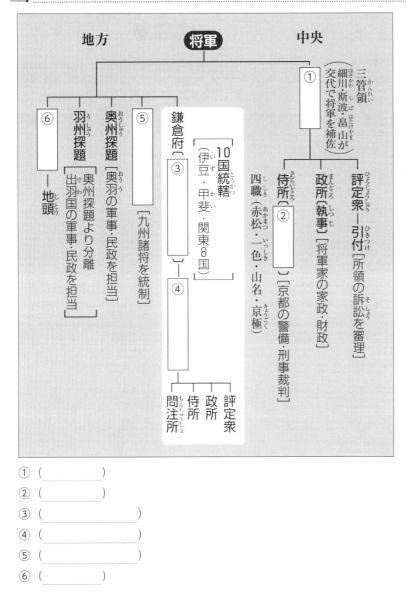

① (　　　　　　)

② (　　　　　　)

③ (　　　　　　　)

④ (　　　　　　　)

⑤ (　　　　　　　)

⑥ (　　　　　　)

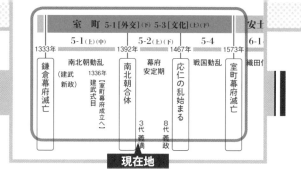

室 町 5-1[外交](下) 5-3[文化](上)(下) 安土

5-1(上)(中) 5-2(上)(下) 5-4 6-1

1333年　　　　　　1392年　　　1467年　　　1573年

鎌倉幕府滅亡

南北朝動乱
（建武
新政）
1336年
【室町幕府成立へ】
建武式目

南北朝合体

幕府
安定期

応仁の乱始まる

戦国動乱

室町幕府滅亡

織田信

3代義満

8代義政

現在地

5-1 室町幕府の成立（下）

1〉元への貿易船

鎌倉幕府は 1325 年、建長寺修造の資金を得るために、（①＿＿＿＿＿＿）と呼ばれる貿易船を元に派遣した。足利尊氏は 1342 年、（②＿＿＿＿＿）の勧めで、（③＿＿＿＿＿天皇）の冥福を祈って建立をめざした天龍寺の造営費用を調達するため、（④＿＿＿＿＿）と呼ばれる貿易船を元に派遣した。

2〉日明貿易Ⅰ　3代足利義満の交渉

南北朝動乱期、対馬・壱岐・肥前松浦などの海賊集団が朝鮮半島・中国の沿岸を襲い、（①＿＿＿）と呼ばれて恐れられていた。将軍（②＿＿＿＿＿）は 1401 年、使者として僧の（③＿＿＿＿）と博多商人の（④＿＿＿）を明に派遣し、国交を開いた。日明貿易は、将軍が中国皇帝の臣下となる（⑤＿＿＿＿貿易）の形式をとった。明の皇帝は足利義満を「（⑥＿＿＿＿＿）源道義」と呼び、足利義満は中国への国書に「日本国王（⑦＿＿＿＿）」と署名した。遣明船は、①との区別のため、（⑧＿＿＿＿）と呼ばれる証票を持参することを義務づけられた。

3〉日明貿易Ⅱ　貿易品目

日明貿易での日本からのおもな輸出品は、（①＿＿＿＿）・槍・鎧などの武器・武具、（②＿＿＿＿）・（③＿＿＿＿）などの鉱産物だった。おもな輸入品は、（④＿＿＿＿＿）のほか、（⑤＿＿＿＿）・高級織物・（⑥＿＿＿＿）・書籍・書画などだった。

4〉日明貿易Ⅲ　4代足利義持以後

4 代将軍（①＿＿＿＿＿）は（②＿＿＿＿）形式に反対して日明貿易を一時中断した。6代将軍（③＿＿＿＿＿）は再開した。15 世紀後半の室町幕府の衰退とともに、貿易の実権は、畿内の（④＿＿＿）商人と結んだ（⑤＿＿＿＿）氏と、北九州の（⑥＿＿＿＿）商人と結んだ（⑦＿＿＿＿）氏の手に移った。⑤氏・⑦氏は激しく争い、1523 年の（⑧＿＿＿＿＿の乱）で勝利した大内氏が貿易を独占したが、16 世紀半ばに大内氏が滅亡して、貿易は断絶した。その後、再び倭寇が活発化した。16 世紀の倭寇を（⑨＿＿＿＿倭寇）というが、中国人も多かった。

5〉日朝貿易

朝鮮では 1392 年、武将（①＿＿＿＿＿）が（②＿＿＿＿）を倒し、（③＿＿＿＿）を建国した。日本と朝鮮は、将軍（④＿＿＿＿＿）の時に国交が開かれ、貿易が始まった。朝鮮側は対馬の（⑤＿＿＿）氏を通して制度を定め、貿易を統制した。港として（⑥＿＿＿・　・＿＿＿＿）が開かれ、貿易のための（⑦＿＿＿＿）がおかれた。貿易は（⑧＿＿＿＿＿＿）で一時中断したが、その後も活発におこなわれた。朝鮮からのおもな輸入品は織物類の（⑨＿＿＿＿＿）で、印刷物として（⑩＿＿＿＿＿）も大量に輸入された。日朝貿易は、1510 年の（⑪＿＿＿＿の乱）以降、衰えていった。

6 〉琉球王国

琉球では（①＿＿＿＿＿・＿＿＿＿＿・＿＿＿＿＿）の地方勢力が争っていたが、1429 年に
（②＿＿＿＿＿）がこれらを統一し、（③＿＿＿＿＿）をつくりあげた。③は明・日本などと
国交を結び、東南アジア諸国間との（④＿＿＿＿＿貿易）で繁栄した。王国の首都（⑤＿＿＿＿＿）の
外港である（⑥＿＿＿＿＿）は、重要な国際港となった。

7 〉蝦夷ヶ島

14 世紀には、畿内と津軽の（①＿＿＿＿＿）とを結ぶ日本海交易が盛んになり、鮭・（②＿＿＿＿＿）
など北海の産物が京都にもたらされた。北海道は当時（③＿＿＿＿＿）と呼ばれ、南部に和人
が進出して港や館［（④＿＿＿＿＿）］を中心とした居住地をつくった。和人の進出は、古く
から北海道に住む（⑤＿＿＿＿＿）を圧迫した。⑤は 1457 年、大首長（⑥＿＿＿＿＿）
を中心に蜂起したが、（⑦＿＿＿＿＿）氏によって鎮圧された。⑦氏は道南の和人居住地の支配者にな
り、江戸時代には（⑧＿＿＿＿＿）氏を名乗る大名となった。

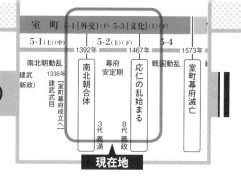

5-2 幕府の衰退と庶民の台頭（上）

1 惣村 I　惣村の形成

南北朝時代、各地に成立していった農民たちの自治的な村を（①　　　　　　　）という。神社の祭祀をおこなう（②　　　　　　　）と呼ばれる集団が、①の結合の中心となった。惣村は（③　　　　　　・　　　　　　　）などと呼ばれる指導者のもと、（④　　　　　　　）という会議で運営された。村人は（⑤　　　　　　）を定め、従わないものには厳しい制裁を与えて村の秩序を維持した。これを（⑥　　　　　　　）という。（⑦　　　　　　　　）といわれる山林・野原の共同利用地の管理、領主への年貢納入を惣村が一括して請負う（⑧　　　　　　　　）などによって、惣村は強く結束した。

2 惣村 II　強訴と逃散

強く結束した惣村の農民は、大挙して領主に訴える（①　　　　　　　　）、全員が耕作を放棄して退去する（②　　　　　　）などの実力行使をおこなった。武士化した惣村の有力農民を（③　　　　　　　　）といった。

3 4代足利義持

4代将軍（①　　　　　　　）の時代は、将軍と有力（②　　　　　　）の勢力均衡が保たれ、幕府体制は安定していた。1416年、前関東管領（③　　　　　　　）が反乱をおこしたが、幕府に鎮圧された。

4 6代足利義教

6代将軍（①　　　　　　　　）は、将軍権力の強化をねらって、守護・公家らを専制的に威圧した。1438年、幕府に反抗的な鎌倉公方の（②　　　　　　　　）を討ち滅ぼした［（③　　　　　の乱）という］。逆に1441年、有力守護の（④　　　　　　　　）は①を自邸に招き、殺害した［（⑤　　　　　の変）という］。

5 関東の争乱　→P.148を参照

関東の鎌倉府では、鎌倉公方と関東管領の（①　　　　　　）氏とがたびたび衝突した。

I.（②　　　　　　　の乱）

1416年、前関東管領上杉禅秀が関東武士の支持を背景にして、鎌倉公方（③　　　　　　　　）を鎌倉から追放したが、幕府軍に鎮圧された。

II.（④　　　　　の乱）

その後、足利持氏が専制化し、関東管領（⑤　　　　　　　）らの関東武士と対立すると、1438年に幕府は、今度は足利持氏を滅ぼした。

III.（⑥　　　　　合戦）

乱後の1440年、（⑦　　　　　　　）が足利持氏の遺子を擁して挙兵したが、幕府・上杉軍はこれを滅ぼした。

Ⅳ．（⑧　　　　　　　の乱）

　　1454 年、鎌倉公方となっていた③の子（⑨　　　　　　　　　）は、関東管領上杉憲忠を謀殺し、両派の争乱に発展した。

　　⑧を機に、鎌倉公方は（⑩　　　　　　　　）と（⑪　　　　　　　　　）とに分裂し、関東管領上杉氏も（⑫　　　　　　）・（⑬　　　　　　　）の両上杉家にわかれて争った。

6 ）惣村Ⅲ　土一揆

　　1428 年、京都周辺の各地の惣村が蜂起し、（①　　　　　　　）を要求して京都の（②　　　　　・　　　　　　）を襲い、実力で①をおこなった。（③　　　　　　　　　　）という。1429 年、守護赤松氏の家臣の国外追放を要求した（④　　　　　　　　　）がおき、1441 年の（⑤　　　　　　　　　　　）では、一揆の要求を入れて幕府が（⑥　　　　　　　）を出した。そののち、幕府の出した⑥のなかには、手数料を幕府に納入することを条件にした（⑦　　　　　　　　　　）も多くなった。

7 ）正長の徳政一揆

　　正長の徳政一揆については、興福寺の尋尊が記録した『（①　　　　　　　　　　　　　　　）』の記述が有名である。

　　「正長元年九月　日、一天下の（②　　　　　　）蜂起す。（③　　　　　　）と号し、（④　　　　　・　　　　　　　）等を破却せしめ、雑物等恣にこれを取り、（⑤　　　　　　　）など悉くこれを破る。管領［ここでは（⑥　　　　　　　）をさす］、これを成敗す。凡そ亡国の基、これに過ぐべからず。日本開白以来、②蜂起是れ初めなり。」

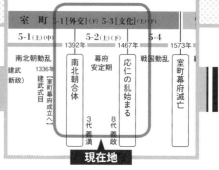

室　町　5-1［外交］（下）5-3［文化］（上）（下）

5-1（上）（中）　　　5-2（上）（下）　　5-4

1392年　　　　　1467年　　　　1573年

南北朝動乱　　　　　　幕府　　　　　戦国動乱
　　　　　　　南　幕　応　　　　　室
建武　1336年　北　府　仁　　　　　町
新政　　　　朝　安　の　　　　　幕
　　　建武式目　合　定　乱　　　　府
　　【室町幕府成立へ】　体　期　始　　　　滅
　　　　　　　　　　　　ま　　　　亡
　　　　　　　　　　　　る

　　　　　　　3　　　8
　　　　　　　代　　　代
　　　　　　　義　　　義
　　　　　　　満　　　政

現在地

5-2　幕府の衰退と庶民の台頭（下）

1）8代足利義政と応仁の乱

8代将軍（①　　　　　　　　）の弟・（②　　　　　　　）と、義政の妻（③　　　　　　　　）が推す子・（④　　　　　　　　）とのあいだで、将軍家の（⑤　　　　）争いがおきた。争いは守護大名たちを巻き込み、西軍・東軍の両派にわかれ、（⑥　　　　　　　）年から（⑦　　　　　　の乱）が始まった。西軍には中心となる（⑧　　　　　　　　）のほか、（⑨畠山　　　　　）・（⑩斯波　　　　　　）ら、東軍には中心となる（⑪　　　　　　　　）のほか、（⑫畠山　　　　　）・（⑬斯波　　　　　）らがいた。戦いは（⑭　　　　　　　）年まで11年間続いた。

2）応仁の乱の結果Ⅰ　京都の荒廃　→P.146を参照

応仁の乱の主戦場となった（①　　　　　　）は荒廃した。（②　　　　　）たちは地方の戦国大名を頼り、続々と地方へくだった。地方の自立の動きが強まって荘園領主の支配が困難になり、（③　　　　　　　　の解体）も進んだ。

3）応仁の乱の結果Ⅱ　室町幕府体制の崩壊

室町幕府の政治体制は、在京する（①　　　　　　　）たちが幕府の政治組織を構成していた。しかし、応仁の乱後、①たちの多くは（②　　　　　　）にくだり、室町幕府の体制は崩壊した。

4）応仁の乱の結果Ⅲ　守護大名の没落、戦国時代へ　→P.148～149を参照

応仁の乱の時期、守護大名の領国では、在国して戦った（①　　　　　　　）や有力（②　　　　　　）が勢力を伸ばした。彼らは領国支配の実権を握り、主君の守護大名にかわり、（③　　　　　　大名）に成長していった。こうした動きを（④　　　　　　　）といった。

5）国一揆・一向一揆

応仁の乱の頃から、（①　　　　　　　　）が出現した。①は国人［武士］だけでなく、地域住民も含んで組織された。国一揆には、1485年に守護の（②　　　　　　）氏の軍を国外に退去させた（③　　　　　　　　）や、（④　　　　　　　　）・（⑤　　　　　　　　　）などがある。1488年、（⑥　　　　　　宗）の門徒と国人が手を結び、守護（⑦　　　　　　　　）を滅ぼした（⑧　　　　　　　　）がおこった。⑧は織田信長に制圧されるまで約100年続いた。

6）室町時代の農業　🔍商品作物の写真を一覧で確認しよう

畿内では二毛作に加え、稲→そば→麦、などの（①　　　　　　　　）もおこなわれた。肥料では、従来からの（②　　　　　）・（③　　　　　　　）などとともに、（④　　　　　）といわれる人糞尿が広く使われるようになった。手工業の原料として、（⑤　　　　　・　　　　　・　　　　　・　　　　　　）などの栽培が盛んになった。

7〉室町時代の商工業Ⅰ　商品生産　🔍特産物産地を地図で確認しよう

　室町時代には各地で特産品が生産された。（①　　　　　　）・丹後などの絹織物、（②　　　　　　）の美濃紙、（③　　　　　　）の杉原紙、（④　　　　　・　　　　　）の陶器、（⑤　　　　　　）の刀、などが有名となった。（⑥　　　　　　）では、高級絹織物生産や酒造業が盛んだった。製塩のための塩田は海水を人力で汲み上げる（⑦　　　　　　）が広くおこなわれていたが、潮の干満を利用する（⑧　　　　　　　　　）も始まった。

8〉室町時代の商工業Ⅱ　商業・座

　地方の市場は、応仁の乱後は（①　　　　　市）が一般化した。（②　　　　　　　　　）・（③　　　　　　　）と呼ばれた行商人が増え、京都の（④　　　　　　　・　　　　　　　）などの女性行商も多かった。天皇家や大寺社に属して商工業などをおこなう同業者団体の（⑤　　　　　　）も著しく増加した。なかでも、蔵人所を本所とする（⑥　　　　　　　　　）［鋳物師］は全国的な商売を展開し、（⑦　　　　　　　　　　）を本所とする（⑧　　　　　　　　　）［油座］は畿内や近国で営業を独占した。

9〉室町時代の商工業Ⅲ　貨幣と金融業　→P.126の本文、P.138の写真を参照

　商品経済の活発化にともない、貨幣の流通が著しく増えた。貨幣は、従来の宋銭に加え、（①　　　　　・　　　　　　　　　）などの（②　　　　　　）が使用されたが、需要の増大で、粗悪な（③　　　　　　）も流通した。価値の低い銭の受け取りを拒否して精銭を求める（④　　　　　　）が広がると、幕府・戦国大名などは（⑤　　　　　　　）を出して各種銭貨の通用基準を公定し、貨幣流通の円滑化をはかった。金融業も発達し、（⑥　　　　　・　　　　　　）という高利貸業者は巨富を蓄え、営業税である（⑦　　　　　・　　　　　　　）は幕府の重要財源となった。

10〉室町時代の商工業Ⅳ　流通業者と関所　→P.139の図版、P.153〜154の本文　🔍京都周辺の流通路地図

　商品流通網の中心は（①　　　　　　）だった。瀬戸内地域から米・塩・材木などの膨大な荷物が（②　　　　　　　）・尼崎湊などを経由して、①に向かった。北陸方面の物資は若狭から琵琶湖を経て、坂本・（③　　　　　　）で陸揚げされ、（④　　　　　　　）が運搬した。また、商品の卸売業をおこなう（⑤　　　　　　）が、大都市や交通の要地に現れた。幕府・寺社・公家などは水陸交通の要地に（⑥　　　　　　）を設け、（⑦　　　　　・　　　　　）を徴収し、交通を阻害した。

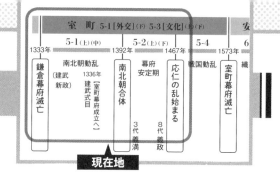

5-3 室町文化 (上)

1) 南北朝文化Ⅰ　歴史書・軍記物語

　南北朝期は時代の転換期の緊張感を背景に、歴史書や軍記物語がつくられた。歴史書では、『(①　　　　　　)』が、源平争乱以後の歴史を公家の立場からしるした。(②　　　　　　　　) の『(③　　　　　　　　　)』は、南朝の立場から皇位継承の道理を説いた。『(④　　　　　　　)』は、足利氏の政権獲得までの過程を武家の立場からしるした。軍記物語では、『(⑤　　　　　　　)』が南北朝動乱の全体像を描いた。

2) 南北朝文化Ⅱ　集団芸能　→P.122の史料、P.145の本文を参照

　南北朝期には、集団で楽しむ芸能が流行した。和歌を上の句と下の句にわけ、一座の人々で句を継いでいく(①　　　　　)が武家・公家を問わず広く流行した。「(②　　　　　　　)」も各地で開かれ、茶の味の異同を当てて争う (③　　　　　) が流行した。新奇で派手な気質を「(④　　　　　　　)」といい、もてはやされた。当時の人々の流行は、建武の新政を風刺した「(⑤　　　　　　　　　)」のなかで、「此頃都ニハヤル物。…」として生き生きと描かれている。

3) 北山文化Ⅰ　足利義満と金閣　→P.139の写真を参照　🔍金閣の階層の特徴を確認しよう

　3代将軍足利義満の頃の文化を(①　　　　文化) という。義満の北山山荘に建てられた(②　　　　　) は、第1層が (③　　　　　) 風、第3層が (④　　　　　　) の折衷様式で、時代の特徴を表している。

4) 北山文化Ⅱ　臨済宗寺院

　鎌倉時代以来、(①　　　　宗) は武家上層に広まった。足利尊氏は (②　　　　　　) に篤く帰依した。室町幕府は①を保護し、義満の時代には (③　　　　・　　　　) の制がほぼ完成した。それは、(④　　　　　　) を五山の上におき、京都五山は (⑤　　　・　　　・　　　・　　　・　　　　　) の5寺、鎌倉五山は (⑥　　　・　　　・　　　・　　　・　　　　) の五寺だった。幕府は (⑦　　　　) をおき、官寺の管理・統轄に当たらせた。

5) 北山文化Ⅲ　五山文化

　五山の禅僧は当時の代表的知識層で、諸分野を発展させた。水墨画では、(①　　　　)・(②　　　　)・(③　　　　) らによって日本の水墨画の基礎が築かれた。②の作品には妙心寺退蔵院『瓢鮎図』がある。(④　　　　　　) といわれる漢詩文では、(⑤　　　　　　)(⑥　　　　　　) らが出て最盛期を迎えた。五山僧は、その中国文化に関する素養を生かし、幕府の (⑦　　　　・　　　　顧問) としても活躍した。

6) 北山文化Ⅳ　能　🔍猿楽と田楽の起源などを図版で確認しよう

　能の起源は (①　　　　) である。①は滑稽芸を起源とし、仮面をつけた劇に発展した。農耕芸能に起源をもつ (②　　　　) の影響も受け、そのなかから、歌舞・演劇の形をとる (③　　　　)

が発達し、さかんに興行された。興福寺を本所とした（④_____・_____・_____・_____）
の四座を大和猿楽四座という。そのうちの観世座から出た（⑤_____）・（⑥_____）
父子は、将軍義満の保護を受け、猿楽能［能］を完成した。⑥は『（⑦_____）』などの理
論書も残した。

7〉北山文化の建築・美術作品

教科書 p.139（中）、141 の写真の作品名を書きなさい。

①建築（_____）

②絵画（_____、_____筆）

🔍次の写真の作品名を調べて書こう。

③（_____、伝_____筆）

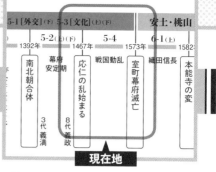

5-3 室町文化（下）

1）東山文化Ⅰ　足利義政と銀閣　→P.139の写真を参照　🔍銀閣の階層の特徴を確認しよう

　8代将軍だった足利義政の頃の文化を（①　　　　　文化）という。義政の東山山荘に建てられた（②　　　　　）は、下層が（③　　　　　）風、上層が金閣と同じく（④　　　　　　　　　）で、下層の変化が時代の変遷を示している。義政のまわりには、茶道・花道などの芸能にひいでた（⑤　　　　　）と呼ばれる僧形の人々が集められた。また、（⑥　　　　　　　　　）と呼ばれた賤民身分の人々が作庭に活躍し、（⑦　　　　　　　）は東山山荘の庭をつくった。

2）東山文化Ⅱ　書院造・枯山水

　（①　　　　　）は、寝殿造を母体とした建築様式で、（②　　　　　　　　）などで間仕切りをし、（③　　　　）を敷き、天井を張り、外光を入れるため（④　　　　　　　　）を用いるなどの特徴がある。建築例としては、慈照寺（⑤　　　　　　　　　）がある。（⑥　　　　　　　　）は、岩石と砂利を組み合わせて象徴的な自然をつくり出した庭園で、（⑦　　　　　　）・（⑧　　　　　　　　　）などの庭園が有名である。

3）東山文化Ⅲ　絵画　→雪舟の作品は口絵⑲を参照

　水墨画では、（①　　　　　　）が出て、禅画の制約をこえた日本的水墨画様式を創造した。『②　　　　　　　　』『秋冬山水図』などの作品がある。大和絵では（③　　　　　　　　）が出て土佐派を確立した。（④　　　　　　　　）・元信父子は、水墨画に大和絵の手法を取り入れ、狩野派をおこした。

4）東山文化Ⅳ　茶道・花道

　茶の湯では（①　　　　　　　）が出て、茶室での心の静けさを求める（②　　　　　）を創出した。その方式は、①ののち、堺の（③　　　　　　　）を経て（④　　　　　）によって完成された。花道では、座敷の床の間を飾る立花様式の名手として（⑤　　　　　　　　）が知られ、16世紀には（⑥　　　　　　）・（⑦　　　　　　　）が出て、立花を大成した。

5）東山文化Ⅴ　学問　→一条兼良の作品はP.140の表を参照

　古典では『古今和歌集』が和歌の聖典とされ、その解釈を秘事口伝とする（①　　　　　　　　）が、（②　　　　　　）によって整えられ、（③　　　　　）によってまとめられた。（④　　　　　　　）は当代を代表する知識人で、有職故実の『⑤公　　　　　　）』、『源氏物語』を注釈した『⑥花　　　　　　）』、9代将軍足利義尚のために著した政談書『⑦樵　　　　　　）』などを残した。神道では、（⑧　　　　　　）が、反本地垂迹説にもとづき（⑨　　　　　　）を完成した。

6）庶民文芸

　室町時代の庶民に愛好された芸能として、寄合でおこなわれた（①　　　　　）と（②　　　　　　）が流行した。能の合間に演じられたセリフ劇の（③　　　　　）も好まれた。（④　　　　　　）・古

浄瑠璃・（⑤　　　　　　　）も庶民に愛好された芸能で、⑤の歌集として『（⑥　　　　　　　　　）』が編集された。（⑦　　　　　　　　　）は短編物語集で、『一寸法師』『浦島太郎』など多くの物語が親しまれた。また、扮装や歌に工夫をこらして集団で踊る（⑧　　　　　　）が流行し、⑧と念仏踊りが結びついて（⑨　　　　　　　　）として盛んになっていった。

7 〉連歌

　公家・武士から庶民まで広く流行した連歌は、南北朝期の（①　　　　　　　　　）が撰した『（②　　　　　　　　）』が勅撰集と同格とみなされて、和歌と対等の地位を築いた。①は連歌の規則書として、『（③　　　　　　　　）』を制定した。室町中期に（④　　　　　　）が出て正風連歌を確立し、『（⑤　　　　　　　　）』を撰し、弟子たちと『（⑥　　　　　　　　　　　）』をよんだ。戦国期に入って、（⑦　　　　　　）は、より自由な気風をもつ（⑧　　　　　連歌）をつくり出し、『（⑨　　　　　　　）』を編集した。

8 〉文化の地方普及

　応仁の乱で荒廃した京都を離れ、公家たちは続々と地方へくだった。当時、日明貿易で繁栄していた（①　　　　）氏の城下町（②　　　　　）には多くの文化人が集まった。肥後の菊池氏や薩摩の島津氏は（③　　　　　　　　）を招いて儒学の講義を聞き、③は薩摩で（④　　　　　学派）のもとを開いた。関東では15世紀中頃、関東管領（⑤　　　　　　　　）が（⑥　　　　　　　　）を再興した。

9 〉庶民教育

　室町期には、武士の子弟は寺院で教育を受け、その教科書として『（①　　　　　　　　　）』『（②　　　　　　　　）』などが用いられた。有力商工業者・農村指導者層も、読み・書き・計算が必要となった。『（③　　　　　　　）』という国語辞典もつくられ、16世紀には奈良の饅頭屋が刊本として出版した。

10 〉新仏教の発展Ⅰ　旧仏教衰退と禅宗諸派

　戦国時代になると、天台・真言などの（①　　　　　仏教）は、朝廷・幕府の没落とともに衰退していった。逆に、（②　　　　　仏教）の各宗派は、武士・農民・商工業者などに広まった。禅宗の（③　　　　　　派）［官寺］は、室町幕府の衰退とともに衰えたが、（④　　　　　）と呼ばれる禅宗諸派は各地に広がった。④の中心となったのは、曹洞宗では（⑤　　　　　　　）・総持寺、臨済宗では（⑥　　　　　　　）・妙心寺などだった。

11 〉新仏教の発展Ⅱ　日蓮宗

　日蓮宗は、南北朝期に（①　　　　　　）に進出して新興の商人層と結びついた。6代将軍足利義教の頃、（②　　　　　）が激しく戦闘的な布教をおこない、迫害を受けた。1532年、京都の信者たちは（③　　　　　　　）を結び、町政を自治運営した。しかし1536年、延暦寺などからの焼打ちを受けて敗北した。これを（④　　　　　　　　の乱）という。

12 〉新仏教の発展Ⅲ　浄土真宗と一向一揆　→P.159を参照

　浄土真宗では、応仁の乱の頃、（①　　　　　　　）の（②　　　　　　）が平易な手紙文で信仰を説

く（③　　　　　　　　）を使い、惣村のなかに（④　　　　　　　）を組織して精力的に布教した。その勢力は
（⑤　　　　　　・　　　　　　・　　　　　　）地方に広まった。門徒たちは信仰で強く結束して戦国大名権
力と衝突し、各地で（⑥　　　　　　　　　　　）をおこした。三河の一向一揆は松平元康［徳川家康］と
対決し、（⑦　　　　　　　　　）・（⑧　　　　　　　　）の一向一揆は織田信長と対決した。

13) 東山文化の建築・美術作品

教科書 p.139（下）、143 〜 144 の写真の作品名を書きなさい。
①建築　（　　　　　　　　　　　　　）
②建築　（　　　　　　　　　　　　　　　　）
③庭園　（　　　　　　　　　　　　　）
④絵画　（　　　　　　　　　　　、伝　　　　　　　　　筆）
⑤絵画　（　　　　　　　　　、　　　　　　　筆）

🔍次の写真の作品名を調べて書こう。

⑥　（　　　　　　　　　　　）

→解答例は、解答編 P.22

　論述全体のテーマを、さらに細かく幾つかの小テーマに分けると整理しやすいタイプの問題です。まず、論述のテーマや指定語句を使って表の枠組みを作り、それから要約文の小見出しや空欄の語句などを使って整理表を完成します。その表を使って論述しましょう。

> **B-1.** 「倭の五王」にかかわる考古資料や中国の歴史書をあげながら、その権力や支配の特質について述べなさい（200字程度）。（大阪大学 2009）

＜要約文の使用箇所＞

　テーマと問題文から、下記の6箇所の要約文を思い出しましょう（もう一度読み直してから取りかかりましょう）。

1-3. 古墳とヤマト政権(上)　　　6. 大陸との交渉Ⅰ　『高句麗好太王碑』[4世紀末]
1-3. 　　〃　　　　　　　　　　7. 大陸との交渉Ⅱ　『宋書』倭国伝 [5世紀]
1-3. 　　〃　　　　　　　　　　8. 大陸文化の受容Ⅰ　渡来人 [5〜6世紀]
1-3. 古墳とヤマト政権(下)　　　5. ヤマト政権の支配Ⅰ　雄略天皇
1-3. 　　〃　　　　　　　　　　6. ヤマト政権の支配Ⅱ　氏姓制度
1-3. 　　〃　　　　　　　　　　7. ヤマト政権の支配Ⅲ　地方豪族支配

＜手順＞

①設問文と、要約文の小見出しを使って、内容整理表の枠組み（下の表の太字）を作る。
②各要約文の、とくに空欄の語句に注目して、表の中身を埋めていく。
③論点を外さないことに留意して、書いてみましょう。

＜内容整理表＞

考古資料、歴史書	権力・支配の特質
『宋書』倭国伝 　「武」の上表文	**大陸との交渉** ・朝鮮半島南部の鉄資源、渡来人 ・朝鮮半島南部での立場、中国の南朝に朝貢
・稲荷山古墳鉄剣銘 ・江田船山古墳鉄刀銘 ※雄略天皇に仕えた地方豪族	**ヤマト政権の支配** ・氏姓制度 ※大王を頂点とする組織

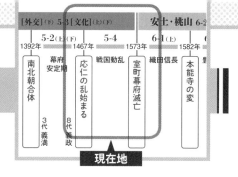

5-4 戦国大名の登場

1▶戦国大名の分布 [16世紀半ば頃]

教科書の P.148 の地図を使って、以下の戦国大名の領国の位置を確認しなさい。
①島津貴久 ②大友義鎮 ③毛利元就 ④長宗我部元親 ⑤三好長慶 ⑥織田信長 ⑦朝倉義景
⑧今川義元 ⑨武田信玄 ⑩上杉謙信 ⑪北条氏康 ⑫伊達晴宗

2▶戦国大名Ⅰ 三好長慶

戦国期に入って、室町幕府の実権は管領の（①　　　　　　　）氏が握った。しかし、一族内部の争いがあり、家臣の（②　　　　　　　　　）が権力を握った。②は畿内から四国におよぶ戦国大名となった。②の死後、幕府の実権は（③　　　　　　　）が握った。

3▶戦国大名Ⅱ 北条早雲

関東では、（①　　　　　　　　）が（②　　　　　　　　　）を滅ぼして伊豆を奪い、ついで相模に進出して（③　　　　　　　）を本拠とする戦国大名となった。

4▶戦国大名Ⅲ 上杉謙信と武田信玄

中部地方では、越後の守護・上杉氏の（①　　　　　　　）だった長尾氏の景虎が、関東管領上杉氏を継いで（②　　　　　　　）と名乗った。甲斐・信濃に領国を拡大した（③　　　　　　　　　）は、北信濃の川中島で、②としばしば戦った。

5▶戦国大名Ⅳ 毛利元就

中国地方では、守護大名の（①　　　　　　義隆）が、1551 年重臣の（②　　　　　　　　）に国を奪われた。さらに安芸の（③　　　　　　）からおこった（④　　　　　　　　）が②を打ち破り、この地方の戦国大名となっていった。

6▶戦国大名の出身

戦国大名は、（①　　　　　　　）や（②　　　　　　）から身をおこした者が少なくない。（③　　　　　　）氏・（④　　　　　）氏・島津氏のように、（⑤　　　　　）出身の戦国大名もいたが、いずれも幕府の（⑥　　　　　）に頼ることなく実力で領国を支配した。

7▶家臣団編成Ⅰ 貫高制

戦国大名は、家臣団を組織する原理として（①　　　　　　制）を用いた。それは、家臣となった国人・地侍の領地の収入額を、銭に換算した貫高で統一的に把握し、それを基準にして（②　　　　　　）を負担させるという方法だった。これにより戦国大名は、動員兵力の計算が可能になった。

8▶家臣団編成Ⅱ 家臣団の種類 →P.149の図、P.171の注②を参照

戦国大名の家臣としては、血縁の（①　　　　　　　）、代々の家臣である（②　　　　　　　）、新たに家臣

団に組み込んだ有力国人たちの（③＿＿＿＿＿衆）、にわけられる。また、農村の（④＿＿＿＿＿）を家臣団に組み込むため、①②らの有力家臣に預ける形で④を組織する（⑤＿＿＿＿＿・＿＿＿＿＿制）をおこなった。

9 ▶ 分国法　→P.148の地図を参照

戦国大名は家臣団統制などのために（①＿＿＿＿＿法）を制定する者もあった。そのうち、（②＿＿＿＿＿＿法）の目的は、私闘を禁止し、紛争の調停を（③＿＿＿＿＿＿＿＿＿）にゆだねさせることで、領国の平和をめざすものだった。分国法の例としては、今川氏の『④＿＿＿＿＿＿』、伊達氏の『⑤＿＿＿＿＿』、武田氏の『⑥＿＿＿＿＿』、三好氏の『⑦＿＿＿＿＿』などがあり、家訓としては北条氏の『⑧＿＿＿＿＿』などがある。

10 ▶ 領国経営

戦国大名はしばしば検地をおこなった。その方式は、家臣［や農民］に支配地［や耕作地］の面積・収入額などを自己申告させるもので、（①＿＿＿＿＿＿）といった。検地は農民がおさめる（②＿＿＿＿＿）額を確定する一方で、家臣の収入額を明らかにすることで、（③＿＿＿＿＿）の負担量を明確化する意味があった。鉱山開発が進み、（④＿＿＿＿＿・＿＿＿＿＿・＿＿＿＿＿）の金山、（⑤＿＿＿＿＿・＿＿＿＿＿）の銀山が有名となった。領国経営の中核として（⑥＿＿＿＿＿）を建設し、自分の領国に住む（⑦＿＿＿＿＿）を⑥に集め、（⑧＿＿＿＿＿＿＿）の集住もうながした。

11 ▶ 都市の発展Ⅰ　城下町　🔍都市の位置を地図で確認しよう

このころの城下町としては、北条氏の（①＿＿＿＿＿）、今川氏の（②＿＿＿＿＿）、上杉氏の（③＿＿＿＿＿）、大内氏の（④＿＿＿＿＿）、大友氏の（⑤＿＿＿＿＿）、島津氏の（⑥＿＿＿＿＿）などがある。

12 ▶ 都市の発展Ⅱ　門前町

門前町としては、伊勢神宮の（①＿＿＿＿＿・＿＿＿＿＿）、善光寺の（②＿＿＿＿＿）が有名である。

13 ▶ 都市の発展Ⅲ　寺内町と楽市

おもに、浄土真宗の寺院を中心に門徒の商工業者が集住した町を（①＿＿＿＿＿）という。摂津の（②＿＿＿＿＿）、加賀の（③＿＿＿＿＿）、河内の（④＿＿＿＿＿）、大和の（⑤＿＿＿＿＿）などがある。これらは、世俗権力の介入を受けず、税を設けず自由な商業取引ができる（⑥＿＿＿＿＿）だった。

14 ▶ 都市の発展Ⅳ　自治都市［堺・博多・京都］

戦国時代に繁栄した都市には、日明貿易の根拠地である（①＿＿＿＿＿）や（②＿＿＿＿＿）などの港町がある。（③＿＿＿＿＿）の性格をもつ都市もあり、堺は36人の（④＿＿＿＿＿）、博多は12人の（⑤＿＿＿＿＿）と呼ばれる豪商の合議によって市政を運営した。その堺の様子は、当時日本に来ていたポルトガル人宣教師（⑥＿＿＿＿＿＿）の報告に述べられている。また京都でも、富裕な商工業者である（⑦＿＿＿＿＿）が自治組織としての（⑧＿＿＿＿＿）をつくった。⑧では、（⑨＿＿＿＿＿）を定め、（⑩＿＿＿＿＿）を選んで自治的に運営した。応仁の乱後、（⑪＿＿＿＿＿）は、町衆たちの祭として再興された。

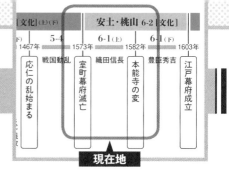

[文化](上)(下)		安土・桃山 6-2 [文化]		
	5-4	6-1(上)	6-1(下)	
1467年	1573年	1582年	1603年
応仁の乱始まる	戦国動乱	室町幕府滅亡	織田信長	本能寺の変	豊臣秀吉	江戸幕府成立

現在地

6-1 織豊政権（上）

1 ヨーロッパ人の東アジア進出

（①＿＿＿＿＿）年、イタリア人の（②＿＿＿＿＿＿＿）はスペイン女王イサベルの援助によって大西洋を横断し、アメリカ大陸すぐ手前の西インド諸島に達した。（③＿＿＿＿＿）年、ポルトガル人の（④＿＿＿＿＿＿＿＿＿）は、アフリカ大陸南端をまわってインド西海岸のカリカットに到着した。また、スペイン艦隊を率いた（⑤＿＿＿＿＿＿）の一隊は、1519 ～ 1522 年、世界周航を成し遂げた。その後、（⑥＿＿＿＿＿＿）は、フィリピン諸島を占領して（⑦＿＿＿＿＿）を拠点とした。（⑧＿＿＿＿＿＿）は、インド西海岸の（⑨＿＿＿＿＿）を根拠地にし、さらに中国の（⑩＿＿＿＿＿）に拠点を築いた。

2 鉄砲伝来

（①＿＿＿＿＿＿）年、（②＿＿＿＿＿＿）人が（③＿＿＿＿＿）に漂着し、（④＿＿＿＿＿）を伝えた。島主の（⑤＿＿＿＿＿＿）は④を買い求め、使用法・製造法を学ばせた。鉄砲は、伝えられるとすぐ、和泉の（⑥＿＿＿＿）、紀伊の（⑦＿＿＿・＿＿＿）、近江の（⑧＿＿＿＿＿）などで大量生産され、伝来の7年後には実戦で使用された。

3 南蛮貿易

鉄砲伝来後、ポルトガル人、やがてスペイン人も頻繁に来航し貿易を開始した。この貿易を（①＿＿＿＿＿＿）という。南蛮人は中国の（②＿＿＿＿）や鉄砲・（③＿＿＿＿＿）などをもたらし、日本の（④＿＿＿）などと交易した。

4 キリスト教伝来

（①＿＿＿＿＿）年、キリスト教（②＿＿＿＿　会）の宣教師（③＿＿＿＿＿＿＿）が来航し、布教を開始した。その後、（④＿＿＿＿＿＿＿）・（⑤＿＿＿＿＿＿＿）らも来日して布教した。キリスト教の布教と南蛮貿易は（⑥＿＿＿　化）しておこなわれたため、貿易を望む大名たちは布教活動を保護した。キリシタン大名の（⑦＿＿＿＿・＿＿＿・＿＿＿＿＿＿）は1582年、宣教師（⑧＿＿＿＿＿）の勧めで、（⑨＿＿＿＿＿・＿＿＿＿＿・＿＿＿＿＿・＿＿＿＿＿）の4少年をローマ教皇のもとに派遣した。これを（⑩＿＿＿＿＿＿）という。

5 織田信長 Ⅰ　戦国大名打破

尾張の戦国大名（①＿＿＿＿＿＿）は、1560 年（②＿＿＿＿＿　の戦い）で（③＿＿＿＿＿＿）を破った。1567 年、岐阜城に移って「（④＿＿＿＿＿＿）」の印判を使い、上洛の意志を明らかにした。1568 年には（⑤＿＿＿＿＿＿）を立てて入京し、以後、反信長勢力を各個撃破していく。1570 年の（⑥＿＿＿＿　の戦い）で（⑦＿＿＿・＿＿＿）氏を破り、1571 年には（⑧＿＿＿＿＿）を焼打ちした。（⑨＿＿＿＿＿）年、⑤を追放して室町幕府を滅ぼし、1575 年の（⑩＿＿＿＿　合戦）では（⑪＿＿＿＿＿）を大量に使用して（⑫＿＿＿＿＿＿＿）の軍に

大勝した。

6 ▶ 織田信長Ⅱ　一向一揆鎮圧　→④加賀の一向一揆はP.135〜136を参照

　信長の支配に頑強に抵抗したのは、信仰で結束する（①　　　　　　　　）だった。1574年、
（②　　　　　　　　）の一向一揆を滅ぼし、1575年に（③　　　　　　）の一向一揆を平定、1580年
に（④　　　　　　）の一向一揆を平定した。1580年には浄土真宗の総本山である（⑤　　　　　　　　）
を屈服させ、宗主の（⑥　　　　　　）をここから退去させた。

7 ▶ 織田信長Ⅲ　政策

　信長は軍事的征服の一方で、新しい支配体制づくりを進めた。1568年、自治都市（①　　　　）
を屈服させ、直轄領とした。1576年から（②　　　　　　　）を築きはじめ、その城下町に
（③　　　　　　）を出して自由な商工業活動を認めた。しかし、（④　　　　　　　）年、配下の
（⑤　　　　　　　）に背かれて敗死した。

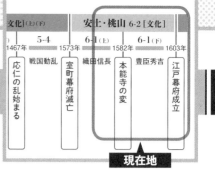

6-1 織豊政権（下）

1）秀吉の戦い I　信長の後継者へ

（①　　　　　　　　）年、本能寺の変で織田信長が討たれると、有力家臣の一人（②　　　　　　　　）は、（③　　　　　　の合戦）で明智光秀を討った。さらに 1583 年、信長の重臣（④　　　　　　　　）を（⑤　　　　　　　　の戦い）で破り、信長の後継者の地位を確立した。信長の盟友であった（⑥　　　　　　　　）とは、1584 年の（⑦　　　　　　　　　　の戦い）ののち、和睦した。

2）秀吉の戦い II　戦国大名制圧［統一の完成］

秀吉は 1585 年、（①　　　　　　　　　　）をくだして四国を平定した。1587 年には薩摩の（②　　　　　　　　）を降伏させて九州を平定した。（③　　　　　　　　）年、小田原の（④　　　　　　　　・　　　　　　　　）を滅ぼして関東を制圧し、奥州の（⑤　　　　　　　　）ら東北の諸大名も服属させて、全国統一を完成した。

3）秀吉の政策 I　関白就任［権威の創出］

秀吉は朝廷から、1585 年に（①　　　　　　）に、翌年には太政大臣に任じられて（②　　　　　　）の姓を与えられた。秀吉は関白の権威を背景にして、全国の戦国大名に対する支配権を得た。停戦命令と領国確定である。これを（③　　　　　　　　令）と呼ぶこともある。1588 年には秀吉の（④　　　　　　　　）に（⑤　　　　　　天皇）を接待し、そこで諸大名に対して、天皇と秀吉への忠誠を誓わせた。

4）豊臣政権　🔍大老の領国の位置を地図で確認しよう

豊臣政権の経済基盤は、（①　　　　　　　　）と呼ばれる直轄領、（②　　　　　　　・　　　　　　　　　　）などの金・銀山、（③　　　　　　　・　　　　・　　　　・　　　　・　　　　）などの直轄都市だった。晩年の政治組織では、家臣の（④　　　　　　　　・　　　　　　　　・　　　　　　　　・　　　　　　　・　　　　　　　　）を五奉行として政務を分掌させた。また有力大名を大老に遇し、（⑤　　　　　　　・　　　　　・　　　　　・　　　　　・　　　　　　　　）を当てた。

5）秀吉の政策 II　太閤検地［兵農分離①］　🔍検地帳の例を確認しよう

秀吉のおこなった検地を（①　　　　　　　　）という。その範囲は支配下の大名領にもおよび、全国的規模で実施された。その方法は

(1) 統一基準：6 尺 3 寸＝1 間、1 間×1 間＝1 歩、300 歩＝（②　　　　　　）。枡は（③　　　　　　）に統一。

(2) 面積を測量：1 段当たりの生産力［（④　　　　　　）という］を算定し、等級をつける。

　　→面積×④＝（⑤　　　　　　　）

(3) （⑥　　　　　　　）を作成：⑥には、等級・面積・石高・実際の（⑦　　　　　　　　）名を記載した。この結果、土地の権利者は耕作者だけとする（⑧　　　　　　　　）の原則が確立し、中世の

（⑨＿＿＿＿＿＿制）は消滅した。年貢の納入額は、（⑩＿＿＿＿＿＿＿＿＿）が一般的だった。秀吉は1591年、全国の大名に対して、（⑪＿＿＿＿＿＿＿）と（⑫＿＿＿＿＿＿＿＿）の提出を命じた。これにより、すべての大名の（⑬＿＿＿＿＿）が確定し、大名は領国の⑬に見合った（⑭＿＿＿＿＿）を奉仕する体制ができた。生産力を米の量［石高］で換算し、年貢・軍役の基準とする制度を（⑮＿＿＿＿＿＿＿）という。

6 ＞秀吉の政策Ⅲ　刀狩・人掃令［兵農分離②］　→P.187、189〜191を参照

秀吉は1588年、（①＿＿＿＿＿＿＿）を出して、農民からの武器没収を進めた。農民の（②＿＿＿＿＿）を防止し、（③＿＿＿＿＿）に専念させるためである。1591年には（④＿＿＿＿＿＿）を出し、武家奉公人が町人・百姓になることや、百姓が商人・職人になることを禁じ、身分を確定した。太閤検地・刀狩・人掃令によって、（⑤＿＿＿＿＿＿）が完成した。（⑥＿＿＿＿）は兵・町人、（⑦＿＿＿＿）は百姓が住むものとされていった。

7 ＞秀吉の外交Ⅰ　バテレン追放令　→P.164の史料を参照

秀吉は1587年、（①＿＿＿＿＿＿）が長崎をイエズス会に寄付していることを知って怒り、（②＿＿＿＿＿＿令）を出した。キリシタン大名の（③＿＿＿＿＿＿）は領地を没収された。また、1596年の（④＿＿＿＿＿＿事件）で秀吉は、（⑤＿＿＿＿＿会）宣教師やイエズス会宣教師・信者26人を処刑した。しかし、「（⑥＿＿＿＿）の儀ハ商売の事に候間、…」として貿易は奨励したので、キリスト教の取締りは不徹底に終わった。1588年には（⑦＿＿＿＿令）で倭寇を取り締まり、貿易を奨励した。

8 ＞秀吉の外交Ⅱ　朝鮮侵略

秀吉は国内統一の延長線上として、近隣諸国の服属・（①＿＿＿＿＿）を求めた。朝鮮がこれを拒否すると、（②＿＿＿＿＿）に本陣を築き、1592年15万余りの大軍を朝鮮に派兵した。これを（③＿＿＿＿＿＿）という。現地で武将たちが進めた和平交渉は、秀吉の強硬姿勢で決裂し、1597年から再び14万余りの軍勢を送った。これを（④＿＿＿＿＿＿）という。朝鮮侵略は秀吉の死で終わったが、その膨大な戦費と兵力の消耗は、秀吉死後の（⑤＿＿＿＿政権）に対する諸大名の不満の原因となり、豊臣政権を衰退させた。

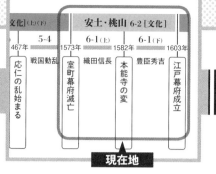

文化(上)(下)		安土・桃山 6-2 [文化]		
5-4		6-1(上)	6-1(下)	
467年		1573年	1582年	1603年
応仁の乱始まる	戦国動乱	室町幕府滅亡 / 織田信長	本能寺の変 / 豊臣秀吉	江戸幕府成立

現在地

6-2 桃山文化

1) 城郭建築　→P.166の表を参照

　中世の城は防塞としての役割を果たす（①　　　　　　　）が多かったが、安土・桃山期には、軍事施設と政庁の機能を兼ね備える平山城や（②　　　　　　）になった。秀吉の聚楽第の遺構と伝えられるものに（③　　　　　　　　　　）・（④　　　　　　　　　　）があり、伏見城の遺構として（⑤　　　　　　　　　　　）がある。茶室としては、秀吉の命を受けた千利休の趣向による（⑥　　　　　　　　）などがある。

2) 障壁画　　🔍図録などで作品を確認しよう

　城郭建築の内部を飾る絵画として（①　　　　　画）が流行した。とくに金箔地に青・緑を彩色する豪華な（②　　　　　）として、狩野永徳の『③　　　　　　　　　』『④　　　　　　　　　　』、（⑤　　　　　　　　　）の『智積院襖絵』などがある。水墨画の襖絵としては、（⑥　　　　　　　　　）の『松鷹図』、（⑦　　　　　　　　）の『山水図屛風』などがある。

3) 印刷術

　朝鮮侵略の際に朝鮮から（①　　　　印刷術）が伝えられた。この技術を使って後陽成天皇の勅命により、木製活字で出版された書物を（②　　　　　　　　　）という。

4) 茶の湯

　堺の豪商（①　　　　　　　　）は侘茶を完成させた。茶の湯は諸大名の保護を受けて大いに流行し、秀吉は1587年、①・（②　　　　　　　）・（③　　　　　　）らを中心に京都で大がかりな（④　　　　　　　）を開いた。武将のなかからも、信長の弟（⑤　　　　　　　　　）らの茶人が出た。

5) 歌舞伎の始まり

　17世紀初めに（①　　　　　　　　）が京都でかぶき踊りを始めた。これを（②　　　　　　　　　）といい、これをもとに（③　　　　　　　　）が生まれ各地で演じられた。風紀上の問題から、江戸幕府が1629年③を禁じると、少年が演じる（④　　　　　　　　　）がさかんになった。1652年にこれも禁じられ、以後成人男性だけの（⑤　　　　　　　　　）になった。琉球から渡来した三味線を伴奏にし、操り人形を動かす（⑥　　　　　　　）も流行した。

6) 南蛮文化　→P.158を参照

　キリスト教宣教師たちは布教のため、日本語や日本文化を熱心に研究した。教会や学校として、（①　　　　　　　）や（②　　　　　　　）・（③　　　　　　　　　　）をつくった。（④　　　　製）活字による活字印刷術が宣教師（⑤　　　　　　　　　）によって伝えられ、（⑥　　　　　　　　）といわれる多数の出版物が出された。⑥には、『平家物語』『⑦　　　　　　　　』、辞書として『⑧　　　　　　　　』などがある。この時期に伝わり、今も残る衣服・食物などのポルトガル語

に（⑨＿＿＿＿＿＿・＿＿＿＿＿・＿＿＿＿＿）などがある。

7 桃山文化の建築・美術

教科書 p.137（上）、166〜167、168（下）、口絵⑳の写真の作品名を書きなさい。

①絵画（＿＿＿＿＿＿＿＿＿＿、＿＿＿＿＿＿＿＿＿筆）

②建築（＿＿＿＿＿＿＿）

③絵画（＿＿＿＿＿＿＿＿＿＿、＿＿＿＿＿＿筆）

④絵画（＿＿＿＿＿＿＿＿、伝＿＿＿＿＿＿＿筆）

⑤建築（＿＿＿＿＿＿＿＿＿、＿＿＿＿＿＿遺構）

⑥建築（＿＿＿＿＿＿＿、＿＿＿＿＿＿＿の趣向）

⑦口絵⑳ 建築（＿＿＿＿＿＿＿＿、伝＿＿＿＿＿＿遺構）

🔍次の写真の作品名を調べて書こう。

⑧（＿＿＿＿＿＿＿＿＿）

⑨（＿＿＿＿＿＿＿＿）

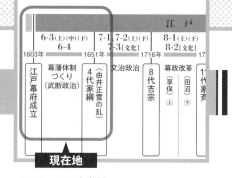

6-3　幕藩体制の成立（上）

1）徳川家康Ⅰ　三河の小大名から五大老筆頭へ　→P.158～160を参照

　1560年、桶狭間の戦いで（①＿＿＿＿＿＿）が敗死すると、徳川家康は（②＿＿＿＿）国の大名として自立し、（③＿＿＿＿＿＿）と同盟した。1570年の（④＿＿＿＿の戦い）では、信長軍の先陣として戦った。1575年の（⑤＿＿＿＿合戦）では、信長軍の救援を得て武田勝頼軍を破った。信長の死後、1584年、（⑥＿＿＿＿＿＿の戦い）で豊臣秀吉軍を破って和睦し、豊臣政権下で重きをなした。1590年、（⑦＿＿＿）氏滅亡後の関東に転封され、約250万石の大名となった。秀吉の死後、（⑧＿＿＿＿＿）の筆頭として他大名を圧した。

2）徳川家康Ⅱ　関ヶ原の戦い

　秀吉の死後、家康と対立した五奉行の一人（①＿＿＿＿＿＿）は豊臣政権の存続をはかり、五大老の一人（②＿＿＿＿＿）を盟主にして（③＿＿＿＿）年、挙兵した［西軍］。家康は（④＿＿＿＿＿）・（⑤＿＿＿＿＿＿）ら、秀吉が取り立てた大名をも多く結集し［東軍］、①軍を破った。これを（⑥＿＿＿＿の戦い）という。西軍有力大名のうち、毛利輝元は120万石から37万石、（⑦＿＿＿＿＿）は120万石から30万石の減封で、薩摩の（⑧＿＿＿＿義弘）は現状のまま、存続を許された。

3）徳川家康Ⅲ　大坂の陣

　家康は（①＿＿＿＿＿）年、征夷大将軍となり、江戸に幕府を開いた。1605年、将軍職を子の（②＿＿＿＿＿＿）にゆずり、その地位が徳川氏の世襲であることを示した。関ヶ原の戦い後も大坂城にあって60万石を領し、家康に臣従しない（③＿＿＿＿＿＿）に対しては、京都（④＿＿＿＿）の鐘銘を口実に（⑤＿＿＿＿・＿＿＿＿＿＿）をおこし、攻め滅ぼした。

4）大名の種類

　大名は将軍との親疎の関係で3種類にわけられた。（①＿＿＿＿）は徳川氏一門、（②＿＿＿＿）は古くから徳川氏の家臣だった大名、（③＿＿＿＿）は関ヶ原の戦い前後に徳川氏に従った大名をいう。

5）大名統制Ⅰ　改易

　幕藩体制の要は、幕府による強力な大名統制にある。幕府は1615年、（①＿＿＿＿＿＿令）を出して大名の居城を一つに限った。同年（②＿＿＿＿＿＿：元和令）を出し、大名統制を細かく定めた。これは家康が、南禅寺（③＿＿＿＿＿）に起草させたものである。1619年、有力外様大名の（④＿＿＿＿＿）を武家諸法度違反で（⑤＿＿＿＿）処分とし、将軍の強大な力を諸大名に示した。1632年には肥後の有力外様大名加藤氏［父は加藤清正］を⑤処分にした。

6）大名統制Ⅱ　軍役

　幕府は、大名の石高に応じて（①＿＿＿＿）を賦課した。それは、戦時には出陣となり、平

時には江戸城修築などの（②＿＿＿＿＿＿＿＿＿＿）となった。また、大名が家臣団を率いて国元と江戸を1年交代で往復する（③＿＿＿＿＿＿＿＿＿＿）を義務づけた。参勤交代は、1635年の武家諸法度［（④＿＿＿＿＿令）］で条文化された。

7〉幕府の財源・軍事力

　幕府の財政収入は、（①＿＿＿＿＿＿万石）の直轄領からあがる年貢、（②＿＿＿＿＿・＿＿＿＿＿・＿＿＿＿＿・＿＿＿＿＿）などの金銀山である。また（③＿＿＿＿＿・＿＿＿＿＿・＿＿＿＿＿・＿＿＿＿＿）などの重要都市を直轄にした。幕府の軍事力は、将軍直属の家臣団である（④＿＿＿＿＿・＿＿＿＿＿）のほかに、（⑤＿＿＿＿＿＿＿）の負担する軍役で構成された。

8〉幕府の政治組織　→P.173の図で役職の上下関係を確認

　幕府の職制で、政務を統轄するのが（①＿＿＿＿＿＿）である。①を補佐し旗本を監督する（②＿＿＿＿＿＿）、大名を監察する（③＿＿＿＿＿＿）、旗本・御家人を監察する（④＿＿＿＿＿）があった。（⑤＿＿＿＿＿）・（⑥＿＿＿＿＿）・（⑦＿＿＿＿＿＿）を三奉行といい、役職をまたがる訴訟は（⑧＿＿＿＿＿＿）で老中・三奉行らが合議した。⑤は将軍直属で（⑨＿＿＿＿＿＿＿）から任命され、⑥⑦は（⑩＿＿＿＿＿）から任命された。地方組織では、（⑪＿＿＿＿＿＿＿）が朝廷統制や西国大名の監視をおこなった。幕府直轄領では、関東・飛騨・美濃などには（⑫＿＿＿＿＿＿）が、その他には（⑬＿＿＿＿＿）が派遣され、（⑭＿＿＿＿＿＿＿）が統轄した。

9〉藩の政治制度

　（①＿＿＿＿＿）と呼ばれる大名領では、初期には、家臣に領地を与えてその領民支配を認める（②＿＿＿＿＿＿＿＿）もおこなわれた。その後、大名は家臣団の（③＿＿＿＿＿＿＿）への集住を進め、藩の直轄領からの年貢を家臣に支給する（④＿＿＿＿＿＿＿）に切り替えていった。大名の藩内での支配力は強化され、藩権力が確立した。

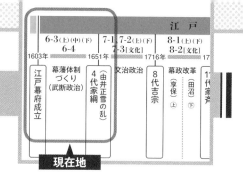

6-3 幕藩体制の成立（中）

1 朝廷統制 I　禁中並公家諸法度

　　幕府は、天皇・朝廷が権力をふるったり、大名に利用されないように、朝廷統制を厳格にした。1615 年、（①＿＿＿＿＿＿＿＿＿＿＿＿＿＿＿）を制定して、朝廷運営の基準を示した。幕府は（②＿＿＿＿＿＿＿＿＿＿）らに朝廷を監視させ、公家から連絡役として（③＿＿＿＿＿＿＿＿）を選ばせ、朝廷に幕府側の指示を与えた。一方で、1620 年、徳川秀忠の娘（④＿＿＿＿＿＿）を（⑤＿＿＿＿＿＿＿天皇）に入内させ、天皇の権威を利用した。

2 朝廷統制 II　紫衣事件

　　1627 年、幕府は、幕府に届出なく（①＿＿＿＿＿＿天皇）が高僧に紫衣着用を認めた［勅許した］ことを問題にした。大徳寺の（②＿＿＿＿＿）はこれに抗議し、幕府に処罰された。これを（③＿＿＿＿＿＿）という。（④＿＿＿＿）の法度が（⑤＿＿＿＿＿）の勅許に優先することが明示された事件である。1629 年、後水尾天皇は譲位し、女性の（⑥＿＿＿＿＿天皇）が即位した。

3 キリスト教禁圧 I　禁教令　→P.157、P.179 も参照

　　（①＿＿＿＿＿＿）・（②＿＿＿＿＿＿＿＿）の貿易活動はキリスト教の布教と一体化しており、幕府は、キリスト教の布教が①②の侵略を招くことを強く恐れた。1612 年、幕府は直轄領に（③＿＿＿＿＿＿）を出し、翌年には全国におよぼした。1614 年、（④＿＿＿＿＿＿＿）ら 300 余人をマニラとマカオに追放した。1622 年には長崎で宣教師・信徒ら 55 名を処刑した［（⑤＿＿＿＿＿＿＿＿）という］。1624 年、（⑥＿＿＿＿＿＿＿）船の来航を禁じた。

4 キリスト教禁圧 II　島原の乱

　　1637 年、（①＿＿＿＿＿の乱）がおきた。島原半島と天草諸島は、かつてキリシタン大名（②＿＿＿＿＿＿）と（③＿＿＿＿＿＿＿）の領地で、新領主の（④＿＿＿＿＿）氏・（⑤＿＿＿＿＿）氏の過酷な年貢賦課とキリスト教徒弾圧に抵抗して百姓一揆がおきたのだった。一揆は（⑥＿＿＿＿＿）を首領として 3 万人余りとなり、幕府は 12 万人の兵力でこれを鎮圧した。海上からは（⑦＿＿＿＿＿＿＿）船が、幕府に加勢して砲撃した。

5 宗教統制 I　寺請制度

　　（①＿＿＿＿＿＿教）以外の幕府禁制の宗教として、（②＿＿＿＿＿＿＿派）があった。幕府は、寺院が檀家［その寺院の信徒］であることを証明する（③＿＿＿＿＿制度）を設け、（④＿＿＿＿＿＿）を実施し、禁制の宗教に対する監視をした。この結果、誰もが寺院の信徒となり、寺院と檀家との関係が強化された。これを（⑤＿＿＿＿＿制度）という。

6 宗教統制 II　本末制度

　　幕府はたびたび寺院法度を出し、宗派ごとに（①＿＿＿＿＿）・本寺の地位を保証して（②＿＿＿＿＿）を組織させ、（③＿＿＿＿制度）を整えていった。1665 年には、全宗派に共通する統一法度として

（④＿＿＿＿＿＿＿＿＿＿） を出し、仏教寺院の僧侶全体を統制した。同年、神社・神職に対しても
（⑤＿＿＿＿＿＿＿＿＿＿） を制定し、公家の（⑥＿＿＿＿＿）家を本所として統制させた。仏
教の新しい宗派として、17世紀半ば、明僧（⑦＿＿＿＿＿＿＿） が禅宗の一派の（⑧＿＿＿宗）
を伝えた。

7）寛永期文化Ⅰ　朱子学　→P.214の儒学者の系譜を参照

　江戸時代初期になると、（①＿＿＿＿＿＿＿） などの儒学が盛んになった。①は、君臣・父子の別
をわきまえ、（②＿＿＿＿＿＿＿）を重んじたため、幕府・藩に受け入れられた。京都（③＿＿＿＿＿）
の禅僧だった（④＿＿＿＿＿＿） は、還俗して朱子学の啓蒙に努めた。④の門人の（⑤＿＿＿＿＿）
は家康に用いられ、その子孫 ［（⑥＿＿＿＿＿） という］ は儒者として代々幕府に仕えた。

8）寛永期文化Ⅱ　建築

　江戸時代初期には、家康を祀る （①＿＿＿＿＿＿＿） など、実在した人物の霊を祀る （②＿＿＿＿
建築）が流行した。神社建築には（③＿＿＿＿＿＿） の建築手法が広く用いられた。また、書院造
に草庵風の茶室を取り入れた（④＿＿＿＿＿＿） が工夫され、（⑤＿＿＿＿＿＿） の書院などに
用いられた。

9）寛永期文化Ⅲ　絵画・陶磁器など

　装飾画では（①＿＿＿＿＿＿＿） が『風神雷神図屏風』 などの作品を生み出した。
（②＿＿＿＿＿＿＿） は蒔絵で『舟橋蒔絵硯箱』 などの傑作を生んだ。文禄・慶長の役の際、朝
鮮人陶工により登窯や絵付の技術が伝えられ、（③＿＿＿焼）・（④＿＿＿焼）・（⑤＿＿＿焼）・
平戸焼・高取焼などが生まれた。③の（⑥＿＿＿＿＿＿＿） は（⑦＿＿＿＿＿＿） の技法で
赤絵を完成させた。

10）寛永期文化の建築・美術

教科書p.184～185、口絵㉑㉒の写真の作品名を書きなさい。
①建築（＿＿＿＿＿＿＿、　　　　　　　　　　造）
②絵画（＿＿＿＿＿＿＿）
③陶芸（＿＿＿＿＿＿＿、　　　　　　　　　　様式）
④口絵㉑ 建築（＿＿＿＿＿＿＿、　　　　　　造）の陽明門
⑤口絵㉒ 絵画（＿＿＿＿＿＿＿、　　　　　　筆）

🔍次の写真の作品名を調べて書こう。

⑥（＿＿＿＿＿＿＿＿＿＿＿、　　　　　　　筆）

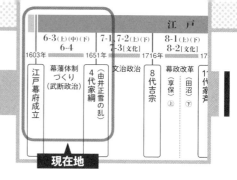

6-3 幕藩体制の成立（下）

1) 初期外交 I　オランダ・イギリスの来航

　　1600 年、オランダ船（①　　　　　　　　　）が豊後に漂着した。徳川家康は乗員のオランダ人
（②　　　　　　　　　）とイギリス人（③　　　　　　　　　　　）を江戸に招き、外
交・貿易の顧問とした。まもなくこの2国は貿易の許可を受け、肥前の（④　　　　　）に商館を開
いた。また、家康はスペイン領メキシコとの通商を求め、1610 年、京都の商人（⑤　　　　　　　　）
を現地に派遣した。仙台藩主（⑥　　　　　　　　）も 1613 年、メキシコとの通商を求め、家臣の
（⑦　　　　　　　　）をスペインに派遣した〔（⑧　　　　　　　　　）という〕。

2) 初期外交 II　糸割符制度

　　（①　　　　　　　　　）商人は、中国産の（②　　　　　　）を長崎に運んで巨利を得ていた。幕府
は 1604 年、（③　　　　　　　　　）を設けて、ポルトガル商人の利益独占を排除した。それは、
（④　　　　　・　　　　・　　　　　）の商人に糸割符仲間をつくらせ、輸入生糸を一括購入させたも
のである。のちに（⑤　　　　　・　　　　　）の商人が加わり、五カ所商人と呼ばれた。

3) 初期外交 III　朱印船貿易

　　日本人もさかんに海外進出した。幕府が出した渡航許可書を（①　　　　　　　）といい、その貿易船
を（②　　　　　　　）といった。②を出した大名には、（③　　　　　・　　　　　　　）らがおり、
商人には長崎の（④　　　　　　　）、摂津の（⑤　　　　　　　　　）、京都の（⑥　　　　　
　　　　　　　）らがいた。輸入品は、（⑦　　　　　　）・絹織物・（⑧　　　　　　）・鹿皮・鮫皮な
どで、日本からは（⑨　　　　　　）・銅・鉄などを輸出した。東南アジアの各地には（⑩　　　　　　　）
がつくられ、駿府出身の（⑪　　　　　　　　）はタイの王室に重用された。

4) 鎖国政策 I　禁教令　→P.157、P.175を参照

　　（①　　　　　　　　）・（②　　　　　　　　　）の貿易活動はキリスト教の布教と一体化しており、
幕府は、キリスト教の布教が①②の侵略を招くことを強く恐れた。1612 年、幕府は直轄領に（③
　　　　　令)を出し、翌年には全国におよぼした。1624 年、(④　　　　　　　　　)船の来航を禁じた。

5) 鎖国政策 II　貿易統制

　　幕府は、貿易で（①　　　　　　　　　）が富強になることを恐れ、貿易利益の独占をめざした。
1616 年、外国船［中国船を除く］の寄港地を（②　　　　　・　　　　　）に限定した。1633 年、
（③　　　　　　　　）以外の日本船の海外渡航を禁止した。1635 年には、（④　　　　　　　）の海外
渡航と帰国を全面禁止した。また、中国船の寄港を（⑤　　　　　　　）に限った。

6) 鎖国政策 III　島原の乱　→P.176を参照

　　1637 年（①　　　　　の乱)がおきた。島原半島と天草諸島のキリシタン農民たちの一揆である。
幕府は 12 万人の兵力を投入し、翌年ようやく鎮圧した。海上からは（②　　　　　　　　　）船も、

幕府に加勢して砲撃した。

7 〉鎖国政策Ⅳ　鎖国の完成

　　幕府は、島原の乱後の1639年、（①＿＿＿＿＿＿＿）船の来航を禁止し、1641年、平戸のオ
ランダ商館を長崎の（②＿＿＿＿＿＿）に移し、鎖国が完成した。「鎖国」の語については、17世紀末
に来日したドイツ人医師（③＿＿＿＿＿＿＿＿）が『（④＿＿＿＿＿＿）』のなかで、日本は閉ざされ
た状態だと指摘し、1世紀後の1801年、オランダ通詞（⑤＿＿＿＿＿＿＿＿）が④の一部を翻訳して「鎖
国論」と題し、使われるようになった。

8 〉長崎貿易

　　オランダは、（①＿＿＿＿＿＿＿＿＿）においた東インド会社の支店として長崎の出島に商館をおき、
（②＿＿＿＿＿＿＿＿）のみを求めた。幕府は、オランダ船来航のたびにオランダ商館長が提出す
る（③＿＿＿＿＿＿＿＿＿）によって、海外の事情を知った。清国人については、1689年長崎
に（④＿＿＿＿＿＿＿）を設け、その居住地を限定した。幕府は、輸入増加による（⑤＿＿＿＿＿）の
流出を抑えるため、1685年に糸割符制度を復活して輸入額を制限した。

9 〉朝鮮外交

　　秀吉の朝鮮侵略ののち、家康は朝鮮との講和を実現した。1609年、（①＿＿＿＿＿）藩主の（②＿＿＿＿＿）
氏は、朝鮮とのあいだに（③＿＿＿＿＿＿＿＿）を結び、貿易を開始した。釜山には（④＿＿＿＿＿＿）
が設置され、宗氏は対朝鮮貿易を独占した。宗氏は貿易利潤を家臣に分与し、（⑤＿＿＿＿＿）のか
わりとした。朝鮮から来日する使節はのちに（⑥＿＿＿＿＿＿＿＿）と呼ばれ、おもに新将軍就任
の慶賀を目的とした。

10 〉琉球支配　→⑥はP.273を参照

　　琉球王国は1609年、薩摩の（①＿＿＿＿＿＿＿＿）の軍に征服され、（②＿＿＿＿＿＿＿＿）の支配
下に入った。しかし薩摩藩は、琉球に対し、独立した王国として中国との（③＿＿＿＿＿貿易）を継
続させた。琉球は、国王の代替りごとに（④＿＿＿＿＿＿＿＿）を、将軍の代替りごとに（⑤＿＿＿＿＿＿＿）
を、幕府に派遣した。琉球は、幕府と中国との二重の外交体制〔⑥＿＿＿＿＿＿＿＿〕をもった。

11 〉蝦夷地

　　戦国期に道南部の和人地を支配していた蠣崎氏は、（①＿＿＿＿＿＿）氏と改称し、1604年
徳川家康から（②＿＿＿＿＿＿＿）との交易独占権を保障された。アイヌとの交易対象地域は
（③＿＿＿＿＿・＿＿＿＿＿）と呼ばれ、そこでの交易収入が家臣に与えられた。この制度を
（④＿＿＿＿＿＿＿＿）という。1669年、（⑤＿＿＿＿＿＿＿＿＿＿）を中心とするアイヌ集団が
一斉に蜂起した。この戦いに敗れたアイヌは全面的に松前藩に服従し、多くの商場が和人商人の
請負となっていった。これを（⑥＿＿＿＿＿＿＿＿）といい、アイヌは和人商人に使役されるよ
うになった。

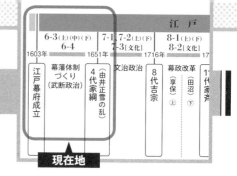

6-4 幕藩社会の構造

1 〉身分制度

　近世社会は身分制社会である。政治・軍事を独占し（①＿＿＿＿＿・＿＿＿＿＿）などの特権をもつ（②＿＿＿＿＿）、農林漁業に従事する（③＿＿＿＿＿）、手工業者である（④＿＿＿＿＿）、都市で商業などを営む（⑤＿＿＿＿＿）がおもなものである。さらに、下位の身分とされたのが（⑥＿＿＿＿＿）・（⑦＿＿＿＿＿）で、居住地・衣服などで他の身分とは区別され、賤視の対象とされた。

2 〉家制度

　身分をもつのは個人ではなく、家である。一人ひとりの個人は（①＿＿＿＿＿）に所属し、①を通じてそれぞれの（②＿＿＿＿＿）に位置づけられた。武士や有力百姓・町人の家では（③＿＿＿＿＿）の権限が強く、家の財産・家業は（④＿＿＿＿＿）を通じて子孫に相続された。（⑤＿＿＿＿＿）は、家の財産などの相続人となる家督から除外された。

3 〉村Ⅰ　村請制

　近世の村は、百姓の（①＿＿＿＿＿）と暮らしを支える自治的な組織である。それは、（②＿＿＿・＿＿＿・＿＿＿）の村役人を中心とする（③＿＿＿＿＿）によって運営され、（④＿＿＿＿＿）の共同利用、用水の管理、治安などを自主的におこなった。年貢・諸役の納入も村全体で責任をもって一括納入した。これを（⑤＿＿＿＿＿制）という。

4 〉村Ⅱ　農民の階層

　農村の基本階層を（①＿＿＿＿＿）という。彼らは田畑・家屋敷が（②＿＿＿＿＿）に登録され、年貢・諸役をつとめ、村政に参加した。そのほかに、小作や日雇仕事で生計を立てる（③＿＿＿＿＿）、有力な①に隷属する（④＿＿＿・＿＿＿・＿＿＿）といわれる人々もいた。

5 〉村Ⅲ　農民の税負担

　本百姓の負担の中心は（①＿＿＿＿＿）といわれる年貢で、年貢率は（②＿＿＿＿＿）から五公五民が標準だった。年貢率の決定には、収穫高に応じて決める（③＿＿＿＿＿）と定率の（④＿＿＿＿＿）があった。そのほかに、山野河海の利用や副業にかかる（⑤＿＿＿＿＿）、河川の土木工事の労役などの（⑥＿＿＿＿＿）、公用交通に人馬を提供する（⑦＿＿＿＿＿）などがあった。

6 〉村Ⅳ　農村法令

　幕府は百姓の小経営を安定させるために、いくつかの法令を出した。土地に関しては、1643年、（①＿＿＿＿＿）を出し、1673年には分割相続による田畑の細分化を防ぐために（②＿＿＿＿＿）を出した。また、たばこ・木綿・菜種などの（③＿＿＿＿＿作物）を自由に栽培することを禁じた（④＿＿＿＿＿）を出し、農民が（⑤＿＿＿＿＿経済）に巻き込

まれるのを防ごうとした。

7〉町Ⅰ　城下町の成立

　近世都市を代表するのが、将軍や大名の住む（①＿＿＿＿＿＿＿＿）である。城下町は、農村に居住していた武士が（②＿＿＿＿＿＿＿＿）政策で移住させられたこと、商工業者が営業の自由や（③＿＿＿＿＿）の免除を得て定住したことで成立した。城下町の内部は、（④＿＿＿＿＿＿）・寺社地・（⑤＿＿＿＿＿＿）など身分ごとに居住地域が区分されていた。⑤は、領地と全国市場とを結ぶ流通や（⑥＿＿＿＿）活動の中枢となった。

8〉町Ⅱ　町人地の自治運営

　町人地には、（①＿＿＿＿）という多数の自治組織があった。家持の住民は（②＿＿＿＿＿）と呼ばれ、町は町人の代表である（③＿＿＿＿＿・＿＿＿＿＿＿＿）が中心となり、（④＿＿＿＿＿）にもとづいて運営された。町人は都市機能を支えるための（⑤＿＿＿＿＿＿＿＿）を負担した。町にはこのほか、宅地を借りる（⑥＿＿＿＿＿）、家屋を借りる（⑦＿＿＿＿・＿＿＿＿＿）、商家の（⑧＿＿＿＿＿＿）など多数の人々が居住していたが、彼らは⑤を負担せず、町の運営には参加（⑨＿＿＿＿＿＿＿＿＿）た。

9〉農業Ⅰ　新田開発　(農業Ⅱ・Ⅲは7-2〈上〉)　→P.203を参照

　江戸時代になって戦乱がおさまると、幕府・諸藩は（①＿＿＿＿＿＿＿＿）を積極的におこない、田畑面積は江戸前期の100年で164万町歩から297万町歩へと激増した。17世紀末からは、都市商人が資金を投下して開発する（②＿＿＿＿＿＿＿）も各地でみられた。

10〉林業

　山は建築・土木用材の産地として重要で、良質な大木を多く抱える山地は、幕府・大名の直轄支配とされた。尾張藩の（①＿＿＿＿＿＿）、秋田藩の（②＿＿＿＿＿＿＿）は商品化し、有名になった。

11〉鉱山業　(漁業・手工業は7-2〈上〉)　🔍鉱山の場所を地図で確認しよう

　金銀の産出量は17世紀後半になると急減し、かわって（①＿＿＿＿）の産出量が増加し、（②＿＿＿貿易)での最大の輸出品になった。おもな金銀銅山としては、（③＿＿＿＿）銀山、（④＿＿＿＿＿）銀山、院内銀山、（⑤＿＿＿＿）相川の金銀山、（⑥＿＿＿＿）銅山、（⑦＿＿＿＿）銅山、阿仁銅山などがある。鉄は砂鉄を原料とする（⑧＿＿＿＿＿＿）がおこなわれた。

12〉商業Ⅰ　初期豪商［鎖国前］　(商業Ⅱ〜Ⅳは7-2〈下〉)

　江戸初期の有力商人は、朱印船貿易などで巨富を築いた。彼らを（①＿＿＿＿＿＿）と呼び、京都の（②＿＿＿＿＿＿）・（③＿＿＿＿＿＿＿）、摂津平野の（④＿＿＿＿＿＿）、堺の（⑤＿＿＿＿＿＿）らがいた。しかし、鎖国後は急速に没落した。

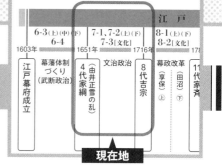

7-1 幕政の安定

1 ▶ 4代徳川家綱　武断政治から文治政治へ　🔍江戸初期の大名の改易の規模を確認しよう

　　初代徳川家康から3代（①　　　　　　　　　）までのあいだにあいついだ大名の改易処分で、大量の（②　　　　　　　）が発生しており、戦乱を待望する者も多かった。（③　　　　　）年、4代将軍として幼少の（④　　　　　　　　　）が就任すると、会津藩主（⑤　　　　　　　　　）らが将軍を支えた。同年、兵学者（⑥　　　　　　　　）らによる（⑦　　　　　　　の変）がおこると、幕府は（⑧　　　　　　　　　　　　）して②の増加を防ぎ、「（⑨　　　　　　　　）」の取締りを強化して治安維持につとめた。1663年、（⑩　　　　　　　　　　）を命じ、1664年には全大名にいっせいに（⑪　　　　　　　　）を発給した。

2 ▶ 儒学者による藩政刷新

　　17世紀中後期、儒学者を顧問にして政治刷新をはかる藩もあった。岡山の（①　　　　　　　　　　）は郷学（②　　　　　　　　　）を設けた。また、陽明学者（③　　　　　　　　　）を招き、③は（④　　　　　　　　）を設けた。会津の（⑤　　　　　　　　）は（⑥　　　　　　　　　）に朱子学を学んだ。水戸の（⑦　　　　　　　　）は『（⑧　　　　　　　　　　）』の編纂を開始した。加賀の（⑨　　　　　　　　）は、朱子学者（⑩　　　　　　　　）を招いた。

3 ▶ 5代徳川綱吉I　儒学重視

　　1680年、5代将軍（①　　　　　　　　　）が就任し、大老（②　　　　　　　　　）が補佐した。②の暗殺後は、側用人（③　　　　　　　　）が将軍を補佐した。代替わりの武家諸法度［（④　　　　　令）］では、第一条で「文武（⑤　　　　　）を励し」として、（⑥　　　　　　　　）に基づく文治主義を強調した。綱吉は（⑦　　　　　　　　）に学び、（⑧　　　　　　　　　）を建てた。（⑨　　　　　　　　　）を大学頭に任じ、⑧の学問所を林家に主宰させた。また、朝廷との関係は協調に転換し、（⑩　　　　　　　　　）や賀茂葵祭を復興し、（⑪　　　　　　　　）を増やした。

4 ▶ 5代徳川綱吉II　戦国遺風の一掃

　　綱吉は1685年から（①　　　　　　　　　　　　　）を出し、生類すべての殺生を禁じた。また、（②　　　　　　　　）を出して服喪の日数を定めたが、それは死や血への穢れの意識を生むことになった。

　　こうして、文治政治に転換した結果、（③　　　　　　　）以来の、武力によって相手を殺傷し上昇をはかる価値観は完全に否定された。

5 ▶ 5代徳川綱吉III　財政破綻　→P.208のグラフを参照

　　綱吉の時代に幕府財政は破綻した。原因は、（①　　　　　金山）などの金銀産出量の減少、1657年の（②　　　　　　　　　）後の江戸城・江戸市街再建費用などである。勘定吟味役の（③　　　　　　　　）は貨幣改鋳を推進し、質の劣った（④　　　　　小判）を発行して多大な利益をあげたが、物価の（⑤　　　　　　）を引きおこした。1707年に（⑥　　　　　　　　）が大噴火し、その復興のため幕府は、全国に「（⑦　　　　　　　　　）」を課した。

6 〉正徳の政治Ⅰ　政権

1709年6代将軍（①　　　　　　　　　　）が就任すると、朱子学者の（②　　　　　　　　　　）と側用人_{そばようにん}
の（③　　　　　　　　　　）を信任して政治刷新をめざした。その後、幼少の7代将軍（④　　　　　　　　　　）
の代も、②③が幕府政治を主導した。

7 〉正徳の政治Ⅱ　儒学の君臣秩序

新井白石_{あらいはくせき}は儒教_{じゅきょう}的価値観にもとづき、家格や身分の秩序を重視した。朝廷を重視し、費用を献じ
て（①　　　　　　　　　　）を創設した。また、（②　　　　　　　　　　）の使節待遇を簡素化する一方、
朝鮮の国書にある将軍の呼称を「日本国（③　　　　　　）殿下」から「（④　　　　　　　　　　）」に改
めさせた。

8 〉正徳の政治Ⅲ　財政　→P.208のグラフを参照

新井白石は、金の含有率を下げた元禄小判_{げんろく}を改め、以前の（①　　　　　　　　　　）と同率の
（②　　　　　　　　　　）を鋳造_{ちゅうぞう}させ、物価騰貴_{とうき}を抑えようとした。また、長崎貿易で大量の金銀が流
出したため、1715年に（③　　　　　　　　　　）を出して（④　　　・　　　　　　　）との
貿易額を制限した。

7-2 経済の発展（上）

1) 農業Ⅱ　農業技術の発展　（農業Ⅰは6-4）

近世前期には農具の考案が進んだ。深耕用の（①
　　　　　　　　　）、脱穀用の（②　　　　　　　　　）、選別用の（③
　　　　　　　　　）・（④　　　　　　　　　）、灌漑用の（⑤　　　　　　　　　）
などが普及した。肥料としては従来の刈敷・下肥のほか、金
肥として（⑥　　　　　　・　　　　・　　　　　　　）・糠など
が普及した。新しい農業技術を説く農書が多く書かれ、
17世紀末には（⑦　　　　　　　　）の『農業全書』、19
世紀には（⑧　　　　　　　）の『農具便利論』『（⑨
　　　　　　　　　）』などが刊行された。

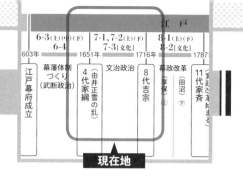

①

②

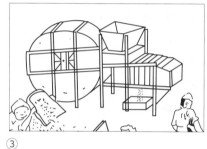

③

④

⑤

2) 農業Ⅲ　商品作物・特産物　🔍③〜⑩の産地を地図で確認しよう

桑・麻・（①　　　　　）・（②　　　　　　　）・楮・野菜・たばこ・茶・果物などの商品作物の生産が広がった。
とくに有名となった各地の特産物としては、出羽村山の（③　　　　　　　）、駿河・山城宇治の（④　　　　　　）、
備後の（⑤　　　　　　）、阿波の（⑥　　　　　　）、薩摩の（⑦　　　　　　　　　）、越前の（⑧　　　　　　　）、
（⑨　　　　　）の葡萄、（⑩　　　　　）の蜜柑などがある。

3) 漁業　→P.193を参照　🔍地曳網の鰯漁の様子を図版で確認しよう

近世には沿岸部の漁場の開発が進んだ。漁村では（①　　　　　　　　）らが漁場を占有し、城下町の

魚問屋と取引した。上総九十九里浜の地曳網による鰯漁、松前の鰊漁が有名となった。鰯や鰊は（②　　　　　・　　　）などに加工され、（③　　　　　）などの商品作物生産に欠かせない肥料として（④　　　　　）などに出荷された。蝦夷地では昆布や（⑤　　　　　）が生産された。⑤は、17世紀末以降の長崎貿易で、（⑥　　　　　）にかわって、中国への主要輸出品となった。製塩業では、従来の揚浜塩田にかわって、（⑦　　　　　　　）が発達し、瀬戸内海沿岸など各地で生産された。

4）手工業Ⅰ　織物　→P.194を参照　🔍地機・高機のしくみを図版で確認しよう

　戦国時代末期に（①　　　　　）から綿作が伝わると、（②　　　　　）は庶民衣料として急速に普及した。木綿生産は、伝統的な（③　　　　　）を使った女性の労働で、村々の零細な農村家内工業として広くおこなわれた。絹織物の金襴・緞子などの高級品は、京都の（④　　　　　）で、高度な技術の（⑤　　　　　）を使って織られた。

5）手工業Ⅱ　陶磁器・醸造

　陶磁器では、肥前（①　　　　　）で生産された磁器が、長崎貿易の主要輸出品となった。醸造業では、酒は（②　　　　　・　　　）、醤油は（③　　　　　・　　　　　）が有名な産地だった。

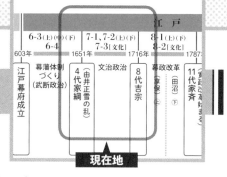

7-2 経済の発展（下）

1) 街道　🔍街道の経路と始点・終点、関所の位置を地図で確認しよう

陸上交通では、三都や各地の城下町をつなぐ（①　　　　　　　　）の網の目が完成した。幹線道路である五街道は（②　　　　・　　　　・　　　　・　　　　・　　　　）で、幕府の直轄下で（③　　　　　　　　）が管理した。関所には、東海道の（④　　　　・　　　　）、中山道の（⑤　　　　・　　　　）、甲州道中の（⑥　　　　　　　）、日光・奥州道中の（⑦　　　　　　　）などがあり、関東の関所では「（⑧　　　　　　　　　　）」を厳しく取り締った。

2) 宿駅

街道には人馬・宿泊施設をもった（①　　　　　　　）がおかれた［東海道は53宿、中山道は67宿など］。街道は幕府・大名の御用通行が最優先され、そのために徴発される人馬は（②　　　　　　　）と呼ばれておもに宿駅の負担とされた。不足分は周辺の村々から（③　　　　　　　）として徴発された。宿駅で御用通行の手配をする所が（④　　　　　　　）で、伝馬役の差配や公用の書状・荷物の継ぎ送り［（⑤　　　　　　　）という］にあたった。大名らの宿泊施設を（⑥　　　　・　　　　）といい、一般旅行者用を（⑦　　　　　　　）といった。

3) 海上輸送路

物資の大量輸送は水上交通でおこなわれた。内陸河川では、京都の豪商（①　　　　　　　　）は高瀬川を開削し、新たな水路を開いた。海上輸送路では、江戸の豪商（②　　　　　　　　）が（③　　　　・　　　　　　　）を整備し、全国的な海上交通網が完成した。大坂・江戸間に（④　　　　　　　）・（⑤　　　　　　　）が定期的に運行し、19世紀には、⑤が圧倒的に優位に立った。日本海の（⑥　　　　　　　）、尾張の（⑦　　　　　　　）などの各地の廻船業も発達した。

4) 貨幣

江戸幕府は金銀貨幣の鋳造を開始した。金座では、金座役人の頭（①　　　　　　　　）のもとで、（②　　　　・　　　　　　　）などの（③　　　貨幣）が鋳造された。銀座では、（④　　　・　　　　　　　　）などの（⑤　　　貨幣）を鋳造した。銭座では（⑥　　　　　　　）が大量に鋳造された。東日本ではおもに（⑦　　　貨）が、西日本では（⑧　　　貨）が使われ、その交換比率は、金1両＝銀（⑨　　　　　）＝銭（⑩　　　　　）とのちに定められた。また、17世紀後半から各藩では、領内で流通する（⑪　　　　　　　）を発行し、三貨の不足と藩財政の窮乏をおぎなった。

5) 両替商

貨幣は（①　　　　　　　）によって流通が促進された。有力な①は、幕府・藩の公金出納や為替・（②　　　　　　　）をおこない、その財政を支えた。有名な両替商としては、（③　　　　　　　　　）が三都で呉服店とともに始めたもののほか、大坂の（④　　　　・　　　　・　　　　）、江戸の（⑤　　　　　　　）などがあった。

6 ▶ 三都Ⅰ　江戸

　江戸は「（①　　　　　　　　　　　　）」と呼ばれ、幕府施設、大名の藩邸、旗本・御家人の屋敷が集中し、多数の武家が居住した。その人口は18世紀後半に（②　　　　　　）万人前後に達した。江戸は最大の（③　　　　　　都市）だった。

7 ▶ 三都Ⅱ　大坂　🔍大坂の加工場としての機能を出入荷品で確認しよう

　大坂は「（①　　　　　　　　　　　）」と呼ばれ、全国の物資の集散地として栄えた（②　　　　　　都市）だった。多くの藩は（③　　　　　　　　）を大坂に設置し、（④　　　　　　　　）といわれる年貢米・特産物を保管し、（⑤　　　　　）・（⑥　　　　　　　）という商人を通じて販売した。⑤は蔵物の取引を扱い、⑥はその代金の出納を扱った。蔵物以外にも民間ルートで各種の農産物・手工業品などが取引され、それらを（⑦　　　　　　　　）と呼んだ。

8 ▶ 三都Ⅲ　京都

　京都は天皇家・公家が居住し、大寺社が多くあったため、幕府は朝廷・宗教統制のため（①　　　　　　　　・　　　　　　　　　）をおき、監視・統制した。中世には経済の中心地だったため、大商人の本拠地が多く、伝統的な高い技術を用いた（②　　　　　　　・　　　　　　・　　　　　　　　）などの手工業生産も発達した。

9 ▶ 商業Ⅱ　問屋の物流支配［鎖国後］　（商業Ⅰは6-4）　→P.195を参照

　17世紀後半以降、全国の商品流通を支配するようになったのが（①　　　　　　）だった。生産地の商品は、生産者—（②　　　　　　　）—問屋—②—小売—消費者へと流通した。問屋や仲買は業種ごとに（③　　　　　　）・組合と呼ばれる同業者団体をつくり、営業の独占をはかった。問屋仲間の連合組織としては、江戸に（④　　　　　　　　　）、大坂に（⑤　　　　　　　　　　　）がつくられた。

10 ▶ 商業Ⅲ　農村家内工業から問屋制家内工業へ

　17世紀後半に全国市場が確立し、（①　　　　　　）の活動範囲は全国におよんだ。都市の①は農村部にも入り込み、百姓たちに資金・原料を貸与して商品生産をおこなわせる（②　　　　　　　　　）を組織していった。

11 ▶ 商業Ⅳ　卸売市場

　生産地と問屋・仲買とが売買する（①　　　　　　　　）も発達した。大坂では（②　　　　　　）の米市場、（③　　　　　　　）の魚市場、（④　　　　　　）の青物市場が有名で、江戸では（⑤　　　　　　　　）の魚市場、（⑥　　　　　）の青物市場が有名である。

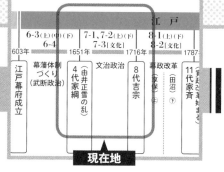

			江 戸		
6-3[上][中][下]		7-1, 7-2[上][下]		8-1[上][下]	
6-4		7-3[文化]		8-2[文化]	
603年	1651年		1716年		1787年
江戸幕府成立	幕藩体制つくり(武断政治)	4代家綱(由井正雪の乱)	文治政治	8代吉宗	幕政改革(享保)	11代家斉

現在地

7-3 元禄文化

1》元禄文学Ⅰ　西鶴

　（①　　　　　　　　）は大坂の町人で、はじめ西山宗因に学んで軽妙自由な（②　　　　俳諧）の分野で注目を集め、のち浮世草子に転じて、好色物の『（③　　　　　　　）』、武家物の『（④　　　　　　）』、町人物の『（⑤　　　　　　　　）』『（⑥　　　　　　　　　）』などで人気を得た。

2》元禄文学Ⅱ　芭蕉

　（①　　　　　　　　）は伊賀の出身で、さび・かるみで示される（②　　　　俳諧）を確立し、自然と人間を鋭くみつめ、『（③　　　　　　　）』などの紀行文を著した。

3》元禄文学Ⅲ　近松と人形浄瑠璃

　（①　　　　　　　　　）は、義理と人情の板ばさみに悩む人々の姿を（②　　　　　　　　）や（③　　　　　　　）の脚本として描いた。代表作として、世相に題材をとった（④　　　　　　　　）では『（⑤　　　　　　　）』、歴史を扱った（⑥　　　　　　）では『（⑦　　　　　　　　）』などがある。近松の作品は、人形遣い（⑧　　　　　　　　　）が演じ、（⑨　　　　　　　　）が語って人気を得た。

4》元禄文学Ⅳ　歌舞伎　→P.168の注②も参照

　歌舞伎は（①　　　　歌舞伎）・（②　　　　　歌舞伎）の禁止をへて、元禄期に庶民の演劇として発達した。江戸では勇壮な演技の（③　　　　　　）が人気を得、初代（④　　　　　　　　　）が好評を博した。上方では、やわらかみのある恋愛劇様式の（⑤　　　　　　）が好まれ、（⑥　　　　　　　　　）によって確立され、女形の（⑦　　　　　　　　）らの名優が出た。

5》儒学Ⅰ　朱子学派　→儒学者はP.214の系統図を参照。京学はP.183、199の注①、201、218を参照

　儒学の一派である（①　　　　　　　）は、（②　　　　　　　　　論）を基礎に上下の身分秩序を重視したため、幕府や藩に重んじられた。南村梅軒から（③　　　　　　　）に受け継がれた南学の系統から、（④　　　　　　　）・（⑤　　　　　　　　　　）が出た。④は神道を儒教流に解釈して、（⑥　　　　　　）を説いた。（⑦　　　　　　　　）に始まる京学の系統からは、林家の祖である（⑧　　　　　　　）、加賀・前田綱紀や5代綱吉に仕えた（⑨　　　　　　　　）、6代家宣・7代家継に仕えた（⑩　　　　　　　）、8代吉宗に仕えた（⑪　　　　　　　）らが輩出した。

6》儒学Ⅱ　陽明学派　→P.199の注①を参照

　朱子学に対し、（①　　　　　　　）や門人の（②　　　　　　　　）は（③　　　　　　）を学んだ。陽明学は（④　　　　　　）の立場で現実批判をする革新性をもち、熊沢蕃山は『（⑤　　　　　　　　）』で武士土着論を説き幕政を批判した。蕃山は岡山藩の（⑥　　　　　　　）に仕え藩政に活躍したが、のち幕府により幽閉された。

7〉儒学Ⅲ　古学派　→P.215の表を参照。私塾はP.229を参照

朱子学のような外来の儒学ではなく、孔子・孟子の古典に立ち返り、江戸時代の現実に適合する儒学を求めて（①　　　　　　　　）が生まれた。（②　　　　　　　　）は『（③　　　　　　　）』を刊行して古代の聖賢に立ち戻ることを主張した。また、日本を中国よりすぐれた「中華」とみなして『（④　　　　　　　）』を著した。（⑤　　　　　　　）は、京都堀川で私塾（⑥　　　　　　　）を開いた。（⑦　　　　　　　）は（⑧　　　　　　　）や８代吉宗に用いられ、享保の改革では政治顧問となった。吉宗に上呈した意見書『（⑨政　　　　　）』では武士土着論などを説き、のちの（⑩　　　　　　　）に道を開いた。また、江戸に私塾（⑪　　　　　　　）を開いた。その弟子の（⑫　　　　　　　）は主著『（⑬経　　　　　　）』などで、武士も商業をおこなうべきと説いた。

8〉自然科学　→P.215の表を参照

実用的な学問も発達し、本草学では（①　　　　　　　）の『大和本草』、農学では（②　　　　　　　）の『農業全書』が広く利用された。（③　　　　　　）では、江戸時代前期に吉田光由が『（④　　　　　　　）』を著し、民間にも広まった。元禄期には（⑤　　　　　　）が筆算代数式や円周率計算ですぐれた研究をし、『（⑥　　　　　　）』を著した。天文・暦学では（⑦　　　　　　）が日本独自の（⑧　　　　　　）をつくった。

9〉国文学研究から国学へ　→P.215の表を参照

国文学研究が始まり（①　　　　　　　）は形骸化していた歌壇を批判し、用語の自由を主張した。（②　　　　　）は、和歌を道徳的に解釈する従来の説を批判し、古代人の心を追求して『（③　　　　　　　）』を著した。（④　　　　　　）は『源氏物語』の注釈書『（⑤　　　　　　　　　）』を著した。これらの古典研究は、日本人の古代精神を探究する（⑥　　　　　　）に発展していった。

10〉元禄美術Ⅰ　絵画

絵画では（①　　　　　　　）が土佐派を再興し、朝廷の絵師となった。土佐派からわかれた（②　　　　　・　　　　　　）父子は幕府の御用絵師となった。京都では（③　　　　　　　）が、俵屋宗達の装飾的画法を取り入れて（④　　　　　）をおこし、『（⑤　　　　　　　　）』『燕子花図屏風』などの作品を残した。江戸では（⑥　　　　　　　）が浮世絵版画を始め、肉筆画でも『（⑦　　　　　　　　）』などの作品を残した。

11〉元禄美術Ⅱ　陶器・染物

陶器では京都の（①　　　　　　　）が（②　　　　　　　法）をもとに色絵を完成して（③　　　　　）の祖となった。（④　　　　　）の分野では（⑤　　　　　　　）が『八橋蒔絵螺鈿硯箱』などすぐれた意匠の作品を残した。染物では（⑥　　　　　　）が友禅染を始めた。

12〉元禄美術Ⅲ

教科書 p.216 〜 217 の写真の作品名を書きなさい。

①絵画（　　　　　　　　　　　　　　　　　　筆）

②陶芸（　　　　　　　　　　　　　　　　　　　作）

③絵画（　　　　　　　　　　　　　　　　　　筆）

④工芸（　　　　　　　　　　　　　　　　　　　作）

⑤庭園（　　　　　　　　　　　　　設計）

①

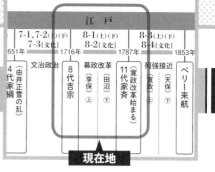

現在地

8-1 幕政の改革（上）

1 ▶ 享保の改革Ⅰ　政権

　（①　　　　　　）年、（②　　　　　　）藩主の（③　　　　　　　　）が8代将軍に就任した。吉宗は（④　　　　　　）による側近政治をやめ、旗本の（⑤　　　　　　　）や川崎宿の名主（⑥　　　　　　　　）らを登用し、（⑦　　　　　　　）・（⑧　　　　　　　）らの儒学者を用い、将軍自らが改革の先頭に立った。旗本の人材登用では、（⑨　　　　　　　）を設けて活用した。

2 ▶ 享保の改革Ⅱ　財政再建策　→P.218の史料を参照

　享保改革の中心は（①　　　　　　　　）だった。まず金銀貸借に関わる訴訟を幕府は受理しないとする（②　　　　　　令）を出した。1722〜30年のあいだ、（③　　　　　　　）を実施し、かわりに（④　　　　　　　）の在府期間を半減した。将軍吉宗が「（⑤　　　　　）を顧りみられず」に諸大名に指示した政策だった。また、年貢の徴収方法を（⑥　　　　　）から（⑦　　　　　　）へと切り替え、年貢率の引き上げをはかった。商人資本の力を借りて（⑧　　　　　　）も進めた。改革は成功し、幕府財政は改善した。

3 ▶ 享保の改革Ⅲ　米価安定策　→P.203を参照

　幕府・藩財政の基本は、（①　　　　　　　）を売却した貨幣収入にあった。しかし、米の増産は、米価の下落傾向を生み、それが財政難の一因となっていた。「（②　　　　　　）」と呼ばれた吉宗は、米価安定をめざし、大坂の（③　　　　　米市場）を公認した。

4 ▶ 享保の改革Ⅳ　実学重視

　吉宗は（①　　　　　　　）を登用して救荒用の甘藷の普及を進めた。また、実学を重視し、キリスト教関連を除く科学技術書や地誌など、（②　　　　　　　　）の輸入制限をゆるめた。さらに、①や（③　　　　　　）にオランダ語を習わせ、蘭学興隆の基礎を築いた。

5 ▶ 享保の改革Ⅴ　江戸の都市政策

　江戸の都市政策は、町奉行（①　　　　　　　）によって進められた。消火制度は、武士による（②　　　　　　）に加えて、町方独自の（③　　　　　　）を組織させた。評定所に（④　　　　　　）を設けて庶民の意見を聞き、貧民の医療施設として（⑤　　　　　　　）をつくった。

6 ▶ 享保の改革Ⅵ　法典・御三卿

　吉宗は法典整備を進め、（①　　　　　　　）を制定して裁判・行政の基準を定めた。また、次男宗武に（②　　　　　）家、四男宗尹に（③　　　　　　）家をおこさせ、徳川本家の血筋断絶の備えとした。②③と（④　　　　　）家をあわせて（⑤　　　　　）と呼ばれる。

→解答例は、解答編 P.23

B-2. 近世日本における外交秩序の形成過程について論述せよ。なお、論述するにあたっては下の語句をすべて用い、使用した箇所には下線を引いておくこと（解答欄：縦 12cm ×横 20cm）。

日本町　　禁教令　　平戸　　対馬藩　　　　　　　　　　（京都府立大学 2013）

＜要約文の使用箇所＞

テーマと指定語句から、下記の7箇所の要約文を思い出しましょう（もう一度読み直してから取りかかりましょう）。

6-3. 幕藩体制の成立（下）	3. 初期外交Ⅲ	朱印船貿易
6-3. 〃	4. 鎖国政策Ⅰ	禁教令
6-3. 〃	5. 鎖国政策Ⅱ	貿易統制
6-3. 〃	7. 鎖国政策Ⅳ	鎖国の完成
6-3. 〃	9. 朝鮮外交	
6-3. 〃	10. 琉球支配	
6-3. 〃	11. 蝦夷地	

＜手順＞

①問題文と指定語句を見て、論述の方法を確認する。

　　→全体のテーマが「外交秩序」なので、鎖国に限定せず、各小見出しをテーマにして、7カ所の要約文を簡潔にまとめていく方法が適切と判断（教科書 p.183 地図「日本からみた外交秩序」を参照）。

②要約文の小見出しを使って、内容整理表の「小見出しテーマ」をうめる。

③枠組みの中に、指定語句（下の表の太字）を位置づける。

④不足する語句（とくに表で空欄になっている箇所）は、各要約文の空欄の語句から拾い出して、表を埋める（下の表の「使用語句」の細文字）。

⑤論述の方向を意識しながら、小見出しテーマの順に書いてみましょう。

＜内容整理表＞

小見出しテーマ	使用語句
3. 初期外交Ⅲ　朱印船貿易	朱印船、島津家久・末次平蔵ら、**日本町**、山田長政
4. 鎖国政策Ⅰ　禁教令	スペイン・ポルトガル、**禁教令**
5. 鎖国政策Ⅱ　貿易統制	**平戸**・長崎、奉書船、日本人
7. 鎖国政策Ⅳ　鎖国の完成	ポルトガル船、出島
9. 朝鮮外交	**対馬藩**、宗氏、己酉約条、朝鮮通信使
10. 琉球支配	薩摩藩、謝恩使、慶賀使
11. 蝦夷地	松前氏、アイヌ、商場知行制

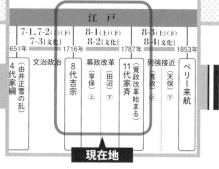

現在地

8-1 幕政の改革（下）

1 本百姓層の分解（豪農と小百姓へ）　🔍本百姓層分解のグラフで確認しよう

享保の改革後の18世紀後半になると、村々の農民階層に大きな変化が現れた。有力百姓が、困窮した百姓の田畑を集めて（①　　　　　）に成長し、流通・金融業もおこなう地域社会の担い手となった。こうした有力百姓を（②　　　　　）と呼ぶ。一方で田畑を失った百姓は、（③　　　　　）人や（④　　　　　）人・日用稼ぎに転落した。こうして、村の基本階層である（⑤　　　　　）が分解していった。豪農と小百姓らとの対立が深まり、村の公正な運営を求める（⑥　　　　　）が各地で頻発した。

2 零細都市民衆の増加

18世紀後半になると、三都や各地の城下町では、町の町民階層も大きく変化した。町運営を担う（①　　　　　）が減少し、住民の大半は（②　　　　　・　　　　　・　　　　　）となった。また、裏長屋や場末には、農村からの（③　　　　　）や（④　　　　　・　　　　　）に従事する貧民が多数居住した。

3 百姓一揆Ⅰ　一揆の形態　→国訴はP.241、世直し一揆はP.257を参照

百姓一揆は、（①　　　　　　　　）が原因で百姓の生活と生産が脅かされた時、直接行動で抗議したものである。17世紀初めには、（②　　　　　）をまじえた武力蜂起など中世一揆のなごりがあった。17世紀後半からは、村々の代表者が領主に直訴する（③　　　　　型一揆）が増えた。この一揆の代表者の多くは、下総の（④　　　　　）や上野の（⑤　　　　　）のように義民として伝説化した。17世紀末からは、大規模な（⑥　　　　　）も各地で出現した。1686年の信濃松本藩の（⑦　　　　　）、1738年の陸奥磐城平藩の（⑧　　　　　）などがある。

江戸中期以降、畿内を中心に広域の訴訟闘争である（⑨　　　　　）がおきた。幕末には、豪農・豪商への打ちこわしを主とする（⑩　　　　　）が全国各地でおきた。

4 百姓一揆Ⅱ　一揆と幕政改革　→P.219のグラフ、P.222のグラフを参照

「百姓一揆の推移」のグラフによると、享保期は（①　　　　　の改革）が進められるなかで、享保の飢饉・江戸の打ちこわしが発生している。ところが、次の天明期は（②　　　　　の飢饉）・天明の打ちこわしのあとに、その対策として（③　　　　　の改革）がおこなわれ、その次の天保期も天保の飢饉・（④　　　　　の乱）のあとに、その対策として（⑤　　　　　の改革）がおこなわれている。享保の改革後に百姓一揆などの増加傾向が強まった背景の一つとして、（⑥　　　　　率）の上昇とそれにともなう農村の疲弊が考えられる。

5 飢饉の発生（享保期・天明期）

1732年、西日本一帯にいなご・うんかが大量に発生して大凶作となり、（①　　　　　の飢饉）が発生した。翌年には江戸で最初の（②　　　　　）がおき、米問屋高間伝兵衛宅が襲われ

た。1782年の冷害から始まった飢饉は数年におよぶものとなり、東北地方で多数の餓死者を出した。これを（③＿＿＿＿＿＿の飢饉）という。この時、農村では（④＿＿＿＿＿＿＿＿）、都市では（⑤＿＿＿＿＿＿＿＿＿）が多発した。

6 田沼時代Ⅰ　政権

10代将軍（①＿＿＿＿＿＿＿＿＿＿）の時代、1772年に（②＿＿＿＿＿＿＿＿）から老中になった（③＿＿＿＿＿＿＿＿＿）が政権を握った。1786年に③が老中を罷免されるまでの十数年間を（④＿＿＿＿＿＿＿＿）という。

7 田沼時代Ⅱ　経済政策重視

田沼政権の財政再建策は、年貢増徴だけに頼らず、（①＿＿＿＿＿＿政策）を重視したものだった。商人・職人の仲間を（②＿＿＿＿＿＿＿）として広く公認し、（③＿＿＿＿＿・＿＿＿＿＿）などの営業税の増収をめざした。また、金と銀の貨幣制度を一本化するため、はじめての計数銀貨である（④＿＿＿＿＿＿＿＿＿＿）を大量に発行した。長崎貿易では、銅・（⑤＿＿＿＿＿＿）を輸出して、金銀の輸入をはかった。

8 田沼時代Ⅲ　開発事業

田沼意次は新田開発にも積極的で、（①＿＿＿＿＿＿＿・＿＿＿＿＿＿＿）の干拓工事を始めた。また、仙台藩医（②＿＿＿＿＿＿＿）の『（③＿＿＿＿＿＿＿＿＿）』の意見を取り入れ、（④＿＿＿＿＿＿＿＿＿＿）らを蝦夷地に派遣して、その開発やロシア人との交易の可能性を調査させた。

9 田沼時代Ⅳ　失脚

田沼時代の政治は（①＿＿＿＿＿＿）や縁故人事が横行した。（②＿＿＿＿＿＿の飢饉）が始まると一揆・打ちこわしが頻発し、1784年には田沼意次の子の（③＿＿＿＿＿＿＿＿）が刺殺された。1786年、将軍徳川家治が死去すると、意次は老中を罷免された。

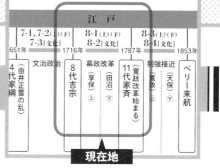
8-2 宝暦・天明期の文化

1 ▶ 洋学Ⅰ　先駆けとして

新井白石は、逮捕されたイタリア人宣教師（①　　　　　　　　　）を訊問した知識をもとにして、『（②　　　　　　　）』『（③　　　　　　　）』を著し、世界の地理・民俗を説いた。8代将軍徳川吉宗は（④　　　　　　　）の輸入制限をゆるめ、（⑤　　　　　・　　　　　　　）らにオランダ語を学ばせて、西洋学術の摂取をめざした。

2 ▶ 洋学Ⅱ　蘭学の成立（『解体新書』の翻訳事業）

1774年、（①　　　　　　　・　　　　　　）らの共同作業により、西洋解剖書を訳述した『（②　　　　　　）』が刊行された。この困難な翻訳作業を通じて、本格的な（③　　　　）の研究が始まった。②の翻訳作業の苦労は、杉田玄白の回想記『（④　　　　　　　）』に詳しい。なお、漢方医学のうちの（⑤　　　　　　）の分野では、（⑥　　　　　　　）が解剖によって人体内部を直接観察し、日本最初の解剖図録『（⑦　　　　　）』を著した。

3 ▶ 洋学Ⅲ　蘭学の隆盛（民間）（洋学Ⅳ・Ⅴは8-4）

（①　　　　　　　）は『（②　　　　　　）』という蘭学入門書を著し、江戸に（③　　　　　　　）を開いて多くの門人を育てた。（④　　　　　　　）は、西洋の内科書を訳して『西説内科撰要』を著した。大槻玄沢の門人の（⑤　　　　　　）は、蘭日辞書『（⑥　　　　　　）』をつくった。（⑦　　　　　　　）は長崎でオランダ人らに学び、江戸で摩擦発電器［エレキテル］の実験をした。また、秋田に西洋画法を伝えた。

4 ▶ 国学の成立

荷田春満に学んだ（①　　　　　　　）は『国意考』を著し、儒教・仏教も外来思想として排した。①の門人の（②　　　　　　）は、『（③　　　　　　）』を著し、日本古来の精神に返ることを主張した。①に学んだ盲目の学者（④　　　　　）は、幕府の援助で（⑤　　　　　　　）を設け、日本の古典を収集して『（⑥　　　　　　）』1680巻を編集した。

5 ▶ 尊王論Ⅰ（尊王論Ⅱは8-4）

水戸藩の『（①　　　　　　）』の編纂事業のなかから生まれた（②　　　　学）では、尊王思想が主張された。また1756年に、（③　　　　　　）が京都で公家たちに尊王論を説いて追放刑となる（④　　　　　　）がおきた。1767年には江戸で、（⑤　　　　　　）が尊王論を説き、幕政を批判して死刑に処せられる（⑥　　　　　　）がおきた。一般に尊王論は、朝廷を尊び幕府の権威を守ろうとするものが多く、（⑦　　　　　　　）・蒲生君平・（⑧　　　　　　）らも尊王論を説いた。

6 ▶ 生活思想

京都の（①　　　　　　）は（②　　　　　）をおこし、『都鄙問答』で商業の正当性を強調し、倹約・

堪忍・正直などの徳目を説いた。心学は、①の弟子の（③＿＿＿＿＿＿＿・＿＿＿＿＿＿＿）らによって全国に広められた。一方で、陸奥・八戸の医者（④＿＿＿＿＿＿＿）は『（⑤＿＿＿＿＿＿＿＿）』を著し、万人が耕作する社会を理想として、身分社会を批判した。

7 》江戸時代の教育Ⅰ　民間私塾　(儒学の私塾は7-3)

　大坂町人の出資で設立された（①＿＿＿＿＿＿＿＿）は、寛政改革のころに中井竹山を学主として朱子学や陽明学を教え、『出定後語』の（②＿＿＿＿＿＿＿）、『夢の代』の（③＿＿＿＿＿＿＿）ら異色の学者を生んだ。

8 》江戸時代の教育Ⅱ　庶民教育

　一般庶民の初等教育機関である（①＿＿＿＿＿＿＿）はおびただしい数がつくられた。女性の心得を説く『（②＿＿＿＿＿＿＿）』などで、女子教育も進められた。

9 》小説（寛政改革前）　→P.229の表を参照　🔍江戸文芸の系統を確認しよう

　寛政改革前の小説では、江戸の遊里を描く（①＿＿＿＿＿＿＿）が流行し、（②＿＿＿＿＿＿＿）の『仕懸文庫』などがある。風刺のきいた大人向けの絵入り小説の（③＿＿＿＿＿＿＿）も流行し、（④＿＿＿＿＿＿＿）が『金々先生栄花夢』などを売り出した。しかし①③は風俗を乱し、政治批判につながるとして寛政改革で弾圧され、出版元の（⑤＿＿＿＿＿＿＿）も財産の半分没収の処分を受けた。

10 》俳諧・川柳・狂歌・演劇　→P.229の表を参照

　俳諧では18世紀後半に京都の（①＿＿＿＿＿）が、そのまま絵画に描けるような句をよんだ。句集には『蕪村七部集』がある。俳句の形式を借りて世相・風俗を風刺する（②＿＿＿＿＿＿＿）では、（③＿＿＿＿＿＿＿）らが撰して『誹風柳多留』を出した。（④＿＿＿＿＿＿＿）では、（⑤＿＿＿＿＿＿＿）・石川雅望らが代表的作者で、為政者や世相を風刺する作品もあった。浄瑠璃脚本では（⑥＿＿＿＿＿＿＿）が『仮名手本忠臣蔵』を書き、その弟子の（⑦＿＿＿＿＿＿＿）は『本朝廿四孝』を書いた。

11 》美術Ⅰ　浮世絵版画　🔍絵画作品を確認しよう

　浮世絵では、18世紀半ばに（①＿＿＿＿＿＿＿）が（②＿＿＿＿＿＿＿）と呼ばれる多色刷り浮世絵版画を創始した。寛政期には、多くの美人画を描いた（③＿＿＿＿＿＿＿）や、個性豊かな役者絵・相撲絵を描いた（④＿＿＿＿＿＿＿）が登場した。③④は、胸部から上のみを大きく描く（⑤＿＿＿＿＿＿＿）の手法を駆使した。

12 》美術Ⅱ　日本画・西洋画　→亜欧堂田善はP.246を参照　🔍絵画作品を確認しよう

　日本画では、（①＿＿＿＿＿＿＿）が遠近法を取り入れた立体感のある作品を描き、円山派を始めた。文人画では、18世紀後半に（②＿＿＿＿＿＿＿）・（③＿＿＿＿＿＿＿）がこの画風を大成し、合作で『十便十宜図』を描いた。蘭学の隆盛につれ、西洋画の作品も生まれた。（④＿＿＿＿＿＿＿）の『西洋婦人図』、（⑤＿＿＿＿＿＿＿）の『不忍池図』、（⑥＿＿＿＿＿＿＿）の『浅間山図屏風』がその代表である。司馬江漢は平賀源内に学んで、（⑦＿＿＿＿＿＿＿）を創始した。

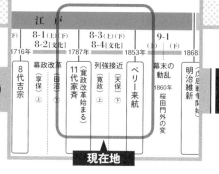

8-3 幕府の衰退と近代への道（上）

1 〉寛政の改革Ⅰ　政権　→P.170の系図を参照

1787年は、全国30余の主要都市で打ちこわしがおきた。これを（①　　　　　　　　　　）という。この年、15歳の（②　　　　　　　　　　）が11代将軍に就任し、その補佐として（③　　　　　　　　　　）が老中となった。定信は将軍（④　　　　　　　　　　）の孫で、御三卿の一つ（⑤　　　　　　　　　　）家の出身だった。

2 〉寛政の改革Ⅱ　農村復興策

松平定信は（①　　　　　　　　　　の飢饉）で荒廃した農村を復興させるために、荒地復旧のための（②　　　　　　　　　　）をおこなった。飢饉の備えとしては、社倉・義倉に米穀を蓄えさせる（③　　　　　　）の制を始めた。また、都市に流入した農民に帰農資金を与えて帰郷させる（④　　　　　　　　　）を出した。

3 〉寛政の改革Ⅲ　都市政策

天明の（①　　　　　　　　　　）にみまわれた江戸の都市対策として、松平定信は、10名の豪商を（②　　　　　　　　　　）として登用し、その資力を利用して政策を進めた。町々に（③　　　　　　　　　）をおこなわせ、災害時の貧民救済資金とした。治安対策として、（④　　　　　　　　　　）を設置して無宿人を強制収容し、職業訓練をさせた。一方で、困窮する旗本・御家人を救済するために、米の売却などを扱う（⑤　　　　　　　）の貸金を放棄させる（⑥　　　　　　　　）を出した。

4 〉寛政の改革Ⅳ　思想・文化統制　→P.229を参照

思想面では、（①　　　　　　　　　）を正学とし、それ以外の講義や研究を聖堂学問所でおこなうことを禁じた［（②　　　　　　　　　　）という］。儒官には（③　　　　　　・　　　　　・　　　　　　　　　）を任じた。聖堂学問所は1797年に官立となり（④　　　　　　　　　　）と呼ばれた。一方で厳しい出版統制令を出し、『三国通覧図説』『（⑤　　　　　　　）』で海防を説いた（⑥　　　　　　　）を版木没収・蟄居処分とした。また、風俗を乱すとして洒落本作者の（⑦　　　　　　　　）、黄表紙作者の（⑧　　　　　　　　　）、出版元の（⑨　　　　　　　　　　）を処分した。

5 〉寛政の改革Ⅴ　尊号一件

1789年、朝廷は、光格天皇の実父（①　　　　　　　　　　）に対する尊号宣下を幕府に求めたが、松平定信はこれを拒否し、（②　　　　　　　　　）らの公家を処分した。この事件を（③　　　　　　　　　）という。この事件で幕府と朝廷の（④　　　　　　　）関係は崩れた。

6 〉寛政期の藩政改革

寛政期には諸藩でも改革が広くおこなわれた。多くの藩では特産物生産を奨励し、藩の（①　　　　　制）によって財政難の打開をめざした。熊本藩の（②　　　　　　　　　）、米沢藩の（③　　　　　　　　　）、秋田藩の（④　　　　　　　　　）らは改革に成果をあげ、名君とみなされた。

7 〉列強の接近Ⅰ　ラクスマン来航と北方開発

（①　　　　　　　　）年、ロシア使節（②　　　　　　　　　　）が（③　　　　　　　）に来航し、漂流民の
（④　　　　　　　　　　　　）を送り届け、通商を求めた。幕府は通商を拒絶し、海防強化を諸藩に命じた。
1798 年には（⑤　　　　　　　　　・　　　　　　　　　　　）に千島列島の択捉島を探査させた。なお、蘭
医の（⑥　　　　　　　　）は帰国した大黒屋光太夫からその見聞を聞き取り、『（⑦　　　　　　　　　）』
を著した。

8 〉列強の接近Ⅱ　レザノフ来航と北方開発

1804 年、ロシア使節（①　　　　　　　　）が（②　　　　　）に来航し通商を要求した。幕府は
これを拒絶し、1807 年に松前藩と蝦夷地をすべて直轄化し、（③　　　　　　　　）の支配下とした。
1808 年には（④　　　　　　　）に樺太とその対岸を探査させた。悪化していたロシアとの関係は、
（⑤　　　　　　　　事件）でゴローウニンと日本の（⑥　　　　　　　　　　）がたがいに釈放
されることで、改善された。

9 〉列強の接近Ⅲ　フェートン号事件から異国船打払令へ　（列強の接近Ⅳは8-3〈下〉）

1808 年（①　　　　　　　）軍艦の（②　　　　　　　　　　　）が長崎に侵入する事件がおきた。
長崎奉行の（③　　　　　　　）は責任を取って自刃した。幕府は白河・会津両藩に（④　　　　　　　　）
の防備を命じた。その後もイギリス船・アメリカ船は日本近海に出没した。（⑤　　　　　　）年、
幕府は（⑥　　　　　　　　　　）を出し、外国船を撃退する方針に転換した。

10 〉11代徳川家斉　→P.208のグラフを参照

11 代将軍（①　　　　　　　　）の治世は 3 期にわけられる。
Ⅰ期は 1787 年～ 1818 年。1793 年に（②　　　　　　　　）が老中を解任されたあとも、寛政改
革の方針は維持された。
Ⅱ期は 1818 年～ 1837 年。（③　　　　　）年間に入ると、品位の劣る③小判を大量に発行したため、
インフレで経済活動が活発化し、物価は上昇した。
Ⅲ期は 1837 年～ 1841 年。将軍職を 12 代の（④　　　　　　　　）に譲ったあとも、（⑤　　　　　
　　　）として実権を握った。

11 〉広域の治安対策

関東の農村の治安対策として幕府は、1805 年、役人による（①　　　　　　　　　　）を設けて
広域の治安維持に当たらせた。1827 年には近隣の村々を組み合わせて（②　　　　　　　　）をつ
くらせ、住民協同で治安維持に当たらせた。

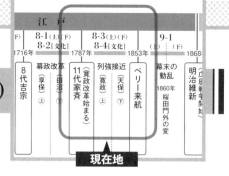
8-3　幕府の衰退と近代への道（下）

1 》天保の飢饉

1832〜38年まで全国各地で連続しておきた飢饉を（①　　　　　　の飢饉）という。1836年の飢饉はとくに厳しく、甲斐国で（②　　　　　　　　）、三河国で（③　　　　　　　　　　）という大規模な一揆がおきた。

2 》大塩の乱

天保の飢饉のさなかの1837年、（①　　　　　　　　　　）の元与力で（②　　　　　　学者）の（③　　　　　　　　）が武装蜂起した。彼は悪徳商人の暴利と幕府の無策に怒り、家塾（④　　　　　　　）の門弟らとともに、「救民」の旗を掲げて蜂起した。乱は半日で鎮圧されたが、その波紋は全国におよび、越後国柏崎では国学者の（⑤　　　　　　　　）が乱をおこした。

3 》列強の接近Ⅳ　モリソン号事件と蛮社の獄　（列強の接近Ⅰ〜Ⅲは8-3〈上〉）

1837年、来航したアメリカ商船（①　　　　　　　　　　）を幕府が撃退する事件がおきた。この事件について、三河国田原藩家老（②　　　　　　　　）が『（③　　　　　　　　）』、蘭医の（④　　　　　　　　）が『（⑤　　　　　　　　）』を書いて幕府を批判した。2人は幕府に逮捕処罰され、自刃に追い込まれた。2人の参加していた（⑥　　　　　　　）という勉強会の学者らも逮捕された。この弾圧事件を（⑦　　　　　　　）という。

4 》天保の改革Ⅰ　政権

1841年、大御所徳川家斉の死後、12代将軍（①　　　　　　　　）のもとで、老中の（②　　　　　　）を中心としておこなわれた幕政改革を（③　　　　　の改革）という。

5 》天保の改革Ⅱ　生活・風俗統制

水野忠邦は（①　　　　　　　　）を出し、ぜいたく品を禁じ、風俗を取り締まった。歌舞伎の3座を（②　　　　　）の場末に移転させ、人情本作家の（③　　　　　　　）を手鎖50日の刑に処した。また、江戸に流入した貧民の帰郷を強制する（④　　　　　　　　　　）を発した。

6 》天保の改革Ⅲ　物価抑制策の失敗　→越荷方はP.243を参照

幕府は、物価騰貴の原因は、（①　　　　　　　　）などの株仲間が上方市場から江戸への商品流通を独占しているためと判断し、（②　　　　　　　　　）を命じた。しかしこの政策は、江戸への商品輸送量を（③　　　　　）することになり、逆効果となった。物価騰貴の原因は、生産地から上方市場に商品が届く前に、途中の（④　　　　　　）などで商品が売買されてしまうためで、④には長州藩の（⑤　　　　　）がおかれ、巨利をあげていた。また、旗本・御家人の救済のため（⑥　　　　　　　）を出した。

7 》天保の改革Ⅳ　海防・幕府権力強化策の失敗　🔍三方領知替えを地図で確認しよう

幕府は、川越・庄内・長岡3藩の（①　　　　　　　　　　）を命じたが、庄内藩領民の反対一揆

もおき、命令を撤回した。水野忠邦は1843年に（②＿＿＿＿＿＿＿）を出し、江戸・大坂周辺の約50万石分を直轄地にすることで財政安定や海防強化をめざした。しかし、譜代大名や旗本の反対で実施できず、（③＿＿＿＿＿＿＿）は失脚し、天保改革は失敗に終わった。

8) 江戸後期の地域差

江戸後期には、（①＿＿＿＿＿＿＿）地方の常陸・下野の人口が約30％減少する［18世紀前半から19世紀半ば］など、農村荒廃の進む地域が広がった。（②＿＿＿＿＿＿＿）は（③＿＿＿＿＿＿＿）、（④＿＿＿＿＿＿＿）は（⑤＿＿＿＿＿＿＿）という農村復興策を、関東・東海地方などの村々で実践していった。その一方で、生産力の高まった（⑥＿＿＿＿＿＿）［長州藩］・（⑦＿＿＿＿＿＿）では、約60％も人口が増加する地域もあった。また畿内を中心に、百姓・在郷商人が、株仲間の流通支配に反対して自由な商品流通を求め、広域訴訟闘争の（⑧＿＿＿＿＿＿）をおこした。

9) マニュファクチュアの始まり

19世紀に入ると、家内工場に奉公人（賃労働者）を集めて（①＿＿＿＿＿）と協業による手工業生産をおこなう（②＿＿＿＿＿＿＿）と呼ばれる生産方法が始まった。（③＿＿＿＿＿＿＿）業では大坂周辺・尾張、（④＿＿＿＿＿＿）業では桐生・足利などの北関東が先進地域だった。なお、伊丹・池田・灘などの（⑤＿＿＿＿＿）業では、江戸時代前期からこの生産方法がみられた。

10) 雄藩の浮上Ⅰ　薩摩藩

江戸後期の薩摩藩では、1827年から（①＿＿＿＿＿＿＿）が改革に着手した。（②＿＿＿＿＿）の商人からの500万両の借財を無利息250カ年賦返済とし、奄美特産の（③＿＿＿＿＿＿）の専売を強化し、（④＿＿＿＿＿＿）を通じて（⑤＿＿＿＿＿）を清国に売る密貿易を拡大した。1851年に藩主となった（⑥＿＿＿＿＿＿）は、鹿児島に（⑦＿＿＿＿＿＿＿）を築造し、造船所やガラス製造所を建設した。幕末にはイギリス商人（⑧＿＿＿＿＿＿）から大量の洋式武器を購入した。

11) 雄藩の浮上Ⅱ　長州藩

江戸後期の長州藩では、（①＿＿＿＿＿＿）が多額の借財を整理し、（②＿＿＿＿・＿＿＿＿）の専売制を改革した。また、下関などに（③＿＿＿＿＿＿）をおいて、本来上方まで運ばれる商品を購入・委託販売して莫大な利益をあげ、藩財政を再建した。

12) 雄藩の浮上Ⅲ　肥前藩　→陶磁器はP.185を参照

江戸後期・幕末の佐賀藩では、藩主（①＿＿＿＿＿＿＿）が（②＿＿＿＿＿＿）を実施し、本百姓体制の再建をはかった。また、陶磁器［（③＿＿＿＿＿焼）］の専売を進めて藩財政に余裕を生み出し、（④＿＿＿＿＿＿）を備えた（⑤＿＿＿＿＿＿＿）を設けて洋式軍事工業の導入をはかった。

13) その他の藩政改革

土佐藩では「（①＿＿＿＿＿＿）」と呼ばれる改革派が財政再建につとめた。宇和島藩の（②＿＿＿＿＿＿）、福井藩の（③＿＿＿＿＿＿＿）も有能な中下級武士を重用して藩権力の強化に成功した。幕府も、代官（④＿＿＿＿＿＿＿）に命じて伊豆韮山に反射炉を築かせた。水戸藩では藩主（⑤＿＿＿＿＿）の努力にもかかわらず、藩内の争いにより改革は成功しなかった。

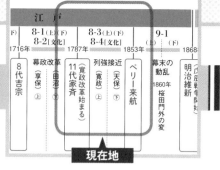

江戸					
(F)	8-1(上)(F) 8-2(文化)	8-3(上)(F) 8-4(文化)		9-1 (F)	
1716年		1787年	1853年		1868
幕政改革	11代家斉	列強接近	ペリー来航	幕末の動乱	明治維新
8代吉宗	(寛政改革始まる)	(寛政) (天保)		1860年 桜田門外の変	
(享保)	(田沼)				

現在地

8-4 化政文化

1 経世思想 →経世論の先駆けはP.214、著作物一覧はP.245を参照

経世論の先駆けとしては、江戸中期の（①　　　　　　　　）・太宰春台があげられる。江戸後期になると、封建制社会の維持・改良を説く（②　　　　　　　）の活動が活発になった。（③　　　　　　　）は、商売をいやしめる武士の偏見を批判して『（④　　　　　　）』を著した。（⑤　　　　　　　）は西洋諸国との交易などによる富国策を説き、『（⑥　　　　　　　）』『（⑦　　　　　　　　）』を著した。（⑧　　　　　　　）は産業の国営化と貿易による重商主義を主張し、『（⑨　　　　　　　）』『農政本論』を著した。

2 尊王論Ⅱ　水戸学と国学 （尊王論Ⅰは8-2）

水戸学では19世紀前半の藩主（①　　　　　　　）を中心に、（②　　　　　・　　　・　　　　　　）が尊王攘夷論を説き、幕末の思想に大きな影響を与えた。国学では、本居宣長の「死後の門人」と称する（③　　　　　　　）が、日本古来の純粋な信仰を尊ぶ（④　　　　　　　）をさかんにした。④は武士・豪農層に浸透し、幕末に尊王攘夷運動との結びつきを強めた。

3 洋学Ⅳ　幕府の洋学 （洋学Ⅰ～Ⅲは8-2）　→天文方はP.215、蕃書調所はP.259本文と注②を参照

幕府では、（①　　　　　　　）で18世紀半ばから洋書の翻訳を始めた。1811年、（②　　　　　　）の建議によって、①の中に（③　　　　　　　）が設置され、洋書の翻訳を充実させた。③は幕末に（④　　　　　　　）になり、のちの東京大学につながる。天文方では、測地事業として、（⑤　　　　　　　）に全国の沿岸の実測をさせ、その成果が『（⑥　　　　　　　　）』として完成した。長崎のオランダ通詞だった（⑦　　　　　　　）は『（⑧　　　　　　）』を著し、コペルニクスの地動説などを紹介した。

4 洋学Ⅴ　弾圧事件 →P.239を参照

幕府は、洋学研究が幕府禁制・幕政批判につながるときに弾圧した。1828年の（①　　　　　　　）では、日本地図をもっていたシーボルトが国外追放され、地図を渡した幕府天文方の（②　　　　　　　）は獄中で死去した。1839年の（③　　　　　　　）ではモリソン号事件を批判した（④　　　　　・　　　　　　　）が処罰された。

5 民間私塾と幕末 →私塾一覧はP.228を参照　●私塾の位置を地図で確認しよう

儒学者の（①　　　　　　　）が豊後日田に開いた咸宜園は門人4千人余りを数え、萩の（②　　　　　　　）が講義した松下村塾は、（③高杉　　　　　）・伊藤博文ら幕末維新期の人材を多く育てた。（④　　　　　　　）は大坂に蘭学教育のための（⑤　　　　　　）を開き、ここから大村益次郎・橋本左内・（⑥福沢　　　　　　）ら幕末維新期に活躍した多数の人材が輩出した。⑤は、のちの大阪大学医学部につながる。オランダ商館医のドイツ人（⑦　　　　　　　　　）は長崎に（⑧　　　　　　）を開き、（⑨　　　　　　　）らの人材を育てた。

6〉化政文学Ⅰ　小説　🔍近世文芸の系統で確認しよう

（①　　　　　　　　）で黄表紙・洒落本が弾圧された。かわって、風刺を抑え滑稽や笑いで庶民生活を描く（②　　　　　　　　）が盛んになり、（③　　　　　　　　）の『東海道中膝栗毛』、（④　　　　　　　　）の『浮世風呂』などが人気となった。また、市井の男女の恋愛を描く（⑤　　　　　　　　）が流行し、（⑥　　　　　　　　）の『春色梅児誉美』が人気を得た。しかし、⑥は（⑦　　　　　　　　）で処罰された。また、文章主体の小説で歴史・伝説を題材にした（⑧　　　　　　）では、大坂の（⑨　　　　　　　　）の『雨月物語』、江戸の（⑩　　　　　　　　）の『南総里見八犬伝』が評判を得た。長編絵入り小説の（⑪　　　　　　）では（⑫　　　　　　　　）の『偐紫田舎源氏』が読まれた。

7〉化政文学Ⅱ　俳諧・他

俳諧では、信濃の（①　　　　　　　　）が農村の生活感情をよんだ。越後の鈴木牧之は随筆『（②　　　　　　　）』で、雪国の自然や生活を紹介した。

8〉化政美術Ⅰ　浮世絵版画　🔍絵画は図版で確認しよう

化政期以降には錦絵の風景画が流行し、（①　　　　　　　）の『富嶽三十六景』、（②　　　　　　　）の『東海道五十三次』が人気を得た。浮世絵は、ヨーロッパの（③　　　　派）の画家たちにも影響を与えた。

9〉化政美術Ⅱ　日本画　→P.246の表を参照

円山派からわかれた（①　　　　　　　）は四条派を始め、温雅な筆致で風景を描いた。文人画は豊後の田能村竹田、江戸の谷文晁とその門人（②　　　　　　　）らによって全盛期を迎えた。

10〉都市文化　→P.248のコラムを参照

江戸時代後期、各地に都市文化が開花した。常設の（①　　　　　　　）や、落語などを演じる（②　　　　　　）がにぎわった。庶民の娯楽の代表は（③　　　　　　）と（④　　　　　　）だった。歌舞伎では（⑤　　　　・　　　　・　　　　）の江戸三座が栄えた。狂言作者の（⑥　　　　　　　）は『東海道四谷怪談』などで人気を得た。相撲は夏に京都、秋に大坂、冬・春に江戸で10日間の（⑦　　　　　　）が開催されて人気を博した。

11〉庶民の旅　→御蔭参りはP.258を参照　🔍伊勢神宮参拝の様子を確認しよう

江戸時代には、庶民の旅が広くおこなわれるようになった。（①　　　　　　　　）・（②　　　　　　）・讃岐金比羅宮などへの寺社参詣も盛んで、集団的に伊勢神宮に参詣する（③　　　　　　　　）が江戸時代を通じて数回おこった。また、西国三十三カ所、四国八十八カ所などの聖地・霊場への（④　　　　　　）も盛んにおこなわれた。

12〉化政美術Ⅲ　🔍④は図録などで確認しよう

教科書 p.246、247（下）、口絵㉓の写真の作品名を書きなさい。

①絵画（　　　　　　　　　、　　　　　　筆）
②絵画（　　　　　　　　　、　　　　　　筆）
③絵画（　　　　　　　　、　　　　　　筆）
　　　　　④（　　　　　　　　　、　　　　　　筆）

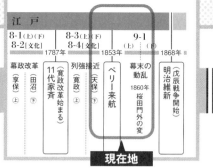

9-1 開国と幕末の動乱（上）

1 ▶ ペリー来航前

　清国は（①　　　　　　　戦争）でイギリスに敗れ、その劣勢はすぐに日本に伝わった。幕府は1842年、（②　　　　　　　　　）を緩和して（③　　　　　　　　　　　　）を出した。しかし、1844年、（④　　　　　　　　）国王が開国を勧告したが、幕府は拒絶した。1846年、アメリカの（⑤　　　　　　　　）が浦賀に来航して通商を要求したが、幕府はこれも拒絶した。

2 ▶ 日米和親条約

　（①　　　　　）年、アメリカ東インド艦隊の（②　　　　　　　　）が浦賀に来航し、開国を要求した。翌（③　　　　）年、7隻の艦隊で再来航したペリーの威力に屈した幕府は、（④　　　　　　　　条約）を結んだ。その内容は(1)（⑤　　　　　・　　　　）の2港を開いて領事の駐在を認めること、(2) アメリカに一方的な（⑥　　　　　　　　）を与えることなどであった。同年ロシアの（⑦　　　　　　　　　）も来航し（⑧　　　　　　　条約）を結んだ。国境については、（⑨　　　　　　　）以南を日本領、（⑩　　　　　　）以北をロシア領とし、（⑪　　　　　　）は両国人雑居の地として境界を定めないこととした。

3 ▶ 安政の改革　→安政の改革はP.259を参照

　ペリー来航に対応した幕府の老中首座（①　　　　　　　　　）は、外交を幕府が専断する従来の方針を転換し、（②　　　　　）に報告し、（③　　　　　　　）・幕臣にも意見を求めた。この結果、②③の政治的（④　　　　　力）が増大した。幕府は前水戸藩主（⑤　　　　　　　　）を幕政に参画させ、江戸に（⑥　　　　　　　）・（⑦　　　　　　　　）、長崎にはオランダ人による（⑧　　　　　　　　）を設けるなどの改革をおこなった。これを（⑨　　　　　の改革）という。

4 ▶ 日米修好通商条約　→改税約書はP.256を参照

　初代アメリカ総領事として来日した（①　　　　　　　　）は、通商条約の締結を強く求めた。しかし、老中首座（②　　　　　　　）は、（③　　　　　天皇）の条約勅許を得られなかった。（④　　　　　）年、大老（⑤　　　　　　　　）は天皇の勅許を得られないまま、（⑥　　　　　　　　条約）に調印した。その内容は(1)（⑦　　　　　・　　　　・　　　　・　　　　）の開港と江戸・大坂の開市のほか、不平等条約として(2)（⑧　　　　　　　）、(3)（⑨　　　　　　　　　）の2項目があった。幕府はついで、（⑩　　　　　・　　　　・　　　　・　　　　）とも同様の条約を結んだ。のち、列強は条約の勅許を勝ちとり、1866年には（⑪　　　　　　　　）を調印して貿易の不平等を拡大した。

5 ▶ 開港の影響　→P.208のグラフを参照

　条約締結の翌年から始まった貿易では、輸入品では（①　　　　　・　　　　・　　　　）が上位を占め、輸出品では（②　　　　　）がそのほとんどだった。貿易による物価騰貴をおさえるため、幕府は1860年、（③　　　　　　　　　　）を出したが、在郷商人や列国の反対で効果はあ

がらなかった。また、金銀の交換比率の違いから大量の（④　　　　　　貨）が海外に流出しはじめたため、幕府は（⑤　　　　　　　　　　　）をおこなってこれを防いだ。しかしこれは、（⑥　　　　　　　　　　　）に拍車をかけることになった。

6 ⟩ 一橋派と南紀派の対立　→尊王攘夷論はP.255の注③を参照

　13代将軍徳川家定の将軍継嗣問題では、一橋派の（①　　　　　　　　　・　　　　　　　　　　）らと南紀派の主導者（②　　　　　　　　　）らとが対立した。井伊が条約の（③　　　　調印）を強行すると、孝明天皇の怒りをまねき、尊王論と攘夷論が結びついた（④　　　　　　　　　　）が幕府を批判する主張となった。一橋派の大名や志士たちは井伊を強く非難し、井伊は（⑤　　　　　　　　　）といわれる大弾圧で対抗した。この弾圧に憤激した水戸脱藩の志士たちは（⑥　　　　　　　）年、井伊を江戸城の（⑦　　　　　　　　　　）で暗殺した。

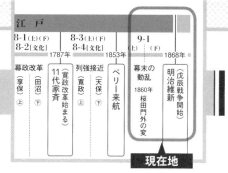

9-1　開国と幕末の動乱（下）

1 〉幕府の公武合体［1860年〜］

　桜田門外の変ののち、老中（①　　　　　　　　）は朝廷と幕府の融和をはかる（②　　　　　　　　）の政策をとり、孝明天皇の妹（③　　　　　）を14代将軍（④　　　　　　　　）の妻に迎えた。①は1862年（⑤　　　　　　　　の変）で退いたが、薩摩藩の（⑥　　　　　　　　）の意向を入れ、幕府は公武合体の路線を進めた。松平慶永を（⑦　　　　　　　　）に、徳川慶喜を（⑧　　　　　　　　）に、会津藩主松平容保を（⑨　　　　　　　　）に任命し、（⑩　　　　　の改革）といわれる改革を進めた。

2 〉長州藩・尊王攘夷派の激化［1860年〜］　→P.256の注①を参照

　1860年の桜田門外の変以降、尊王攘夷運動は激化した。1860年にヒュースケン事件、1861年に（①　　　　　　　　事件）、1862年に（②　　　　　　　事件）、（③　　　　　　　　　　事件）、1863年に（④　　　　　　　の変）、（⑤　　　　　の変）がおこった。また同年、（⑥　　　　　）藩は下関で外国船を砲撃し、攘夷を実行した。長州藩らの尊攘派の動きに対して、幕府方の（⑦　　　　・　　　　　　）の両藩は、1863年長州勢力と急進派公家（⑧　　　　　　）らを京都から追放した。これを（⑨　　　　　　　）という。1864年に長州藩は京都に攻めのぼったが、薩摩・会津など諸藩の兵に敗れて退いた。これを（⑩　　　　　の変）という。さらに幕府は、諸藩兵を動員し、（⑪　　　　　　　　）を開始した。

3 〉攘夷の挫折［1863〜65年］

　1863年、（①　　　　　　）の海峡を通過する諸外国船を砲撃して攘夷を実行した（②　　　　　）藩に対し、1864年、列国は長州藩の砲台を攻撃・占領した［（③　　　　　　　　　　事件）］。また、（④　　　　　　　）も、（⑤　　　　　事件）の報復として引きおこされた1863年の（⑥　　　　　戦争）で、イギリス軍艦の砲火を浴びて敗北した。攘夷の不可能をさとった長州・薩摩藩は、（⑦　　　　　）公使の（⑧　　　　　　　　）に接近した。一方（⑨　　　　　　　）公使の（⑩　　　　　　　　）は、あくまで幕府支持の立場をとった。

4 〉倒幕派の形成　薩長同盟［1866年］

　長州藩尊攘派の（①　　　　　　　・　　　　　　　　）らは攘夷の不可能をさとり、（②　　　　　　　）を率いて藩の主導権を奪い、藩論を倒幕へと転換させた。一方（③　　　　藩）でも、（④　　　　　　・　　　　　　　　）ら下級武士革新派が藩政を掌握していたが、（⑤　　　　）年、土佐藩出身の（⑥　　　　　　・　　　　　　　　）らの仲介で、長州藩と軍事同盟の密約を結び、反幕府の態度を固めた。これを（⑦　　　　　　　）という。同年幕府は（⑧第2次　　　　　　　　　　）を開始したが、将軍徳川家茂の死を機に中止・撤兵した。同年末、幕府の公武合体を支持してきた（⑨　　　　　天皇）が急死した。

5) 倒幕派と幕府の対立 [1867年]

　1867年10月14日、15代将軍（①＿＿＿＿＿＿）は前土佐藩主（②＿＿＿＿＿＿＿＿）の提案した策を受け入れ、（③＿＿＿＿＿＿＿）の上表を朝廷に提出した。それに対抗して倒幕派は、12月9日、（④＿＿＿＿＿＿＿＿＿）を発して新政府の樹立を宣言した。新政府は天皇のもとに新たに（⑤＿＿＿＿＿・＿＿＿＿＿・＿＿＿＿＿）の三職をおいた。さらに新政府は同日夜に（⑥＿＿＿＿＿＿＿）を開いて、徳川慶喜に対して（⑦＿＿＿＿＿＿）を命じる処分を決定した。新政府と旧幕府の全面対決となった。

6) 世直し状況　→P.222のグラフを参照

　1866年から1867年にかけての緊迫した政治情勢のなかで社会不安が増大し、（①＿＿＿＿＿＿）を求める百姓一揆（いっき）が多発した。長州征討（せいとう）の最中には大坂や江戸で（②＿＿＿＿＿＿）が激化した。1867年、東海・畿内（きない）一帯の民衆のあいだでは、熱狂的な「（③＿＿＿＿＿＿＿）」の集団乱舞が発生し、幕府の支配秩序を混乱させた。また、中山みきの（④＿＿＿＿＿＿）、黒住宗忠（くろずみむねただ）の（⑤＿＿＿＿＿）、川手文治郎（かわてぶんじろう）の（⑥＿＿＿＿＿）など、のちの（⑦＿＿＿＿＿＿）が急激に普及した。

7) 幕末の欧米文化摂取 I　学問所創設

　幕府は、開国後まもなく（①＿＿＿＿＿＿）を設けて、洋学の教授と外交文書の翻訳に当たらせた。蕃書調所（ばんしょしらべしょ）はのちに（②＿＿＿＿＿＿）、ついで（③＿＿＿＿＿＿）に発展し、明治政府のもとで東京大学となる。また医学では（④＿＿＿＿＿＿）が設けられ、これはのちに東大医学部となる。江戸の（⑤＿＿＿＿＿＿）では洋式砲術、長崎ではオランダ人による（⑥＿＿＿＿＿＿）が始まった。

8) 幕末の欧米文化摂取 II　留学生派遣

　1860年、幕府は、日米修好通商条約批准（にちべいしゅうこう）のため、（①＿＿＿＿＿＿）らを（②＿＿＿＿＿＿）でアメリカに派遣した。幕府は留学生も派遣した。洋書（ようしょ）調所の教官（③＿＿＿＿＿・＿＿＿＿＿）はオランダに留学し、（④＿＿＿＿＿＿）は3度にわたり幕府遣外使節に随行して欧米を視察した。一方で長州藩からは（⑤＿＿＿＿＿・＿＿＿＿＿）が、薩摩藩からは（⑥＿＿＿＿＿＿）がイギリスに留学した。

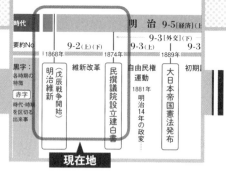

現在地

1 ⟩ 戊辰戦争

　（①　　　　　　　）年1月、旧幕府軍は（②　　　　　　　　　の戦い）で新政府軍に敗れ、（③　　　　　　　　　）は江戸に逃れた。新政府軍が江戸を取り囲むなかで、③の命を受けた（④　　　　　　　　　）と新政府の東征軍参謀（⑤　　　　　　　　）が交渉し、江戸城は無血で新政府軍に明けわたされた。さらに新政府軍は、旧幕府方の東北諸藩が結成した（⑥　　　　　　　　）を打ち破った。翌年5月には箱館の（⑦　　　　　　　）にたてこもっていた（⑧　　　　　　　　）の軍を降伏させ、国内は新政府軍によって制圧された。

2 ⟩ 新政府の基本方針

　新政府は1868年3月、（①　　　　　　　　）を公布した。これは（②　　　　・　　　　　　）の草案段階では諸侯会盟の議事規則として起草されたが、長州の（③　　　　　　　）はその点をぼかし、（④　　　　　）が百官を率いて神々に誓約する形式にかえて天皇親政を強調した。①を公布した翌日に政府は、民衆に向けて（⑤　　　　　　　　　　）を掲げた。ここでは（⑥　　　　　　　　や　　　　　　　　）を改めて厳禁するなど、旧幕府の民衆政策をそのまま引き継いでいた。

3 ⟩ 中央集権化

　1869年、新政府は、まず薩摩・長州・土佐・肥前の4藩主に朝廷への（①　　　　　　　　）を出願させ、その後、全藩主に①を命じた。新政府は藩主たちを（②　　　　　　　）に任命してそのまま藩政に当たらせたが、その任免権は政府がもつことになった。1871年新政府は（③　　　・　　　・　　　　　）の兵で軍事力を固めたうえで、（④　　　　　　　）を断行した。旧大名である知藩事は罷免されて東京に集められ、かわって政府が（⑤　　　　　・　　　　　）を派遣して地方行政に当たらせた。

4 ⟩ 新政府の組織　→P.263の表を参照

　1868年、新政府は、（①　　　　　　　　）を制定してアメリカ流の三権分立制を取り入れた政府の組織を整えた。1871年の廃藩置県後の改革では、全権を統轄する（②　　　　　　）を正院・左院・右院の三院制とし、（③　　　　　）のもとに各省をおく制度へ改め、（④　　　　　　）を立法機関とした。新政府内では、（⑤　　　　　・　　　　　　）ら少数の公家と、（⑥　　　　・　　　・　　　・　　　　　）の4藩出身の若き実力者たちが実権を握った。そのためこの政府はのちに（⑦　　　　　　）と呼ばれた。

5 ⟩ 徴兵制度

　近代的な軍隊を創設するため、政府は1872年の（①　　　　　　　）にもとづき、翌年（②　　　　　　　）を原則とする（③　　　　　　）を公布した。これは長州藩出身の（④　　　　　　　　）が構想し（⑤　　　　　）が引き継いで実現したものである。ただし初期には、（⑥　　　　　）とその跡継ぎ

や官吏・学生のほか、（⑦＿＿＿＿＿＿＿＿）として270円をおさめる者には兵役免除を認めていた。

6 〉四民平等・士族解体

政府は江戸時代の身分制を撤廃し、藩主と公家を（①＿＿＿＿＿）、藩士・幕臣を（②＿＿＿＿＿）、百姓・町人を（③＿＿＿＿）とし、通婚や居住・職業選択の自由を認めた。①②に対する家禄と賞典禄［あわせて秩禄］の支給は大きな財政負担だったため、1876年、政府は（④＿＿＿＿＿＿＿＿）を与えて秩禄支給を全廃した。このことを（⑤＿＿＿＿＿＿）という。同年の（⑥＿＿＿＿＿＿）で帯刀も禁止され、士族はおもな特権を奪われた。政府は（⑦＿＿＿＿＿＿）をおこなったが、成功例は少なかった。

7 〉地租改正

税制改革の第一歩として政府は、1871年に（①＿＿＿＿＿＿＿＿）を許可し、翌年には（②＿＿＿＿＿＿＿＿）を解き、（③＿＿＿＿）を発行して土地の所有権をはっきり認めた。そのうえで1873年、（④＿＿＿＿＿＿＿）を公布して地租改正に着手した。税は江戸時代の物納を改めて（⑤＿＿＿＿）とし、税率は地価の（⑥＿＿＿％）とした。納税者は③所有者とした。年貢同様の高い地租に反発した農民たちは、各地で（⑦＿＿＿＿＿＿＿＿）をおこし、その結果1877年に、税率は地価の（⑧＿＿＿＿＿％）に引き下げられた。

8 〉殖産興業(1)　中央官庁・鉄道・軍工場

殖産興業を推進した中央官庁は、1870年に設置された（①＿＿＿＿＿＿）と1873年に設置された（②＿＿＿＿＿＿）である。政府は1872年に（③＿＿＿・＿＿）間、ついで（④＿＿＿＿）・大阪・京都間にも鉄道を敷設し、大都市と開港場を結びつけた。軍工廠としては東京と大阪に（⑤＿＿＿＿＿）を開き、旧幕府が設立した（⑥＿＿＿＿＿＿＿＿）の拡充に力を入れた。

9 〉殖産興業(2)　通信・製糸

通信では1871年、（①＿＿＿＿＿＿）の建議で郵便制度が発足した。また、1869年に東京・横浜間に架設された（②＿＿＿＿）線は、5年後には長崎・北海道までのばされ、海底電線を通じて欧米とも接続した。政府は輸出の中心となっていた（③＿＿＿＿）の生産拡大のため、1872年、（④＿＿＿＿＿＿）として（⑤＿＿＿＿＿＿＿）を設け、フランスの先進技術を導入した。

10 北海道開拓

政府は北方開発のため、1869年（①＿＿＿＿＿）を設置した。アメリカ式大農場制度などを導入するため（②＿＿＿＿＿）を招いて（③＿＿＿＿＿＿）を開校した。また、開拓とあわせて北のロシアに対する備えとするため、士族授産の一つとして（④＿＿＿＿＿＿）を設けた。

11 〉通貨制度

政府は1871年、（①＿＿＿＿＿）を定めて、円・銭・厘を単位に新硬貨をつくった。しかし実際には、開港場では（②＿＿＿＿）が、国内では紙幣が主として用いられた。紙幣は金貨・銀貨と交換できない（③＿＿＿＿）だったため、政府は兌換紙幣を発行しようとして1872年、（④＿＿＿＿）を中心に（⑤＿＿＿＿＿＿）を定めた。しかし設立された国立銀行はごくわずかにとどまり、兌換制度は確立しなかった。

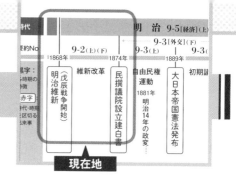

9-2 明治維新と富国強兵（下）

1）文明開化の思想

　思想界では、自由主義・個人主義などの西洋近代思想が流行した。（①＿＿＿＿＿＿＿＿＿）の『（②＿＿＿＿＿＿＿＿）』『（③＿＿＿＿＿＿＿＿＿＿）』『文明論之概略』や、（④＿＿＿＿＿＿＿＿）訳のスマイルズ『西国立志編』、ミル『自由之理』などが新思想の啓蒙書としてさかんに読まれた。また、福沢諭吉・（⑤＿＿＿＿＿＿・＿＿＿・＿＿＿・＿＿＿）らの洋学者が1873年に（⑥＿＿＿＿＿＿＿）を組織し、翌年から『（⑦＿＿＿＿＿＿＿）』を発行して近代思想の普及につとめた。フランスに留学した土佐出身の（⑧＿＿＿＿＿＿＿＿）はルソーの社会契約論を紹介するなど、自由民権運動の理論的指導者として活躍した。

2）学制・高等教育

　政府は1872年、フランスの学校制度にならった（①＿＿＿＿＿＿）を公布した。学問は国民各自が身を立て産をつくるためのものだという（②＿＿＿＿＿＿＿）的な教育観をとなえ、小学校教育での国民皆学をめざした。専門教育では、1877年に旧幕府の開成所・医学所を起源とする諸校を統合して（③＿＿＿＿＿＿＿）を設立した。また、（④＿＿＿＿＿＿）の慶応義塾、（⑤＿＿＿＿＿＿）の同志社などの私学も創設された。

3）神道の国教化・キリスト教弾圧

　政府は王政復古［天皇制］による祭政一致［国家神道］の立場から、1868年、（①＿＿＿＿＿＿＿＿）を出し、神仏習合を禁じて神道を国教とする方針を打ち出した。そのため全国的に（②＿＿＿＿＿＿＿）の運動がおこり、寺院や仏像が破壊された。1870年には（③＿＿＿＿＿＿＿の詔）を出した。また、神武天皇即位の日を（④＿＿＿＿＿＿）、天皇誕生日を（⑤＿＿＿＿＿＿）と定め、祝日とした。一方でキリスト教に対しては、旧幕府と同様の（⑥＿＿＿＿＿＿）政策を継続し、長崎の（⑦＿＿＿＿＿＿）や五島列島の隠れキリシタンを弾圧した。

4）文明開化の世相　→P.272の図版を参照

　西洋化は世相にもみられた。東京などの都会では、（①＿＿＿＿＿＿）が官吏・巡査から民間に広まり始め、ちょんまげを切った（②＿＿＿＿＿＿＿）が、文明開化の象徴となった。街路の（③＿＿＿＿＿＿＿）・（④＿＿＿＿＿＿）・（⑤＿＿＿＿＿＿）などが東京の名物となり、牛鍋が流行した。また、暦法も西洋に合わせて改め、明治6年［1873年］1月から（⑥＿＿＿＿＿＿）を採用した。

5）岩倉使節団　🔍岩倉使節団の構成員・留学生と渡航先を確認しよう

　1871年、廃藩置県で国内統一が完成されるとすぐに、右大臣（①＿＿＿＿＿＿＿）を大使とする大使節団が欧米に出発した。副使は長州の（②＿＿＿＿＿＿・＿＿＿＿＿＿）、薩摩の（③＿＿＿＿＿＿）、肥前の山口尚芳で、使節約50名に留学生ら約60名が同行した。留学生のなかには（④＿＿＿＿＿＿）・山川捨松ら5名の若い女性も含まれていた。幕府から引き継いだ不平等条約の改正については、目的を（⑤＿＿＿＿＿＿）。

6 ▶初期外交Ⅰ 対中国、対ロシア →P.274の地図を参照

政府は 1871 年、清国に使節を派遣して（①＿＿＿＿＿＿＿＿＿条規）を結び、相互に開港し相互に領事裁判権を認める対等関係を定めた。ロシアに対しては、幕末の（②＿＿＿＿＿＿＿条約）で両国人雑居の地となっていた樺太（からふと）の帰属について、1875 年に（③＿＿＿＿＿＿＿＿＿条約）を締結し、樺太は（④＿＿＿＿＿＿）、千島列島（ちしま）は（⑤＿＿＿＿＿＿＿）の帰属とした。

7 ▶初期外交Ⅱ 対朝鮮

政府は 1875 年、軍艦を派遣して朝鮮を挑発し、（①＿＿＿＿＿＿＿事件）に発展させた。日本政府はこの事件を機に朝鮮にせまり、翌 1876 年に（②＿＿＿＿＿＿＿条規）を結び朝鮮を開国させた。（③＿＿＿＿＿・＿＿＿＿＿・＿＿＿＿＿）の3港を開港させ、日本の（④＿＿＿＿＿＿権）や（⑤＿＿＿＿＿＿）を定めた不平等条約であった。

8 ▶初期外交Ⅲ 対琉球王国

江戸時代に薩摩藩と清国への（①＿＿＿＿＿関係）にあった琉球王国（りゅうきゅう）を日本領とするため、日本政府はまず、1872 年に（②＿＿＿＿藩）をおいて政府直属とし、琉球国王の（③＿＿＿＿＿）を藩王とした。1874 年、清国に対し（④＿＿＿＿＿＿）を強行するなかで、琉球の日本帰属を既成事実化した。1879 年、日本政府は、琉球藩・琉球王国の廃止と（⑤＿＿＿＿＿県）の設置を強行した。この一連の過程を（⑥＿＿＿＿＿＿）という。

9 ▶明治六年の政変

1873（明治 6）年、岩倉使節団が帰国すると、（①＿＿＿＿＿＿＿）をめぐって、（②＿＿＿＿＿・＿＿＿＿＿）ら使節団首脳と（③＿＿＿＿＿・＿＿＿＿＿）ら留守政府首脳との対立が激化した。征韓論（せいかんろん）が否決されると、西郷（さいごう）・板垣（いたがき）・（④＿＿＿＿＿・＿＿＿＿＿・＿＿＿＿＿）らの参議がいっせいに辞職し、新政府の首脳が分裂した。これを（⑤＿＿＿＿＿＿）という。板垣・④らは翌 1874 年（⑥＿＿＿＿＿＿＿）を政府の左院（さいん）に提出し、（⑦＿＿＿＿＿＿＿）の口火を切った。

10 ▶士族反乱 🔍士族反乱の場所を地図で確認しよう

明治六年の政変は、士族反乱（しぞく）拡大のきっかけともなった。辞職した前参議の一人である（①＿＿＿＿＿＿）は 1874 年、佐賀の不平士族に迎えられ反乱をおこした。これを（②＿＿＿＿の乱）という。1876 年に廃刀令（はいとうれい）・秩禄処分（ちつろくしょぶん）がおこなわれると、熊本で（③＿＿＿＿＿の乱）、福岡県で（④＿＿＿＿＿の乱）、山口県で（⑤＿＿＿＿の乱）がおき、政府軍に鎮圧された。1877 年には鹿児島の不平士族が、辞職した前参議の一人（⑥＿＿＿＿＿＿）を首領として（⑦＿＿＿＿＿＿戦争）をおこした。戦いは半年におよんだが、政府軍に鎮圧された。

11 ▶明治初期の農民一揆 →P.266を参照

明治初期には新政府の急進的な改革に反対する農民一揆（いっき）が続発した。1873 年には（①＿＿＿＿＿制度）や（②＿＿＿＿＿）で負担が増加することをきらった（③＿＿＿＿＿＿）が各地でおきた。1876 年には（④＿＿＿＿＿）に反対する大規模な農民一揆が各地でおきたため、政府は軍隊を出動させて鎮圧する一方で、地租の税率を（⑤＿＿＿＿％）に引き下げた。

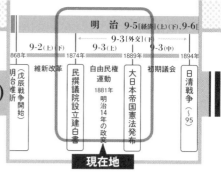

明　治　9-5[経済][上][下]、9-6[
9-2[上][下]　9-3[上]　9-3[中]
9-3[外交][下]
868年　1874年　1889年　1894年
明治維新
（戊辰戦争開始）
維新改革
民撰議院設立建白書
自由民権運動 1881年 明治14年の政変
大日本帝国憲法発布
初期議会
日清戦争（〜95）
現在地

9-3　立憲国家の成立と日清戦争（上）

1〉民権運動Ⅰ　民撰議院設立建白書　→P.275の本文・史料を参照。①は西郷を除く

　明治六年の政変で下野した（①　　　　　　　　　・　　　　・　　　　・　　　　　）
らは、（②　　　　　　）年、（③　　　　　　　　　　　　）を政府の（④　　　院）に提
出した。これは『（⑤　　　　　　　　）』に掲載され、自由民権運動の口火となった。板垣退助・
（⑥　　　　　　　　）らは1874年に高知県で（⑦　　　　　　　）を結成し、その後、結成された
政社は全国で2000をこえた。翌年板垣は、民権派の全国組織として（⑧　　　　　　）を大阪に
設立した。

2〉政府の対応

　政府を主導していた（①　　　　　　　　）は1875年、（②　　　　　　）を開いて（③　　　・
　　　　　　　）と会談した。会談を受けて政府は、同年（④　　　　　　　　　　　　）
を出し、（⑤　　　　・　　　・　　　　　　）を設置した。その一方で（⑥　　　・
　　　　　　　）を出して運動を取り締まった。1878年には（⑦　　　・
　　　　・　　　　　　　）の（⑧　　　　　　）を制定し、地方統治制度を整えた。

3〉民権運動Ⅱ　国会期成同盟

　1877年、立志社の（①　　　　　　　）は国会開設を求める（②　　　　　　　）を政府に
提出した。1880年には全国の政社の大会［愛国社大会］が開かれ、（③　　　　　　　　　）が
結成された。③は国会開設を要求する約10万人の委託を受け、請願書を政府に提出した［受理さ
れず］。同年政府は（④　　　　　　　）を定めて、政社の活動を制限した。

4〉私擬憲法

　1880年の国会期成同盟の大会での呼びかけがきっかけとなり、民間でさまざまな憲法私案が作
成された。これらを（①　　　　　　　）という。福沢諭吉系の（②　　　　　　）は「私擬憲法案」
を発表した。高知の民権派（③　　　　　　　）の「（④　　　　　　　　）」は、抵抗
権・革命権をもった急進的なものだった。また、千葉卓三郎ら東京近郊の農村青年学習グループに
よる（⑤　　　　　　　　）などもあった。

5〉明治十四年の政変

　（①　　　　　）年、（②　　　　　　　　　　　事件）がおきて民権派の政府攻撃が激しくなる
と、政府の（③　　　　　　・　　　　　　）は天皇の名で（④　　　　　　　　　）を出
して1890年の国会開設を公約した。同時に、イギリス流議院内閣制を主張する（⑤　　　　　）
を政府の役職から罷免した。これを（⑥　　　　　　　　）という。②は、開拓使長官の
（⑦　　　　　　）が同郷の政商（⑧　　　　　　）の関連会社に、官有物を不当に安い価格
で払下げをしようとして問題化したものである。

6 〉政党結成

1881年、（①　　　　　　　　　　　）を党首とする（②　　　　　　党）が結成された。フランス流の急進的自由主義、一院制を主張とした。1882年、（③　　　　　　　　　）を党首として、イギリス流の議院内閣制を主張する（④　　　　　　　　党）が結成された。政府側も（⑤　　　　　　　　　　）を中心に（⑥　　　　　　　　党）を結成させたが、翌年に解党した。

7 〉松方財政

政府は西南戦争で（①　　　　　　紙幣）を乱発した。また、兌換義務を取り除かれ続々と設立された（②　　　　　　　　）も①を発行したために、明治10年代前半に激しい（③　　　　　　　　　　　）がおき、政府は財政困難を招いた。1881年、大蔵卿に就任した（④　　　　　　　　　）は、厳しいデフレ政策をとりながら金・銀の蓄積を進めた。1882年、中央銀行として（⑤　　　　　　　　　）を設立し、1885年から（⑥　　　　　　　　）の銀行券を発行した。これにより（⑦　　　　　　　　）の貨幣制度が整った。しかし一方で、深刻な不況が到来し、土地を手放して（⑧　　　　　　　　）に転落する農民が急増した。

8 〉民権運動Ⅲ　激化事件

松方財政下での農村の窮迫は、民権運動を急進化させた。1882年、県令（①　　　　　　　　　　　）と（②　　　　　　　　）ら福島自由党員とが衝突した（③　　　　　　事件）がおきた。1883～84年には関東・北陸・東海地方で（④　　　　　　　　・　　　　　　　　・　　　　　　　　）などの騒擾があいついだ。1884年には埼玉県で困民党を称する約3000人の農民が蜂起する（⑤　　　　　事件）がおき、政府は軍隊で鎮圧した。1885年には旧自由党の（⑥　　　　　　　　　）らが朝鮮改革を企てて検挙される（⑦　　　　　事件）がおきた。

9 〉民権運動Ⅳ　再結集　→P.279の年表を参照

国会開設が近づいた1886年、（①　　　　　　　）らが（②　　　　　　　　　　）をとなえて民権運動再結集の流れをつくった。1887年には（③　　　　　　　　　　　）がおこり、政府に激しい陳情運動をした。政府は（④　　　　　　　　）を公布して、在京の民権派を東京から追放した。

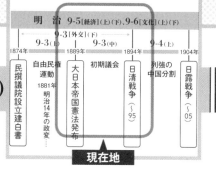

9-3 立憲国家の成立と日清戦争(中)

1〉憲法準備

　明治十四年の政変後、（①　　　　　　　　）は渡欧してベルリン大学の（②　　　　　　　　）、ウィーン大学の（③　　　　　　　）から（④　　　　　　　）流の憲法理論を学んだ。①は、1884年（⑤　　　　　　）を定め、華族の範囲を広げて将来の（⑥　　　　　　）の開設に備えた。華族は（⑦　　　・　　　・　　　・　　　・　　　）の5爵にわけられた。1885年には太政官制を廃して（⑧　　　制度）に切りかえた。また宮中には天皇補佐官として（⑨　　　　　）をおいた。地方制度ではドイツ人顧問（⑩　　　　　　）の助言を得て（⑪　　　　　　　）が改革を進め、1888年に（⑫　　　　　　　　）、1890年に（⑬　　　　　　　　　）を公布した。

2〉憲法作成

　憲法作成は、ドイツ人顧問（①　　　　　　　　）の助言を得て、（②　　　　　　　　）を中心に（③　　　・　　　　　・　　　　　）らがおこなった。草案は（④　　　　　　）で審議され、（⑤　　　）年2月11日（⑥　　　　　　　　　　）として発布された。

3〉帝国憲法Ⅰ　天皇大権　→P.284の図を参照

　第4条で天皇は「統治権ヲ（①　　　　　）シ」と規定され、政治の全権力をもつものとされた。その一方で第3条では「天皇ハ（②　　　　）ニシテ（③　　　　　）ヘカラス」として、君主無答責［責任を負わない］を規定した。第11条で天皇は「陸海軍ヲ（④　　　　　）ス」とされ、その権限は国会・内閣から独立していた。このことを（⑤　　　　　　　　）という。天皇に直属する陸軍の統帥機関を（⑥　　　　　　　）といい、海軍の統帥機関を（⑦　　　　　　　　）という。

4〉帝国憲法Ⅱ　帝国議会・内閣、国民の権利　→P.283の史料を参照

　第5条で天皇は、「帝国議会ノ協賛ヲ以テ立法権ヲ行フ」とされた。帝国議会は（①　　　　　　　）の権限をもつ（②　　　　　　　）と（③　　　　　　　　）からなっていた。行政権に関しては第55条で、「国務各大臣ハ天皇ヲ（④　　　　　）シ」として、大臣は天皇のもつ行政権を輔佐するものとされた。国民の権利に関しては第29条で、「（⑤　　　　　　　　　　）ニ於テ」認められると規定された。皇位の継承などを定めた（⑥　　　　　　　）は、国民には公布されなかった。

5〉諸法典の編纂

　政府は（①　　　　　　）の法学者（②　　　　　　　　）を招いて、①を手本とする各種法典を編纂させた。刑法では、天皇・皇族に対する犯罪である（③　　　　　　　）・不敬罪や内乱罪などを厳罰とした。1890年に公布された民法は、帝国大学教授の（④　　　　　　　　）が「民法出デテ忠孝亡ブ」と批判するなど、（⑤　　　　　　　　）といわれる論争がおこり、1898年に新民法にかえられた。これは（⑥　　　　　　）や（⑦　　　　　　　制度）を定め、家父長制的な（⑧　　　の制度）を存続させるものとなった。

6 〉有権者資格

1889 年の衆議院議員選挙法では、選挙人は満（① 　　　歳）以上の（② 　　　　　）で、直接国税（③ 　　　　円）以上の納入者に限られ、1890 年の第 1 回総選挙での有権者は総人口の約（④ 　　％）だった。

7 〉初期議会

憲法発布直後に（① 　　　　　　）首相は、民権派に対抗するため、政府の政策は政党に左右されないという（② 　　　　　　　）の立場を声明した。第一議会では立憲自由党・立憲改進党など民権派の流れをくむ反政府野党の（③ 　　　　　）が衆議院の過半数を占めた。第 1 次（④ 　　　　　　）内閣は、政費節減・（⑤ 　　　　　　　）を主張する民党と衝突した。山県は「主権線」だけでなく、朝鮮などの「（⑥ 　　　　　　）」の防衛が必要だと力説した。第二議会では、（⑦ 　　　　　　）内閣が民党と衝突し、その後の総選挙で内務大臣（⑧ 　　　　　　　）は激しい（⑨ 　　　　　　）をおこなった。「（⑩ 　　　　　総出）」で構成された第 2 次（⑪ 　　　　　　）内閣は自由党と接近した。

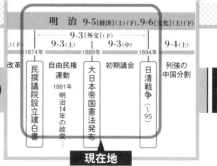

9-3 立憲国家の成立と日清戦争（下）

1 ▶条約改正 I　開始（岩倉・寺島）　→P.272を参照

　1871 年に出発した（①　　　　　　　　）を大使とする欧米使節団は、まずアメリカで改正交渉に入るが、途中で断念した。1876 年から、外務卿の（②　　　　　　　　）は関税自主権回復交渉をしてアメリカの賛成を得るが、イギリス・ドイツの反対で失敗した。

2 ▶条約改正 II　難航（井上・大隈）

　1882 年から、外務卿の（①　　　　　　）は領事裁判権の撤廃のため、外国人の裁判には（②　　　　　　　　）を任用する案で交渉を進めた。交渉促進のため、東京に（③　　　　　　）を建設して外国人要人を接待するなど、（④　　　　　主義）を進めた。しかし、②④に対する政府内外の反発に加えて、1886 年に（⑤　　　　　　　事件）がおこり、井上は外相を辞任した。1888 年から、（⑥　　　　　　）外相は領事裁判権の撤廃のため、（⑦　　　　　　）への外国人判事任用を認めた交渉を進めた。しかし、それが国民に知れると、大隈は（⑧　　　　　　）の青年に襲われ、黒田内閣は総辞職した。

3 ▶条約改正 III　成功（青木・陸奥・小村）

　1891 年、（①　　　　　　）は東アジアに陸路進出するため、（②　　　　　　　　　）に着工した。（③　　　　　　）はロシアを警戒して日本に好意的になった。1891 年、（④　　　　　　）外相は改正交渉を開始したが、（⑤　　　　事件）がおきて外相を辞任した。政府は、この事件をおこした警官（⑥　　　　　　）を死刑にするよう求めたが、（⑦　　　　　長）の（⑧　　　　　　）はこれに反対し、（⑨　　　　　の独立）を守った。（⑩　　　　　戦争）直前の 1894 年に（⑪　　　　　　）外相は、（⑫　　　　　　　　）の撤廃などを内容とする（⑬　　　　　　条約）の調印に成功した。残された（⑭　　　　　　）の回復は、1911 年に（⑮　　　　　　）外相のもとで達成された。

4 ▶壬午軍乱

　1876 年の（①　　　　　　条規）で開国した朝鮮では、親日派が台頭していた。それに反対し 1882 年、（②　　　　　　）を支持する軍隊が反乱をおこし、日本公使館が襲撃されるという（③　　　　　　）がおきた。事件は清国軍が介入して鎮圧し、（④　　　　　）一族の政権は日本から離れ、清国に依存しはじめた。

5 ▶甲申事変

　日本と結んで朝鮮の近代化をはかろうとしていた（①　　　　　　　　）らの親日改革派は、1884 年、日本公使館守備兵の援助を得てクーデタをおこしたが、清国軍が介入して失敗した。この事件を、（②　　　　　事変）という。この事件で悪化した日清関係打開のため、日本全権（③　　　　　　　　）と清国全権（④　　　　　　）とのあいだで 1885 年、（⑤　　　　　条約）が結ばれた。日清両国軍は朝鮮から撤兵し、今後出兵する場合には（⑥　　　　　　）することが決められた。

6》脱亜論　→P.281を参照

　甲申事変の失敗をみて、日本国内では清国・朝鮮に反発する世論が高まった。（①　　　　　　　　　）は自分の主宰する新聞『（②　　　　　　　　　）』の社説で1885年、（③　　　　　　論）を発表した。同年、民権派の（④　　　　　　　　　　）は朝鮮政府の武力打倒を企て、事前に検挙されるという（⑤　　　　　事件）をおこした。

7》明治前半の軍制改革

　陸軍は1878年、（①　　　　　　　　　　　）を新設して統帥部［軍司令部］を強化した。1882年には（②　　　　　　　　　　）を発布して、天皇への軍人の（③　　　　　　　）を強調した。1888年に陸軍の編成を、国内治安対策を主とする（④　　　　　　）から、対外戦争を目標とする（⑤　　　　　　）に改めた。

8》日清戦争

　（①　　　　　　）年、朝鮮で（②　　　　　　　　　　戦争）がおこると日清両軍が出兵し、まもなく宣戦布告とともに（③　　　　　　戦争）が勃発した。日本軍は朝鮮半島を経て（④　　　　　　半島）を占領した。また、清国の（⑤　　　　　　　　　）を（⑥　　　　　　　　　　）で撃破し、根拠地の威海衛を占領した。戦いは日本が勝利した。

9》下関条約　→P.290の地図で地名を確認

　（①　　　　　　）年、日本全権（②　　　　　　　　・　　　　　　　　　　）と清国全権（③　　　　　　　　）とのあいだで（④　　　　　条約）が結ばれた。その内容は、
　(1) 清国は（⑤　　　　　　　の独立）を認める
　(2) （⑥　　　　　　半島）・（⑦　　　　　　　）・（⑧　　　　　　　　　　）を日本にゆずる
　(3) （⑨賠償金　　　　　　　　）を日本に支払う
　(4) （⑩　　　　　・　　　　　・　　　　　・　　　　　　　）の開港
などだった。

10》三国干渉

　北方から東アジア進出をめざす（①　　　　　　　　）は、（②　　　　　　　　・　　　　　　　　）を誘って、（③　　　　　半島）の返還を日本に要求した。これを（④　　　　　　　　　）という。日本はこれを受け入れたが、「（⑤　　　　　　　　　）」を合言葉にして①への敵愾心を高め、軍備増強を進めた。

11》植民地台湾

　日本政府は、下関条約で獲得した（①　　　　　　　）の植民地化を進めた。1895年、海軍軍令部長の（②　　　　　　　　）を（③　　　　　　　　　）に任命し、島民の抵抗を武力鎮圧した。1898年以降は、台湾総督の（④　　　　　　　　）の下で（⑤　　　　　　　　）が民政に力を入れた。（⑥　　　　　　　　）や（⑦　　　　　　　会社）が設立され、産業振興がはかられた。

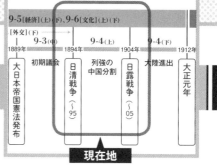

9-4　日露戦争と国際関係（上）

1　戦間期Ⅰ　憲政党の隈板内閣

日清戦争後の 1898 年、板垣退助の（①　　　　　党）と大隈重信の（②　　　　　党）が合同し、（③　　　　　党）を結成した。同年、③を基盤にした日本最初の政党内閣である第 1 次（④　　　　　）内閣が成立した。首相は大隈重信、内相は板垣退助で、これを（⑤　　　　　内閣）と呼んだ。しかし、尾崎行雄の（⑥　　　　　事件）をきっかけに、大隈内閣は短期間で崩壊した。

2　戦間期Ⅱ　第2次山県有朋内閣　→治安警察法はP.308の本文、P.331の注①を参照

藩閥勢力による第 2 次（①　　　　　）内閣は、台頭する政党の影響力をおさえようとした。1899 年、（②　　　　　）を改正し、各省の高級官吏に資格規定を設けた。1900 年には（③　　　　　）を定め、政党の力が軍部におよぶのをはばんだ。同年、（④　　　　　）を公布し、労働者の団結権・ストライキ権を制限し、政治・労働運動を取り締まった。

3　戦間期Ⅲ　立憲政友会の成立　→教科書裏見返し「政党・党派の変遷」を参照

旧（①　　　党）の流れをくむ憲政党と藩閥の長老・（②　　　　　）が提携し、1900 年、（③　　　　　）が結成された。②はこの政党を基盤にして、自身の第 4 次内閣を組織した。なお、山県有朋・伊藤博文ら薩長藩閥の長老からなる（④　　　　　）は、非公式に天皇を補佐して（⑤　　　　　）を握り、内閣の背後から影響力を行使した。

4　列強の中国分割

日清戦争後、欧米列強は中国分割を進めた。1898 年、ドイツは（①　　　　　半島）の膠州湾を、ロシアは（②　　　　　半島）の（③　　　　・　　　　）を、イギリスは（④　　　　半島）・（⑤　　　　　）を、フランスは翌年（⑥　　　　　）を、それぞれ租借した。アメリカは 1898 年にハワイを併合し、さらに（⑦　　　　　）を領有した。中国に関して出遅れたアメリカは、翌年（⑧　　　　　）が門戸開放宣言をした。

5　義和団の乱　🔍北清事変の連合軍の兵力を確認しよう

列強の侵略にさらされた清国では、「（①　　　　　）」をとなえる排外主義団体（②　　　　　）が蜂起し、北京の列国公使館を包囲した。清国政府もこれに乗じて列国に宣戦布告した。この戦いを（③　　　　事変）という。列国は連合軍を派遣して清国を降伏させ、翌年（④　　　　　）を結ばせた。これにより列国は、(1) 4 億 5000 万両の（⑤　　　　　）、(2) 北京公使館（⑥　　　　　）の駐留権、などを得た。北清事変での列国で最大の出兵国は日本、ついでロシアだった。

6　日清戦争後の韓国

日清戦争後の韓国では、親日政権が（①　　　　　）らの親露派に倒された。日本の駐韓公使

（②＿＿＿＿＿＿＿＿＿＿＿）は日本兵を使って王宮を占領し、（③＿＿＿＿＿＿＿＿＿＿事件）をおこした。王妃を殺害された国王（④＿＿＿＿＿＿）はロシアに依存し、親露政権が成立した。

7 〉日英同盟

北清事変後（①＿＿＿＿＿＿＿＿＿）は、満州（まんしゅう）での存在感を強めた。日本政府内では、（②＿＿＿＿＿＿＿＿＿＿）らが、対露交渉によって「満韓交換（まんかん）」をめざす（③＿＿＿＿＿＿＿＿＿＿）を主張した。（④＿＿＿＿＿＿＿＿＿）内閣は、（⑤＿＿＿＿＿＿＿＿）との同盟によって韓国での権益を守る方針をとり、1902年に（⑥＿＿＿＿＿＿＿＿）協約を締結した。この協約では、同盟国の一方が他国と交戦した場合には、他の同盟国は（⑦＿＿＿＿＿＿＿＿＿）を守ると規定された。

8 〉主戦論と非戦論

満州駐留を続けるロシアの動きに対し、日本国内では開戦論が高まった。（①＿＿＿＿＿＿＿＿＿＿）や東京帝大などの七博士（しちはくし）は強硬な主戦論をとなえ、新聞では『（②＿＿＿＿＿＿＿＿）』の（③＿＿＿＿＿＿＿＿＿）や『国民新聞』の（④＿＿＿＿＿＿＿＿＿＿）が主戦論を盛り上げた。これに対し、キリスト教徒の（⑤＿＿＿＿＿＿＿＿＿）や社会主義者の（⑥＿＿＿＿＿＿＿・＿＿＿＿＿）は『万朝報（よろずちょう）』で非戦論をとなえたが、『万朝報（ほう）』が主戦論に転じると、内村（うちむら）・幸徳（こうとく）・堺（さかい）は『万朝報』を退社した。幸徳・堺は平民社をおこし、『（⑦＿＿＿＿＿＿＿＿＿）』を発行して戦争反対を呼びかけた。歌人の（⑧＿＿＿＿＿＿＿＿）は「君死にたまふこと勿（なか）れ」を発表した。

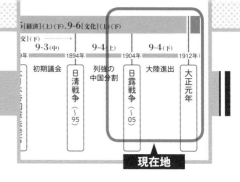

9-4 日露戦争と国際関係（下）

1〉日露戦争Ⅰ　戦況　→P.295の地図を参照

（①　　　　　　）年、日露戦争が始まった。日本軍は、満州でのロシア軍の拠点である（②　　　　）攻略をめざした。半年以上の激戦の末、1905 年初めに②の要塞を陥落させた。さらにその奥地の（③　　　　会戦）で、かろうじて奉天の占領に成功した。5 月の（④　　　　　　　　）では、日本の連合艦隊がロシアの（⑤　　　　　　　　　　）を全滅させた。

2〉日露戦争Ⅱ　総力戦

日露戦争は（①　　　　　　　）や速射砲など新兵器の登場で本格的な物量戦となり、動員兵力は双方とも 100 万を越える総力戦となった。日本の軍事費 17 億円のうち、7 億円が（②　　　　　　）、6 億円が（③　　　　）、3 億円余りが国内の（④　　　　）でまかなわれた。

3〉ポーツマス条約

1905 年、アメリカ大統領（①　　　　　　　　　　　）の斡旋で、日本全権（②　　　　　　　　）とロシア全権（③　　　　　　　）が（④　　　　　　　条約）に調印した。その内容は、
(1)（⑤　　　　）に対する日本の指導・監督権
(2)（⑥　　　　・　　　）の租借権、（⑦　　　　）以南の鉄道と付属の利権を日本に譲渡
(3) 北緯 50 度以南の（⑧　　　　）を日本に譲渡
(4) 沿海州とカムチャツカの（⑨　　　　権）を日本に認める
——などだった。しかし、（⑩　　　　　　）がまったくとれない講和条約に国民は不満を爆発させ、東京では（⑪　　　　　　　　　事件）がおきた。

4〉韓国併合Ⅰ　第2次日韓協約

日露戦争の勝利を背景に、日本は韓国の植民地化を進めた。1905 年、アメリカと（①　　　　　　　　　　）を結び、イギリスとは（②　　　　　　　　）協約を改定し、韓国保護国化を承認させた。同年、（③　　　　　　　　　）を結んで韓国の（④　　　　　　）を奪い、漢城に（⑤　　　　　）を設置した。初代の統監には（⑥　　　　　　　　）が就いた。

5〉韓国併合Ⅱ　第3次日韓協約

日本の動きに反発した韓国皇帝（①　　　　）は、1907 年に（②　　　　　　　　事件）をおこした。日本は高宗を退位させ、（③　　　　　　　　　）を結んで韓国の（④　　　　　　）も奪い、さらに（⑤　　　　　　）を解散させた。これを機に、韓国全土で日本の植民地化に抵抗する（⑥　　　　　）が高揚した。1909 年、伊藤博文は、韓国の青年（⑦　　　　　　）に暗殺された。

6〉韓国併合Ⅲ　韓国併合条約

（①　　　　　）年、日本は（②　　　　　　　　条約）を強要して韓国を植民地化し、漢城を

（③＿＿＿＿＿）と改称し、統治機関として（④＿＿＿＿＿＿＿＿＿）を設置した。初代総督には陸相の（⑤＿＿＿＿＿＿＿）を任命した。総督府は朝鮮全土で（⑥＿＿＿＿＿＿＿＿）を実施し、その際に広大な農地・山林を接収した。接収地は（⑦＿＿＿＿＿＿＿＿＿）などに払い下げられた。多くの朝鮮農民が土地を奪われ、職を求めて（⑧＿＿＿＿＿）に移住した。

7 〉満州進出

日露戦争で獲得した利権をもとに、日本の満州進出が本格化した。1906年、（①＿＿＿＿＿＿＿＿）と呼ばれる遼東半島南端の租借地を統治する（②＿＿＿＿＿＿＿＿）が、（③＿＿＿＿＿＿）に設置された。同年、満州経営の中核企業となる（④＿＿＿＿＿＿＿）株式会社が（⑤＿＿＿＿＿）に設立された。こうした日本の動きに、満州市場に関心をもつ（⑥＿＿＿＿＿＿＿）との関係が急速に悪化した。

8 〉中国・辛亥革命

中国では（①＿＿＿＿＿）年、（②＿＿＿＿＿＿＿）がおこった。翌年、革命指導者（③＿＿＿＿＿＿）を臨時大総統とする（④＿＿＿＿＿＿）が成立し、清朝は滅びた。しかし孫文は、軍閥の首領（⑤＿＿＿＿＿＿）の圧力でその地位を譲った。以後中国では、列強と結んだ各地の（⑥＿＿＿＿＿）政権がたがいに抗争する不安定な情勢となった。

9 〉桂園時代Ⅰ　第1次西園寺公望内閣

日露戦争時に政権を担当した（①＿＿＿＿＿＿）内閣が退陣し、かわって（②＿＿＿＿＿＿＿）総裁の（③＿＿＿＿＿＿＿）が1906年に組閣した。同年、（④＿＿＿＿＿＿法）を成立させた。

10 〉桂園時代Ⅱ　第2次桂太郎内閣　→P.305〜306、P.309を参照

1908年に成立した第2次（①＿＿＿＿＿＿）内閣は、日露戦争後の国民の疲弊と国家主義への疑問に対し、（②＿＿＿＿＿＿＿）を発布して国民道徳の強化につとめた。また、農村立て直しのために、内務省を中心に（③＿＿＿＿＿＿＿＿）を推進した。1910年には（④＿＿＿＿＿＿＿＿）を設立し、退役軍人らによる軍国主義の浸透をはかった。その一方で1911年、労働条件改善のため（⑤＿＿＿＿法）を公布した。

11 〉桂園時代Ⅲ　大逆事件

1910年、第2次（①＿＿＿＿＿＿）内閣は（②＿＿＿＿＿＿＿）を機に、社会主義運動に大弾圧を加えた。全国で数百名が検挙され、首謀者とされた（③＿＿＿＿＿＿＿）ら12名が処刑された。警視庁内には、（④＿＿＿＿＿＿＿[特高]）と呼ばれる思想警察がおかれた。この事件以後、第一次世界大戦まで社会主義運動は「（⑤＿＿＿＿＿＿）」になった。

明　治　9-5[経済](上)(下)、9-6[文化](上)(下)

9-3[外交](下)
9-3(上)　　　9-3(中)　　　9-4(上)　　　9-4(下)

1874年　　　1889年　　1894年　　　　　1904年　　　1912年

民撰議院設立建白書 | 自由民権運動 1881年 明治14年の政変 | 大日本帝国憲法発布 | 初期議会 | 日清戦争(〜95) | 列強の中国分割 | 日露戦争(〜05) | 大陸進出 | 大正元年

現在地

9-5　近代産業の発展（上）

1 日清戦争前後Ⅰ　金本位制と貿易振興策

1886 〜 89 年に（①　　　　　　）と（②　　　　　　）の分野を中心に最初の企業勃興がおき、（③　　　　　　）が日本でも始まった。（④　　　　　戦争）で得た巨額の賠償金の一部を準備金として、1897 年に（⑤　　　　　法）を制定し、欧米諸国にならって（⑥　　　　　　　）を採用した。貨幣価値の安定と貿易の振興をめざした。貿易品の取扱いは、（⑦　　　　　　　　）などの商社がおこなった。外国為替業務を専門にする特殊銀行の（⑧　　　　　　　　　　）が貿易金融をおこなった。また、政府は 1896 年に（⑨　　　　　　　　法）・（⑩　　　　　　　　法）を公布して、海運業奨励政策を進めた。

2 日清戦争前後Ⅱ　紡績業　→P.301のグラフを参照

幕末以来、（①　　　　　　　　　）製綿製品の輸入に圧迫されて、日本の（②　　　　　）栽培や紡績業は衰退していた。1883 年、（③　　　　　　　　）らが設立した（④　　　　　　　会社）が開業し、大規模機械紡績が始まった。その後、手紡や（⑤　　　　　　　）による綿糸生産を圧迫しながら機械生産が急増し、（⑥　　　　　）年には綿糸の生産量が（⑦　　　　　量）を上回った。また、日清戦争ころから（⑧　　　　　・　　　　　）への綿糸輸出が急増した。原料綿花は、（⑨　　　　　・　　　　　・　　　　　）からの輸入に依存した。

3 日清戦争前後Ⅲ　製糸業

幕末以来、（①　　　　　）は最大の輸出品であり、（②　　　　　業）は急速に発達していた。初期には手動装置による（③　　　　　　　　）が普及したが、生糸の巻取り装置を機械化した（④　　　　　　　　）が増加し、（⑤　　　　　戦争）後には器械製糸の生産量が座繰製糸を上回った。（⑥　　　　　　　）向けを中心に輸出は伸び、1909 年には（⑦　　　　　　）を抜いて世界最大の生糸輸出国になった。

4 日清戦争前後Ⅳ　鉄道業　→P.267を参照

政府は 1872 年、新橋・（①　　　　　　）間、ついで（②　　　　　　）・大阪・京都間に鉄道を敷設し、開港場と大都市を結びつけた。1889 年、（③　　営）の（④　　　　　　線）が全通した。1891 年、（⑤　　営）の（⑥　　　　　　会社）が上野・（⑦　　　　　）間を全通させた。（⑧　　　　　戦争）直後の 1906 年、第 1 次西園寺公望内閣は（⑨　　　　　　　法）を公布し、鉄道距離の 91 ％が国有となった。

5 日清戦争前後Ⅴ　官営事業の払下げ　→P.279の注①、P.303の表を参照

官営事業の払下げは、1880 年に定められた（①　　　　　　　　　　）が廃止された 1884 年以降に進み始めた。富岡製糸場は（②　　　　　）、長崎造船所は（③　　　　　　）が入手した。とくに、②・③・（④　　　　　）などの（⑤　　　　　）は優良鉱山の払下げを受け、三池炭鉱は②が、高島炭鉱・佐渡金山は③が、院内銀山・阿仁銅山は④が入手した。これらの政商は、鉱山で巨額の資本を蓄積

し、その資本をもとに（⑥＿＿＿＿）に成長していった。

6）日露戦争前後Ⅰ　重工業

　政府は重工業の基礎となる（①＿＿＿＿）の国産化をめざして（②＿＿＿＿＿＿＿＿）を設立し［建設資金の一部に日清戦争の（③＿＿＿＿）を当てた］、八幡製鉄所は1901年に操業を開始した。原料の石炭は（④＿＿＿＿＿）から、鉄鉱石は中国（⑤＿＿＿＿＿＿公司）の（⑥＿＿＿＿＿）からおもに調達した。日露戦争後には、室蘭の（⑦＿＿＿＿＿＿）など民間の製鋼会社の設立が進んだ。工作機械では、（⑧＿＿＿＿＿＿）が高精度の旋盤の国産化に成功した。

7）日露戦争前後Ⅱ　財閥の成立

　日露戦争後、財閥は、（①＿＿＿＿＿＿）を通じてさまざまな分野の多数の企業を支配する（②＿＿＿＿＿＿）形態を整え始めた。その中核となる（③＿＿＿＿＿）は、財閥一族だけが排他的に直接支配し、多数の傘下企業の株式を所有した。四大財閥は（④＿＿＿＿・＿＿＿・＿＿＿・＿＿＿）で、ほかに（⑤＿＿＿＿＿）・（⑥＿＿＿＿＿）・（⑦＿＿＿＿＿）らの中小財閥もあった。

8）日露戦争前後Ⅲ　貿易

　日露戦争後の貿易・交易は、対満州が（①＿＿＿＿）輸出・（②＿＿＿＿＿）輸入、対朝鮮が（③＿＿＿＿）移出・（④＿＿＿＿）移入、台湾からは米・（⑤＿＿＿＿＿＿）の移入が増え、日本経済に占める（⑥＿＿＿＿＿）の役割が増大した。しかし原料綿花や軍需品などの輸入が増加したため、貿易収支は大幅な（⑦＿＿＿字）が続いた。

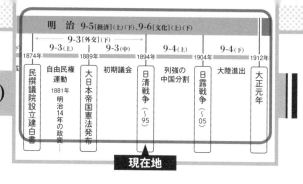

9-5 近代産業の発展（下）

1 寄生地主制の成立

農業では、安価な輸入品におされて（①　　　　）・麻・菜種の生産が衰えたが、生糸輸出の増加に刺激されて（②　　　　）が盛んになった。小作地率は1880年代の（③　　　　　　　）によるデフレ政策で上昇しはじめ、日清・日露期には（④　　　　　　制）が定着した。小作料は（⑤　　　　　）で、地租は（⑥　　　　　　　）だったため、米価の上昇は（⑦　　　　　）の収入増となった。困窮した小作農は、子女を工場に（⑧　　　　　　　）に出した。

2 初期の工場労働者

初期の工場労働者の大半は（①　　　　）産業が占め、その大部分は（②　　　　　）だった。その多くは出稼ぎにきた（③　　　　）農家の子女たちだった。（④　　　　）業では昼夜2交代の12時間労働、（⑤　　　　）業では労働時間は15～18時間にもおよんだ。その実態は、（⑥　　　　　　　）の『（⑦　　　　　　　　　　）』や農商務省の『（⑧　　　　　　　）』に詳しい。また、鉱山業では多数の（⑨　　　　　）労働者が働いていた。雑誌『（⑩　　　　　　　）』は、三菱の経営する（⑪　　　　　　　）の労働者の惨状を報道した。

3 労働運動の始まり

（①　　　　　戦争）前後の産業革命期に入ると、工場労働者が待遇改善を要求する（②　　　　　　　）がおこり始めた。1897年にはアメリカ帰りの（③　　　　　　　・　　　　　　　）が（④　　　　　　　　　）を結成した。1891年、（⑤　　　　　　　事件）が発生した。これは（⑥　　　　　　　）が買収・経営していた（⑦　　　　　　　）の鉱毒が渡良瀬川流域を汚染した公害事件で、衆議院議員（⑧　　　　　　　）が議会で追求し、（⑨　　　　　　　）らの知識人とともに世論の喚起につとめた。

4 社会主義運動　→P.295の本文、P.298の注③を参照

1901年、（①　　　　　　・　　　　　　・　　　　　　）らは、最初の社会主義政党である（②　　　　　党）を結成した。1903年、幸徳秋水・（③　　　　　　）らは平民社をおこし、『（④　　　　　　）』を発行して戦争反対を国民に呼びかけた。1906年、（⑤　　　　　党）が結成されたが、片山潜らの議会政策派に対し、幸徳秋水らの（⑥　　　　　派）が優位を占めたため、1907年に政府から解散させられた。

5 政府の対応

労働運動が始まると政府は、1900年に（①　　　　　　法）を制定し、労働者の（②　　　　権）・（③　　　　　　　権）を制限した。その一方で、1911年には（④　　　　法）を制定した。これは（⑤　　　　・　　　　）の労働時間は12時間を限度とし、その（⑥　　　　業）を禁止したものだった。しかし、例外規定が多く不備な内容だった。

→解答例は、解答編 P.23

B-3. 明治初期の社会と文化について、次の（ア）〜（エ）の語句を用いて論述せよ。解答文中、これ
らの語句には下線を付せ。ただし、語句使用の順序は自由とする（400字以内）。

（ア）地券　　（イ）『学問のすゝめ』　　（ウ）ザンギリ頭　　（エ）四民平等　　（筑波大学 2016）

＜要約文の使用箇所＞

テーマと指定語句から、下記の7箇所の要約文を思い出しましょう（もう一度読み直してから取りか
かりましょう）。

9-2. 明治維新と富国強兵（上）	5. 徴兵制度
9-2. 〃	6. 四民平等・士族解体
9-2. 〃	7. 地租改正
9-2. 明治維新と富国強兵（下）	1. 文明開化の思想
9-2. 〃	2. 学制・高等教育
9-2. 〃	3. 神道の国教化・キリスト教弾圧
9-2. 〃	4. 文明開化の世相

＜手順＞

①設問文と指定語句（下の表の太字）を参考にして、内容整理表の「論述テーマ」をうめる。その際、
指定語句から逆に推測し、論述テーマ（小見出しテーマ）を設定する。

②使用語句欄の空欄や不足分は、要約文の空欄の語句などで補う（下の表の使用語句欄の細字）。

③論述の方向を外さないことを意識して、書いてみましょう。

＜内容整理表＞

論述テーマ［小見出しなど］	使用語句
四民平等［士族解体］	華族、士族、平民、金禄公債証書、秩禄処分、廃刀令、国民皆兵、徴兵令
地租改正	田畑永代売買の禁止令、**地券**、地租改正条例、金納、3％
文明開化の思想 教育	福沢諭吉、**『学問のすゝめ』**、中村正直、明六社、など 学制、功利主義
文明開化の世相 神道国教化など	**ザンギリ頭**、洋服、太陽暦 神仏分離令、廃仏毀釈、など

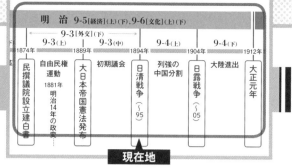

明　治 9-5［経済］（上）（下）、9-6［文化］（上）（下）						
	9-3［外交］（下）					
	9-3（上）		9-3（中）	9-4（上）	9-4（下）	
1874年	1881年	1889年	1894年	1904年		1912年
民撰議院設立建白書	自由民権運動 1881年明治14年の政変	大日本帝国憲法発布 初期議会	日清戦争（〜95）	列強の中国分割	日露戦争（〜05）大陸進出	大正元年

現在地

9-6 近代文化の発達（上）

1 明治の思想Ⅰ　平民主義と国粋主義

自由民権運動が衰退したあと、（①＿＿＿＿＿＿）は（②＿＿＿＿＿）をつくって雑誌『③＿＿＿＿＿＿』を刊行し、平民的欧化主義［平民主義］をとなえた。これに対し、（④＿＿＿＿＿）は（⑤＿＿＿＿＿）をつくって雑誌『⑥＿＿＿＿＿』を刊行し、近代的民族主義［国粋主義］をとなえた。（⑦＿＿＿＿＿）も新聞『⑧＿＿＿＿』を刊行し、④に呼応した。

4 明治の思想Ⅱ　国家主義　→P.295の注②を参照

日清戦争の勝利で、（①＿＿＿＿＿＿）が思想界の主流となった。民友社の（②＿＿＿＿＿＿）は対外膨張論に転じ、（③＿＿＿＿＿）は雑誌『④＿＿＿＿』で日本主義をとなえ、日本の大陸進出を肯定した。日露の緊張が高まると、1903年に結成された（⑤＿＿＿＿＿＿）は主戦論をとなえ、『⑥＿＿＿＿＿』の（⑦＿＿＿＿＿）や『⑧＿＿＿＿＿新聞）』の徳富蘇峰が主戦論を盛り上げた。日露戦争後、国民のあいだに国家主義に対する疑問が生まれてくると、政府は1908年に（⑨＿＿＿＿＿＿）を発して国民道徳の強化につとめた。

4 明治の宗教　→P.257の注③を参照

明治の国家神道体制のもとで、政府の公認を受けた民間神道を（①＿＿＿＿＿＿）といい、幕末維新期に成立した（②＿＿＿＿・＿＿＿＿・＿＿＿＿）などが庶民に浸透した。仏教では、浄土真宗の僧侶（③＿＿＿＿＿）が、廃仏毀釈に抗し、神道への従属から仏教を分離させ、仏教を立ち直らせた。キリスト教では、札幌農学校教頭（④＿＿＿＿＿）の影響を受けた（⑤内＿＿＿＿＿）・（⑥新＿＿＿＿＿）、熊本洋学校で（⑦＿＿＿＿＿＿）の教えを受けた（⑧海＿＿＿＿＿）らが活躍した。

4 教育の普及

1872年公布の（①＿＿＿＿＿）では、全国画一の小学校教育の普及がめざされた。1879年には学制を廃して（②＿＿＿＿＿）を公布し、放任・弾力化に転換した。1886年、（③＿＿＿＿＿＿）文相は（④＿＿＿＿＿）を公布し、小・中・師範・大学の学校体系を整備した。1890年には尋常小学校の3〜4年間が（⑤＿＿＿＿＿）とされ、1907年には義務教育は6年に延長された。

5 教育の国家統制

日清戦争の前後から、教育政策でも国家主義が強まった。1890年に発布された（①＿＿＿＿＿＿）では忠君愛国が強調された。翌年、第一高等中学の（②＿＿＿＿＿）は、キリスト教徒として①への拝礼を拒否したため、教壇を追われた。1903年、小学校での（③＿＿＿＿教科書）が定められ、教育への国家統制が強まった。

4 外国人教師　→P.13の注①、P.315の本文を参照　🔍コンドルの建築作品を確認しよう

法律学ではフランスから（①＿＿＿＿＿＿）が招かれて法典の編纂に当たったが、

（②＿＿＿＿＿＿＿＿＿＿＿＿）をきっかけに（③＿＿＿＿＿＿＿）法学が支配的となった。考古学では（④＿＿＿＿＿＿＿＿）が大森貝塚を発掘調査した。医学では（⑤＿＿＿＿＿＿＿）が東大で教え、ドイツ医学を日本にもたらした。美術では（⑥＿＿＿＿＿＿＿＿）が東京美術学校の設立に努力した。建築では（⑦＿＿＿＿＿＿＿）が鹿鳴館やニコライ堂を設計した。

7 科学の発達

医学では（①＿＿＿＿＿＿＿＿＿＿）が破傷風血清療法の創始、ペスト菌の発見をした。（②＿＿＿＿＿＿＿）は赤痢菌を発見した。薬学では（③＿＿＿＿＿＿＿）がアドレナリンを抽出し、（④＿＿＿＿＿＿＿＿）がオリザニンを抽出した。地震学では（⑤＿＿＿＿＿＿＿＿）が大森式地震計を発明した。天文学では（⑥＿＿＿＿＿＿）が緯度変化のＺ項を発見した。物理学では（⑦＿＿＿＿＿＿＿＿）が原子構造の模型を発表した。日本史では（⑧＿＿＿＿＿＿＿）が『（⑨＿＿＿＿＿＿＿＿）』で文明史論を展開した。

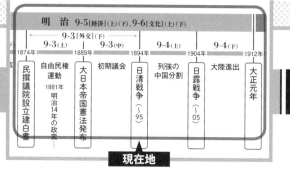

明　治　9-5[経済]（上）（下）、9-6[文化]（上）（下）

← 9-3[外交]（下） →
9-3（上）　9-3（中）　9-4（上）　9-4（下）

1874年　　1889年　　1894年　　1904年　　1912年

| 民撰議院設立建白書 | 自由民権運動 1881年 明治14年の政変… | 大日本帝国憲法発布 | 初期議会 | 日清戦争〈～95〉 | 列強の中国分割 | 日露戦争〈～05〉 | 大陸進出 | 大正元年 |

現在地

9-6　近代文化の発達（下）

1 ▶ 明治の雑誌

　　雑誌は明治初期の『（①＿＿＿＿＿＿）』が先駆けとなり、明治中期の『（②＿＿＿＿＿）』や『（③＿＿＿＿＿）』の創刊から本格的に発達した。明治後期に『（④＿＿＿＿＿）』『（⑤＿＿＿＿＿）』などの総合雑誌が創刊された。

2 ▶ 明治の文学Ⅰ　戯作文学から写実主義へ

　　明治初期には、江戸時代から続く戯作文学では（①＿＿＿＿＿）の『安愚楽鍋』、政治小説では（②＿＿＿＿＿）の『経国美談』が出た。それらに対抗し、（③＿＿＿＿＿）は、西洋の文学理論をもとに評論『（④＿＿＿＿＿）』を発表し、写実主義を提唱した。③の提唱を受け、（⑤＿＿＿＿＿）は『浮雲』を書いた。（⑥＿＿＿＿＿）は『金色夜叉』、（⑦＿＿＿＿＿）は『五重塔』を書いた。

3 ▶ 明治の文学Ⅱ　ロマン主義

　　日清戦争前後にはロマン主義文学が盛んになり、（①＿＿＿＿＿）らの雑誌『文学界』がその拠点となった。（②＿＿＿＿＿）は『舞姫』、（③＿＿＿＿＿）は『高野聖』を書いた。詩歌では（④＿＿＿＿＿）が『若菜集』、（⑤＿＿＿＿＿）が『みだれ髪』を出した。（⑥＿＿＿＿＿）は俳句の革新と万葉調和歌の復興を進めた。

4 ▶ 明治の文学Ⅲ　自然主義

　　日露戦争前後には、自然主義が文壇の主流となった。（①＿＿＿＿＿）は『田舎教師』、（②＿＿＿＿＿）は『破戒』を書いた。詩人（③＿＿＿＿＿）は『一握の砂』を出した。自然主義に対立する形で、（④＿＿＿＿＿）は『こころ』『それから』などの作品を生み出した。

5 ▶ 明治の演劇

　　演劇では、江戸時代から引き続いて（①＿＿＿＿＿）が民衆に親しまれ、（②＿＿＿＿＿）が文明開化の風俗を取り入れた新作を発表した。民権思想を盛り込んだ（③＿＿＿＿＿）らの壮士芝居は、そののち（④＿＿＿＿＿）へと発展した。（⑤＿＿＿＿＿）の文芸協会、（⑥＿＿＿＿＿）の自由劇場では西洋近代劇を上演し、歌舞伎・新派劇に対して（⑦＿＿＿＿＿）と呼ばれた。

6 ▶ 明治の美術Ⅰ　🔍『龍虎図』『女』を確認しよう

　　明治初期、政府は（①＿＿＿＿＿）を開き、西洋美術教育を進めた。しかし、アメリカ人（②＿＿＿＿＿）や日本人（③＿＿＿＿＿）の影響のもと、政府は伝統美術育成に転換し、1887年に（④＿＿＿＿＿）を設立した。（⑤＿＿＿＿＿）は『悲母観音』、（⑥＿＿＿＿＿）は『龍虎図』を描いた。西洋画では（⑦＿＿＿＿＿）の『鮭』が先駆的作品で、その後、①で学んだ（⑧＿＿＿＿＿）は『収穫』を描き、フランスで学んだ（⑨＿＿＿＿＿）

は『読書』『湖畔』を描いた。(⑩＿＿＿＿＿＿＿) は『海の幸』を描いた。彫刻では (⑪＿＿＿＿＿＿)
が伝統的な木彫の『老猿』を作成し、フランスのロダンの影響を受けた (⑫＿＿＿＿＿＿) は『女』
を作成した。

7 〉生活様式の近代化

　明治初年から普及が始まったガス灯・石油ランプに加え、1880 年代末には (①＿＿＿＿＿) が大
都市で実用化された。都市内の交通機関では、1880 年代に (②＿＿＿＿＿＿) が走り、90 年代
には京都で (③＿＿＿＿＿＿) が開通した。地方の農漁村でも (④＿＿＿＿ ランプ) が普及した。

8 〉明治の美術Ⅱ

教科書 p.315 〜 316 の写真の作品名を書きなさい。

①絵画 (＿＿＿＿＿、＿＿＿＿＿＿ 筆)

②絵画 (＿＿＿＿＿、＿＿＿＿＿＿ 筆)

③絵画 (＿＿＿＿＿、＿＿＿＿＿＿ 筆)

④彫刻 (＿＿＿＿＿、＿＿＿＿＿＿ 作)

🔍次の写真の作品名を調べて書こう。

⑦ (＿＿＿＿＿、＿＿＿＿＿＿ 筆)

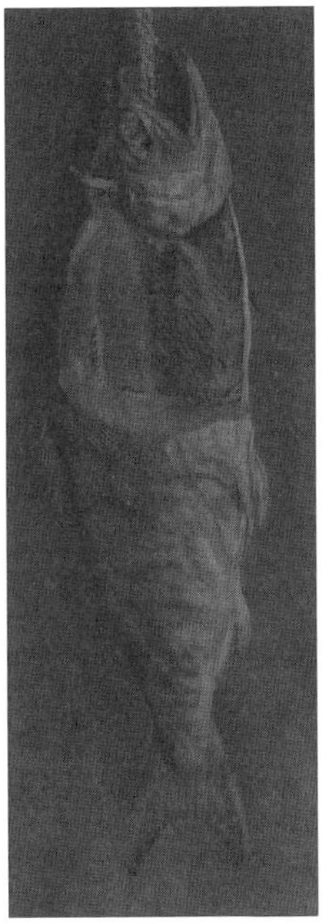

⑥ (＿＿＿＿＿、＿＿＿＿＿＿ 筆)

⑤ (＿＿＿＿＿、
＿＿＿＿＿＿ 筆)

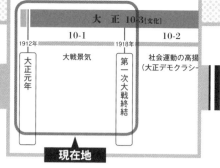

10-1　第一次世界大戦と日本

1 ▶第一次護憲運動〜大正政変　→軍部大臣現役武官制はP.292を参照

（①　　　　　　　　）年の韓国併合を受けて、陸軍は朝鮮への２個師団増設を（②　　　　　　　　）内閣に要求した。1912年、要求が西園寺内閣に拒否されると、（③　　　　　　　　）陸相が単独辞任し、陸軍は（④　　　　　　　　制）をたてにその後任を推薦しなかったため、西園寺内閣は総辞職に追い込まれた。かわって、陸軍・長州閥の（⑤　　　　　　　　）が内閣を組織した。一連の陸軍・長州閥の強引なやり方に対して、（⑥　　　　　　　　）の（⑦　　　　　　　　）と（⑧　　　　　　　　党）の（⑨　　　　　　　　）が中心となり、「（⑩　　　　　　　・　　　　　　　　）」を掲げる運動が全国化した。これを（⑪　　　　　　　　）という。この運動の高まりで、桂内閣は退陣した。これを（⑫　　　　　　　　）という。

2 ▶シーメンス事件［山本権兵衛内閣］

かわって（①　　　　　　　　）内閣が成立した。山本内閣は（②　　　　　　　　）を改正して政党員にも高級官僚への道を開き、（③　　　　　　　　制）の現役規定も改めた。しかし、1914年に（④　　　　　　　　事件）が発覚して民衆の抗議運動が再び高まり、やむなく退陣した。

3 ▶第一次世界大戦の勃発

20世紀初頭のヨーロッパは、領土・植民地拡大をめざす帝国主義列強が二つの陣営にまとまった。三国同盟に属する（①　　　　　　　・　　　　　　　・　　　　　　　　）と、三国協商に属する（②　　　　　　　・　　　　　　　・　　　　　　　　）である。日本は（③　　　　　　　　）などを理由に、三国協商側についた。（④　　　　　　　）年、（⑤　　　　　　　　事件）をきっかけにして第一次世界大戦が勃発した。

4 ▶大戦中の中国進出Ⅰ　二十一カ条の要求

第一次世界大戦が勃発すると、（①　　　　　　　　）内閣は日英同盟を理由に（②　　　　　　　　）に宣戦した。日本は中国でのドイツの勢力圏である（③　　　　　　　）と（④　　　　　　　省）の権益を接収した。さらに1915年、中国の（⑤　　　　　　　　）政府に対し、（⑥　　　　　　　　）を突きつけた。その内容は山東省の権益の継承、旅順・大連と満鉄の租借期限の99年延長、などだった。中国国民は猛反発し、要求を受け入れた日を「（⑦　　　　　　　　）」とした。

5 ▶大戦中の中国進出Ⅱ　西原借款

大隈内閣に続く（①　　　　　　　　）内閣は、中国・北方軍閥の（②　　　　　　　　）政権に1億4500万円もの巨額の借款を与え［（③　　　　　　　　）という］、中国における日本の権益拡大をめざした。1917年、日本の中国進出に批判的だった（④　　　　　　　　）は日本と、（⑤　　　　　　　　）を結び、日本の中国権益を確認した。

6》大戦中の中国進出Ⅲ　シベリア出兵

　1917年、（①＿＿＿＿＿＿＿＿＿）がおこると、ロシアは大戦から離脱した。（②＿＿＿＿＿＿＿＿）内閣は、この機を利用して北満州への勢力拡大をめざし、1918年から1922年まで（③＿＿＿＿＿＿＿＿＿）をおこなった。

7》大戦景気Ⅰ　好景気の理由

　第一次世界大戦は日本に空前の好景気をもたらした。その理由は、ヨーロッパ列強が後退したアジア市場には（①＿＿＿＿＿＿＿）、戦争景気でわくアメリカ市場には（②＿＿＿＿＿＿）の輸出が激増し、貿易は大幅な（③＿＿＿＿＿超過）となったからである。世界的な船舶不足のため海運・造船業も空前の好況となり、（④＿＿＿＿＿＿）が続々と生まれた。

8》大戦景気Ⅱ　急成長の産業　→在華紡はP.329の注②、P.340の注①を参照

　鉄鋼業では八幡製鉄所の拡張、満鉄の（①＿＿＿＿製鉄所）や民間製鉄会社の設立があいついだ。（②＿＿＿＿＿＿）からの輸入が途絶えたため、薬品・染料・肥料などの（③＿＿＿＿＿）工業が勃興した。（④＿＿＿＿＿）業では、1915年に猪苗代・東京間の長距離送電に成功し、工業原動力の（⑤＿＿＿力）から電力への転換が進んだ。紡績業では、中国に進出して工場経営をおこなう（⑥＿＿＿＿＿＿）が急拡大した。

9》大正デモクラシーの思想［天皇機関説・民本主義］　→P.318の本文、P.350の注②を参照

　1912年、（①＿＿＿＿＿＿）は『憲法講話』を刊行して（②＿＿＿＿＿＿＿＿）をとなえた。1916年、（③＿＿＿＿＿＿＿）は雑誌『中央公論』での論文で、（④＿＿＿＿主義）を提唱した。④とは、（⑤＿＿＿＿＿主権）を規定する明治憲法の枠内で民主主義の長所を採用するという主張である。天皇機関説と民本主義は、大正デモクラシーの理念となった。

10》米騒動

　1918年、（①＿＿＿＿＿＿）内閣による（②＿＿＿＿＿＿＿＿＿）で米価が急騰したため、（③＿＿＿＿＿）が全国的に広がり、約70万人が参加する大民衆騒擾となった。事件鎮圧後、寺内内閣は総辞職した。

11》原敬内閣　→P.331～332を参照

　米騒動の結果、（①＿＿＿＿＿）内閣が成立した。原内閣は、（②＿＿＿＿＿＿＿＿＿）を基盤とする本格的政党内閣であった。原は爵位をもたない首相であり、国民から選挙で選ばれた衆議院議員だったため、「（③＿＿＿＿＿＿＿）」と呼ばれて歓迎された。しかし、原は国民の普通選挙制の要求は拒否し、選挙権の納税資格を（④＿＿＿円）に引き下げ、（⑤＿＿＿＿＿＿＿）を導入した。原は1921年、暗殺された。かわって②の（⑥＿＿＿＿＿＿）内閣が成立した。しかし、高橋内閣のあとは、（⑦＿＿＿＿＿＿・＿＿＿＿＿・＿＿＿＿＿）と3代にわたって非政党内閣が続いた。

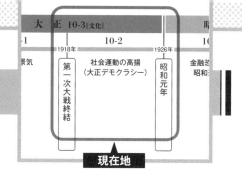

10-2　ワシントン体制

1 ▶ ヴェルサイユ体制

1919 年、パリで第一次世界大戦の講和会議が開かれ、日本から全権として（①＿＿＿＿＿＿＿・＿＿＿＿＿＿＿）らが出席した。同年、（②＿＿＿＿＿＿＿　条約）が調印された。敗戦国の（③＿＿＿＿＿）に巨額の賠償金を課し、（④＿＿＿＿＿）の原則にもとづき東欧に多数の独立国家を誕生させた。また、アメリカ大統領（⑤＿＿＿＿＿）の提唱を受け、1920 年に（⑥＿＿＿＿＿）が設立された。日本は（⑦＿＿＿＿＿・＿＿＿＿＿・＿＿＿＿＿）とともに常任理事国となったが、（⑧＿＿＿＿＿）は議会の反対で加盟しなかった。

2 ▶ 朝鮮・中国の民族運動

日本がヴェルサイユ条約によって山東省の（①旧＿＿＿＿＿権益）の継承を認められる知らせを受け、1919 年、中国国内では（②＿＿＿＿＿）と呼ばれる広範囲な反日国民運動がおこった。同年、日本の植民地朝鮮でも、朝鮮全土で独立を求める大衆運動が展開された。これを（③＿＿＿＿＿）という。

3 ▶ ワシントン会議Ⅰ　アメリカの意図

アメリカは、（①＿＿＿＿＿・＿＿＿＿＿・＿＿＿＿＿）の建艦競争を終わらせ、東アジアでの（②＿＿＿＿＿）の膨張をおさえる目的で、1921 年に（③＿＿＿＿＿）を開催した。日本からは全権として（④＿＿＿＿＿・＿＿＿＿＿）らが出席した。

4 ▶ ワシントン会議Ⅱ　3つの条約

（①＿＿＿＿＿　条約）は（②＿＿＿＿＿・＿＿＿＿＿・＿＿＿＿＿）の4国で結ばれ、この結果（③＿＿＿＿＿）協約が廃棄されることになった。（④＿＿＿＿＿条約）は、列強の（⑤＿＿＿＿＿）進出の機会均等を約束し、この結果日米間の（⑥＿＿＿＿＿）が廃棄された。また、日本は（⑦＿＿＿＿＿半島）の旧ドイツ権益を返還することになった。（⑧＿＿＿＿＿　条約）は（⑨＿＿＿＿＿・＿＿＿＿＿・＿＿＿＿＿）の5大国で結ばれ、主力艦の保有比率を（⑩＿＿＿：＿＿＿：＿＿＿：＿＿＿：＿＿＿）とした。

5 ▶ 協調外交の1920年代　→不戦条約はP.341の注②を参照　🔍陸軍の軍縮を確認しよう

ワシントン会議以降、列強の国際協調が続いた。1924 年に成立した（①＿＿＿＿＿）内閣のもとで、（②＿＿＿＿＿）外相は（③＿＿＿＿＿）と呼ばれる協調外交を進めた。協調外交の下で海軍の軍縮が進んだ。陸軍でも、（④＿＿＿＿＿）内閣での山梨軍縮・（⑤＿＿＿＿＿）内閣での宇垣軍縮がおこなわれた。列強 15 カ国が参加した 1928 年の（⑥＿＿＿＿＿条約）は戦争放棄を定めた。しかし、軍縮は軍部の不満を増大させていき、政党内閣批判・テロとクーデタ・軍事行動が連鎖する昭和前史へと突入する。

6 ▶ 社会運動の高揚Ⅰ　労働運動と小作争議

第一次世界大戦後、（①＿＿＿＿＿）と国内の（②＿＿＿＿＿）をきっかけとして、社会運動が勃興した。1912 年に（③＿＿＿＿＿）によって組織された（④＿＿＿＿＿）は、この時期に労働組合の全国組織に発展し、1919 年（⑤＿＿＿＿＿）と改称した。

さらに 1921 年には、（⑥＿＿＿＿＿＿＿＿＿＿）と改めた。農村でも（⑦＿＿＿＿＿＿）が頻
発し、1922 年には（⑧＿＿＿＿＿＿・＿＿＿＿＿＿）らによって小作人組合の全国組織で
ある（⑨＿＿＿＿＿＿）が結成された。

7）社会運動の高揚Ⅱ　社会主義運動

　民本主義をとなえる吉野作造は、1918 年に（①＿＿＿＿＿＿）を組織し、吉野の影響を受けた
学生たちは（②＿＿＿＿＿＿）などの思想団体を結成した。社会主義の動きとしては、1920 年
東大の（③＿＿＿＿＿＿）助教授がクロポトキンの研究をとがめられて休職処分となった。（④
＿＿＿＿＿＿）の影響で社会運動全体に（⑤＿＿＿＿主義）の影響力が増大し、1922 年には
（⑥＿＿＿＿＿＿・＿＿＿＿＿＿）らによって（⑦＿＿＿＿＿＿党）が非合法のうちに結成された。

8）社会運動の高揚Ⅲ　女性解放運動、他

　女性解放運動は、1911 年（①＿＿＿＿＿＿）らによって結成された（②＿＿＿＿＿＿）で始まっ
た。1920 年①・（③＿＿＿＿＿＿）らは（④＿＿＿＿＿＿）を結成して女性の政治参加要求
などの運動を進め、1922 年、女性の政治運動参加を禁じた（⑤＿＿＿＿法）第 5 条が改正さ
れた。④は 1924 年、（⑥＿＿＿＿＿＿）に発展した。社会主義の立場か
らは、（⑦＿＿＿＿＿＿・＿＿＿＿＿＿）らにより（⑧＿＿＿＿＿＿）が結成された。被差別部落の
住民の運動としては、1922 年（⑨＿＿＿＿＿＿）らによって（⑩＿＿＿＿＿＿）が結成された。

9）関東大震災　→経済不況はP.339を参照　🔍関東大震災時の殺害事件を確認しよう

　1923 年 9 月 1 日におこった（①＿＿＿＿＿＿）で東京市・横浜市の大半が壊滅し、死者・
行方不明は 10 万人をこえた。震災の混乱で流言が発生し、各地の住民が自警団を結成して数千人
の（②＿＿＿＿＿＿）を殺害した。また社会主義者 10 人が（③＿＿＿＿警察署）で殺害された
亀戸事件、無政府主義者（④＿＿＿＿＿＿・＿＿＿＿＿＿）らが憲兵に殺害された甘粕事件も
おきた。1920 年の（⑤＿＿＿＿＿＿）から始まった不況は、震災でさらに慢性化した。

10）第二次護憲運動

　1924 年、貴族院を中心とする（①＿＿＿＿＿＿）内閣が成立すると、（②＿＿＿＿＿＿・
＿＿＿＿＿＿・＿＿＿＿＿＿）の 3 党は（③＿＿＿＿＿＿）をおこした。総選挙
の結果 3 党が圧勝し、憲政会の（④＿＿＿＿＿＿）を首相とする 3 党連立の「（⑤＿＿＿＿内
閣）」［第 1 次加藤高明内閣］が成立した。

11）普通選挙法と治安維持法

　加藤高明内閣は 1925 年、（①＿＿＿＿＿＿法）を成立させた。これにより、満（②＿＿歳）
以上の（③＿＿＿＿＿＿）が選挙権をもった。しかしこの内閣は、労働者階級の政治的影響力増大
に備え、（④＿＿＿＿＿＿法）をあわせて成立させた。④は、「（⑤＿＿＿＿）」の変革や（⑥
＿＿＿＿＿＿）の否認を目的とする結社の組織者・参加者を処罰すると定めた。

12）政党内閣の定着（憲政の常道）

　（①＿＿＿＿＿＿）年の護憲三派内閣から、（②＿＿＿＿＿＿）年の五・一五事件で（③＿＿＿＿＿＿）
内閣が崩壊するまでの大正末〜昭和初期の 8 年間は、（④＿＿＿＿＿＿）と（⑤＿＿＿＿＿＿）［の
ち、（⑥＿＿＿＿＿＿党）］が交代で内閣を組織する政党内閣が続いた。政党内閣が慣例化され、
「（⑦＿＿＿＿＿＿）」といわれた。

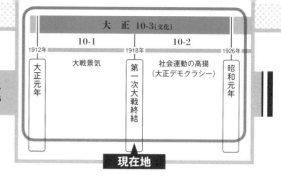

10-3 市民生活の変容と大衆文化

1 〉都市化の進展

第一次世界大戦後の工業化の進展で、都市に住む工場労働者や俸給生活者［（①　　　　　　　　）］が大量に出現した。（②　　　　　　）が、タイピスト・電話交換手などの新しい職種に進出し、（③　　　　　　　）と呼ばれた。

2 〉都市生活　🔍文化住宅を確認しよう

大正期には、都市の市民生活の（①　　　　化）・近代化が進んだ。住居では都市郊外にかけて和洋折衷の（②　　　　　　　）が流行した。（③　　　　）が、農村部も含めて広く一般家庭に普及した。服装では（④　　　　）を着る男性が増え、食生活ではトンカツなどの（⑤　　　　）が普及した。私鉄の経営する（⑥　　　　　　　　　）が現れ、阪神急行電鉄は沿線の宅地開発を進め、（⑦　　　　　　　）などの娯楽施設も経営した。

3 〉大衆文化Ⅰ　新聞・雑誌、高等教育

マス＝メディアが急速に発達した。大正末には『（①　　　　　　　）』や『（②　　　　　　　　）』の系列が 100 万部をこえた。『（③　　　　　　）』『（④　　　　）』などの総合雑誌が急激に発展し、大衆娯楽誌『（⑤　　　　　　）』が 100 万部をこえた。全集などを 1 冊 1 円で売る（⑥　　　　　）や岩波文庫など、低価格・大量出版が現れた。また、1918 年に（⑦　　　　　令）・（⑧　　　令）が制定され、高等教育機関が拡充された。

4 〉大衆文化Ⅱ　ラジオ・映画

（①　　　　　）年、東京・大阪・名古屋でラジオ放送が開始された。以後急速に普及し、受信契約数は 6 年後の満州事変時［1931 年］には 100 万をこえた。（②　　　　　）は大正期に大衆娯楽として発展した。当初は無声で弁士が解説していたが、1930 年代に（③　　　　　　　）［有声映画］の製作・上映が始まった。

5 〉学問

大正期の学問では、（①　　　　　　主義）が知識人に大きな影響力を与えた。京都大学の（②　　　　　）は 1916 年に『貧乏物語』を書き、以後、マルクス経済学を紹介した。一方、（③　　　　　　）は『東洋経済新報』で小日本主義を主張した。人文科学では、（④　　　　　　）が『善の研究』を著し、（⑤　　　　　　）が『古事記』『日本書紀』に科学的分析を加えた。（⑥　　　　　　）は民間伝承の調査・研究をおこなって、日本の民俗学を確立した。自然科学では、（⑦　　　　）の黄熱病の研究、（⑧　　　　　　）の KS 磁石鋼の発明などがある。

6 〉文学

文学では、人道主義・理想主義を掲げる雑誌『（①　　　　）』を中心に、（②　　　　　・　　　・　　　　）らの白樺派がすぐれた作品を発表した。大正末から昭和

初めにかけて、社会主義・労働者の立場からの文学運動である（③＿＿＿＿＿＿＿＿＿）運
動がおこり、『（④＿＿＿＿＿＿）』『（⑤＿＿＿＿）』などの機関誌に作品が発表された。（⑥
＿＿＿＿＿＿）の『蟹工船』、（⑦＿＿＿＿＿＿＿）の『太陽のない街』が代表作である。

7 演劇・音楽・美術　→『赤い鳥』はP.335を参照

　演劇では、（①＿＿＿＿＿＿＿）・土方与志らが創設した（②＿＿＿＿＿＿＿）が新劇運動の中
心となった。1918年に鈴木三重吉が創刊した雑誌『（③＿＿＿＿＿）』は児童文学ブームをおこし、
すぐれた（④＿＿＿＿）が数多く作曲され、広く歌われた。美術では、洋画の（⑤＿＿＿＿＿＿）
の『金蓉』、（⑥＿＿＿＿＿＿）の『麗子微笑』、日本画の（⑦＿＿＿＿＿）の『生々流転』
などのすぐれた作品がある。

8 大正の建築・美術

教科書 p.338 の写真の作品名を書きなさい。
①彫刻（＿＿＿＿＿、＿＿＿＿＿＿＿作）　②絵画（＿＿＿＿＿＿、＿＿＿＿＿＿筆）

🔍次の写真の作品名を調べて書こう。

③（＿＿＿＿＿＿、＿＿＿＿＿＿＿筆）

④（＿＿＿＿＿＿、
　　　　　　＿＿＿＿＿筆）

⑤（＿＿＿＿＿＿、＿＿＿＿＿＿＿設計）

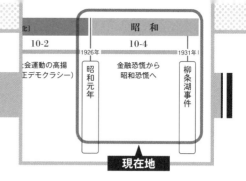

	昭　和	
10-2	10-4	
1926年		1931年
:会運動の高揚 正デモクラシー)	昭和元年	金融恐慌から 昭和恐慌へ	柳条湖事件

現在地

10-4 恐慌の時代

1〉戦後恐慌から関東大震災へ

　第一次世界大戦後、（①　　　　　　　　　）諸国の商品がアジア市場に戻ると、日本経済は一転して苦境に立った。（②　　　　　　）年に（③　　　　　　　　　）が発生し、綿糸・生糸とも相場が暴落した。さらに1923年の（④　　　　　　　　　　）で日本経済は大打撃を受けた。多数の企業の経営難、震災による資産消滅のため、銀行の手持ちの（⑤　　　　　）が決済不能となった。こうした⑤を（⑥　　　　　　　　　）といった。政府は（⑦　　　　銀行）に特別融資をさせたが、⑥の決済は進まず、多くの銀行の経営も危うくなった。

2〉金融恐慌

　1927年、一部の銀行の取付け騒ぎから、銀行の休業が続出した。なかでも、（①　　　　　銀行）は、経営破綻した（②　　　　　　　）に対する巨額の不良債権を抱え込んでいた。（③　　　　　　　　）内閣は、①を緊急勅令によって救済しようとしたが、（④　　　　　　　　）の了承が得られず、恐慌の収束ができずに総辞職した。

3〉田中義一内閣Ⅰ　金融恐慌の収束

　若槻内閣にかわって成立した（①　　　　　　　　　）の（②　　　　　　　）内閣は、3週間の（③　　　　　　　　　）と日銀からの巨額救済融資によって金融恐慌をおさめた。この過程で中小銀行の整理・合併が進み（④　　　　・　　　　・　　　　・　　　　・　　　　）の5大銀行が支配的な地位を占めた。慢性的な不況のなかで（⑤　　　　　）は産業支配を強めた。財閥は政党とも癒着し（⑥　　　　　）は憲政会［立憲民政党］、（⑦　　　　　）は立憲政友会とつながっていた。

4〉田中義一内閣Ⅱ　社会主義の大弾圧

　1928年の普通選挙制による最初の総選挙で、（①　　　　　　　　）勢力が8名の当選者を出した。衝撃を受けた（②　　　　　　　　）内閣は、その直後に共産党員の一斉検挙をおこなった［（③　　　　　　事件）という］。同年、（④　　　　　　　　法）を改正して最高刑を（⑤　　　　　）とした。また全国の警察に思想警察である（⑥　　　　　　　　　）を設置した。1929年には、再び共産党員の大量検挙をおこない［（⑦　　　　　　事件）という］、日本共産党は大打撃を受けた。

5〉中国革命の進展　→P.298の注②、P.329の注②、P.341の地図を参照

　辛亥革命後の中国は、列強の支援を受けた（①北方　　　　　　）が割拠する分裂状態にあった。中国革命をめざす政党として、1919年（②　　　　　）による（③　　　　　　　　党）が、1921年には（④　　　　　　　　党）が結成された。両党は1924年に提携して、第1次（⑤　　　　　　　）を成立させた。孫文のあとを継いだ（⑥　　　　　　）は、1926年、①を打倒して中国統一をするため、（⑦　　　　　）に乗り出した。蔣介石は（⑧　　　　　）に（⑨　　　　　　　　　）を樹立し、さらに北伐を進めた。また、1925年、上海の在華紡でのストライキをきっかけに、大規模な反帝国主義運動が中国全土に広がった［（⑩　　　　　　事件）という］。

132

6 〉田中義一内閣Ⅲ　強硬外交への転換

　中国での革命の進展に対して、1927年、（①＿＿＿＿＿＿＿）内閣は（②＿＿＿＿＿＿＿＿）を開き、満州の日本権益を実力で守る強硬方針を決定した。同年から田中内閣は、3次にわたる（③＿＿＿＿＿＿＿＿）を実施した。第2次出兵の際には（④＿＿＿＿＿事件）をおこした。一方で欧米諸国に対しては協調外交の方針で、1928年、（⑤＿＿＿＿＿条約）に調印した。

7 〉張作霖爆殺事件

　日本は、北伐を進める国民革命軍に対抗するため、満州軍閥の（①＿＿＿＿＿＿＿）を支援した。しかし、張作霖軍が国民革命軍に敗北すると、（②＿＿＿＿＿＿＿）の（③＿＿＿＿＿＿＿）大佐らは、張作霖を排除して満州を直接支配する謀略を企てた。1928年、関東軍は列車に乗った張作霖を（④＿＿＿＿＿）した。事件は国内では、「⑤＿＿＿＿＿＿＿事件」と呼ばれ、真相が隠された。その後、（⑥＿＿＿＿＿＿）首相は事件関係者の厳重処分方針を転換した。そのため田中首相は、即位後まもない（⑦＿＿＿＿＿天皇）の怒りをかい、1929年、総辞職に追いこまれた。

8 〉中国統一

　張作霖爆殺事件の結果、張作霖の子の（①＿＿＿＿＿＿＿）は、国民政府に合流した。国民党の（②＿＿＿＿＿）は完了し、中国の統一が達成された。中国では外国の侵略に対して（③国権＿＿＿＿＿）を要求する民族運動が高まった。

9 〉浜口雄幸内閣Ⅰ　金解禁と世界恐慌　→P.340を参照

　（①＿＿＿＿＿＿＿党）の（②＿＿＿＿＿＿＿）内閣は、（③＿＿＿＿＿＿＿）蔵相のもとで1930年、（④＿＿＿＿＿＿＿）を実施した。これは、1917年から続く（⑤＿＿＿＿＿＿＿＿）で不安定になった外国為替相場を安定させ、貿易振興をめざすものだった。円高に設定した④で輸出を不利にし、生産性の低い不良企業の（⑥＿＿＿＿＿・＿＿＿＿＿）もめざしていた。ちょうどその時、（⑦＿＿＿＿＿）年から世界恐慌が始まっていたため、日本経済は金解禁による不況とあわせて二重の打撃を受けたのだった。

10 〉昭和恐慌

　昭和恐慌で企業の操業短縮・倒産があいつぎ、失業者が増大した。政府は1931年に（①＿＿＿＿＿＿＿＿法）を制定し、不況カルテルの結成を容認した。農業では、農産物価格が暴落した。とくに、アメリカへの（②＿＿＿＿＿＿）輸出が激減し、国内の（③＿＿＿＿＿＿）は大きく下落した。都市の失業者が帰農したため農家の困窮は著しく、東北地方では娘の（④＿＿＿＿＿＿）が続出した。無策な（⑤＿＿＿＿＿）や、円売り・ドル買いで儲けた（⑥＿＿＿＿＿＿）を攻撃する声が高まった。

11 〉浜口雄幸内閣Ⅱ　ロンドン海軍軍縮条約

　（①＿＿＿＿＿＿＿）内閣は（②＿＿＿＿＿＿＿）を外相に起用して、協調外交を復活させた。1930年、中国に（③＿＿＿＿＿権）を認めた。また、同年、補助艦の総保有量を対米英の約7割とする（④＿＿＿＿＿＿＿条約）に調印した。これに対し、野党の（⑤＿＿＿＿＿＿＿）や（⑥＿＿＿＿＿＿）、右翼は、「（⑦＿＿＿＿＿＿＿）」だとして激しく攻撃した。同年、浜口首相は東京駅で右翼青年に狙撃された。

昭　和

10-5

10-6(日中戦争期)
10-6(第

1931年　　　　　　1937年
1939年

柳条湖事件　　満州事変　　盧溝橋事件

日　中　戦　争

第二次大戦勃発

南進

現在地

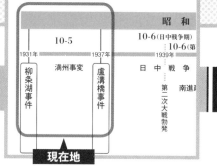

10-5　軍部の台頭

1）満州事変 I　柳条湖事件

国民政府による中国統一後、中国では（①＿＿＿＿＿＿＿＿＿）を求める民族運動が高まり、満鉄の経営をおびやかしていた。軍部・右翼は「満蒙は日本の生命線」「（②＿＿＿＿＿＿＿＿＿）」と宣伝した。（③＿＿＿＿＿）年9月18日、（④＿＿＿＿＿＿＿）は（⑤＿＿＿＿＿＿＿＿）参謀を中心として（⑥＿＿＿＿＿＿＿事件）をおこし、それを契機にして（⑦＿＿＿＿＿＿＿＿＿）が始まった。

2）満州事変 II　満州国建国

（①＿＿＿＿＿党）の（②＿＿＿＿＿＿＿）内閣は（③＿＿＿＿＿＿＿＿）を声明した。しかし（④＿＿＿＿＿＿＿）は戦線を拡大したため、若槻内閣は事態の収拾ができず総辞職した。かわって、（⑤＿＿＿＿＿＿＿）の（⑥＿＿＿＿＿＿）内閣が成立した。翌1932年3月、関東軍は、清朝最後の皇帝（⑦＿＿＿＿＿）を担ぎ出し、（⑧＿＿＿＿＿＿）の建国を宣言させた。アメリカは反発し（⑨＿＿＿＿＿＿＿＿）を出した。

3）あいつぐテロ・クーデタ

昭和恐慌・満州事変などをきっかけに、軍人・右翼による（①＿＿＿＿＿＿＿＿＿）が急速に活発化した。1931年、（②＿＿＿＿＿事件）・（③＿＿＿＿＿事件）という陸軍青年将校によるクーデタ未遂事件がつづいた。1932年には（④＿＿＿＿＿＿＿）が率いる（⑤＿＿＿＿＿＿）員が、（⑥＿＿＿＿＿＿＿）前蔵相・（⑦＿＿＿＿＿＿）三井合名理事長を暗殺した。同年5月には、海軍青年将校たちが、（⑧＿＿＿＿＿＿）首相を殺害するなど、大規模なクーデタ事件をおこした〔（⑨＿＿＿＿＿＿事件）という〕。こののち、（⑩＿＿＿＿＿＿）の（⑪＿＿＿＿＿＿＿）が内閣を組織した。以後、（⑫＿＿＿＿＿＿＿）は太平洋戦争後まで復活しなかった。

4）満州事変 III　国際連盟脱退

1932年、（①＿＿＿＿＿＿＿）内閣は（②＿＿＿＿＿＿＿）を取りかわして（③＿＿＿＿＿＿＿）を承認した。国際連盟は1933年、（④＿＿＿＿＿＿＿＿）の報告にもとづき、満州国不承認の勧告案を採択した。日本全権の（⑤＿＿＿＿＿＿＿）らは総会から退場し、同年、日本は（⑥＿＿＿＿＿＿＿）を通告した。1936年には（⑦＿＿＿＿＿＿＿＿海軍軍縮会議）・（⑧＿＿＿＿＿＿＿海軍軍縮条約）を脱退・廃棄し、日本は国際的に孤立した。

5）恐慌からの脱出 I　高橋財政

1931年末に成立した（①＿＿＿＿＿＿＿）の（②＿＿＿＿＿＿＿）内閣の（③＿＿＿＿＿＿＿）蔵相は、昭和恐慌への対策として（④＿＿＿＿＿＿＿）をおこなった。（⑤＿＿＿＿＿＿＿制度）に移行して円相場は大幅に（⑥＿＿＿＿＿）したため、飛躍的に（⑦＿＿＿＿＿＿）が増大した。とくに（⑧＿＿＿＿＿＿）の輸出は、イギリスにかわり世界第1位となった。

6）恐慌からの脱出 II　列強の動き

イギリスは、本国と植民地とで排他的な（①＿＿＿＿＿＿＿＿）をつくり、保護貿易政策をとっ

た。アメリカは、(②_____) 大統領の (③_____) 政策で恐慌を切り抜けた。ソ連は独裁者 (④_____) のもと、(⑤_____主義) による (⑥_____) を通じて、独自の経済体制を築いた。日本は円安を利用して輸出を飛躍的にのばし「(⑦_____)」と非難される一方、輸入では (⑧_____・_____・_____)・機械などにおいて、(⑨_____) への依存度を高めていった。

7〉恐慌からの脱出Ⅲ　重化学工業化

　日本は、ほかの資本主義国に先がけ (①_____) 年ころに世界恐慌以前の生産水準を回復した。とくに (②_____工業) がめざましく発達した。鉄鋼業では大合同がおこなわれて (③_____) 会社が生まれ、鋼材の自給が達成された。自動車・化学では、(④_____) のつくった (⑤_____) コンツェルン、(⑥_____) のつくった (⑦_____) コンツェルンなどの新興財閥が台頭した。⑤⑦は軍と結びつき、(⑧_____・_____) へも進出した。

8〉思想弾圧Ⅰ　転向

　社会主義運動は、三・一五事件、四・一六事件など国家による (①_____) で大きな打撃を受けた。国家権力が加える圧迫で社会主義思想を放棄することを (②_____) といった。満州事変をきっかけに (③_____) が高揚すると、社会主義の立場に立つ無産政党は、(④_____主義) に転じた。1932年、(⑤_____) は日本国家社会党を結成した。当時最大の無産政党である (⑥_____党) も、しだいに④化した。1933年、日本共産党の最高指導者 (⑦_____・_____) が転向声明を出し、獄中の大半の党員が転向した。

9〉思想弾圧Ⅱ　滝川事件と天皇機関説事件

　1933年、自由主義的刑法学説をとなえていた (①_____) 京大教授が、(②_____) 文相の圧力で休職処分を受けた。1935年、(③_____) 前東大教授 [貴族院議員] の天皇機関説が政治問題化した。軍部・右翼などがこれを反国体的として激しく排撃運動を展開したため、(④_____) 内閣は屈服して (⑤_____) を出し、天皇機関説を否認した。

10〉二・二六事件

　陸軍の内部では、直接行動で天皇親政をめざす (①_____派) が青年将校たちの支持を集めていた［中心人物は (②_____)・真崎甚三郎］。(③_____) の著書『(④_____)』の思想的影響を強く受け、国家改造をめざした皇道派の青年将校たちは、(⑤_____) 年、約1400名の兵力でクーデタをおこし、(⑥_____) 内大臣・(⑦_____) 蔵相・渡辺錠太郎教育総監らを殺害し、国会を占拠した。しかし、(⑧_____天皇) が厳罰を指示したため、青年将校たちは反乱軍として鎮圧された。これを (⑨_____事件) という。

11〉広田弘毅内閣Ⅰ　軍部の政治支配　(広田弘毅内閣Ⅱは10-6〈日中戦争期〉)

　二・二六事件の後、陸軍は政治的発言力を強め、陸軍内では (①_____派) が主導権を確立した。事件後成立した (②_____) 内閣は陸軍の圧力を受け、(③_____) を復活させた。13年ぶりに (④_____) が改定され、「(⑤_____)」で陸軍の北進論と海軍の南進論を併記し、大軍拡計画を推進した。

135

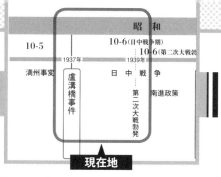

昭　和

10-5　　　　　　　　　10-6（日中戦争期）
　　　　　　　　　　　　10-6（第二次大戦初
　　　1937年　　　　　1939年

満州事変　　盧溝橋事件　　日　中　戦　争　　南進政策
　　　　　　　　　　　第二次大戦勃発

現在地

10-6　第二次世界大戦（日中戦争期）

1）広田弘毅内閣Ⅱ　ドイツ・イタリア陣営へ（広田弘毅内閣Ⅰは10-5）→P.348の注①を参照

　ドイツでは、第一次世界大戦後のヴェルサイユ体制に対する反発から、1933年に（①　　　　　　　　党）が政権を樹立し、同年（②　　　　　　　　　　）を脱退した。イタリアでも（③　　　　　　　　党）の一党独裁が確立した。日本の（④　　　　　　　　）内閣は、ソ連への対抗から、1936年にドイツと（⑤　　　　　　　協定）を結んだ。イタリアも翌年参加した。国際的孤立を深めていた3国は反ソの立場で結束し、（⑥　　　　　陣営）が成立した。

2）華北分離工作　→塘沽停戦協定はP.347を参照

　満州事変自体は1933年に（①　　　　　　　　　協定）が結ばれて終息した。しかし日本の陸軍は、満州国と接する中国・華北地方を日本の支配下に入れる（②　　　　　　　　　）を、1935年から公然と進めた。関東軍は（③　　　　　　　　委員会）を樹立し、密貿易を拡大させて中国国民の反発をまねいた。

3）第2次国共合作へ

　日本の華北侵略に対し、中国国民のあいだでは（①　　　　　　　　　）が高まった。中国共産党と国民政府の内戦も、共産党への攻撃強化を督励するため西安にきた（②　　　　　　　）を（③　　　　　　　　）が監禁し、内戦停止と抗日を求めた1936年の（④　　　　　事件）と共産党の周恩来らの調停で停止した。翌年、第2次（⑤　　　　　　　　）が実現した。

4）日中戦争Ⅰ　盧溝橋事件～南京占領

　（①　　　　　　　）年7月7日、北京郊外の（②　　　　　　　　　）付近で日中両国軍が衝突した。成立直後の第1次（③　　　　　　　　）内閣は、兵力を増派して戦線を拡大した。同年末には国民政府首都の（④　　　　　　）を占領した。この時に日本軍は略奪・暴行を繰り返し、多数の捕虜・一般住民を殺害した。これを（⑤　　　　　事件）という。日本国内では、南京陥落を祝う戦勝の熱狂が国中をおおっていた。

5）日中戦争Ⅱ　戦争の長期化

　中国側は1937年9月、（①　　　　　党）と（②　　　　　党）が再び提携し［第2次国共合作］、（③　　　　　　　戦線）を成立させた。同年12月の南京陥落後も中国の国民政府は、漢口、さらに奥地の（④　　　　　）に退いてあくまで抗戦を続けた。日本は1938年1月、近衛首相が「（⑤　　　　　　　　　　　）」と声明し、国民政府との和平交渉を打ち切った。その一方で、同年、戦争目的が（⑥　　　　　　　）建設であることを声明した。そして、（⑦　　　　　　　　）を重慶から脱出させ、汪を首班とする傀儡政府［新国民政府］を南京に樹立させた。しかし、重慶にある国民政府は、（⑧　　　　　　　）を通じて米英から援助を受け、抗戦を続けた。

6 〉戦時体制Ⅰ　軍事費の急増　→P.354のグラフを参照

（①　　　　　　　　　）内閣の大軍備拡張予算をきっかけに、財政は軍事支出を中心に急速に膨張した。日中戦争が始まると、第1次（②　　　　　　　　　）内閣はさらに巨額の軍事予算を編成した。戦争の拡大につれて軍事費は年々膨張し、（③　　　　　　）だけでは歳出をまかなえず、多額の（④　　　　　　）が発行され、紙幣増発による（⑤　　　　　　　　　　　）が進行した。

7 〉戦時体制Ⅱ　国家総動員法

1938年、（①　　　　　　　　　法）が制定され、政府は（②　　　　　　）の承認なしに戦争遂行に必要な物資・労働力を動員する権限を得た。1939年、①にもとづく（③　　　　　　　令）によって、一般国民が軍需産業に動員されるようになった。1938年度から（④　　　　　　）が物資動員計画を作成し、軍需品を優先的に生産させた。重化学工業中心の（⑤　　　　　　　　　）だけでなく、（⑥　　　　　　　　）系の大企業も積極的に軍需品生産に乗り出し、莫大な利益をあげた。

8 〉戦時体制Ⅲ　統制経済

軍需品とは逆に、民需品の生産・輸入は厳しく制限され、（①　　　　　　　　　）は品不足となった。このため政府は、（②　　　　　　　　　法）にもとづき、1939年に（③　　　　　　　令）を出して公定価格制を導入した。1940年には贅沢品の製造・販売を禁止する（④　　　　　　　令）、砂糖・マッチなどの（⑤　　　　　　　）がしかれ、1941年には米が（⑥　　　　　　　）となった。農村では1940年から（⑦　　　　　　　）が実施され、政府が強制的に米を買い上げた。

9 〉戦時体制Ⅳ　思想統制

日中戦争期には、思想統制はいちだんと厳しくなった。1937年、文部省は「（①　　　　　　　　　）」を全国の学校・官庁に配布し思想教化をはかった。同年、植民地経済政策の研究者の（②　　　　　　　　）東大教授が大学を追われた。1938年、（③　　　　　　　　）東大教授らのグループが（④　　　　　　　　）結成をはかったとして検挙された。政府は国民の戦争協力をうながすため、1937年から（⑤　　　　　　　　　　　　）を展開した。労資一体で国策に協力する（⑥　　　　　　　　）の結成が進められ、1940年に大日本産業報国会ができると、既存の（⑦　　　　　　　）はすべて解散させられた。同年、政府は（⑧　　　　　　　　）を設置し、出版・演劇・ラジオ・映画などマス＝メディアの総合的な統制をめざした。

10 〉戦時下の文化

1930年代後半には、日本の伝統文化への回帰の傾向が強まった。雑誌『日本浪漫派』によった（①　　　　　　　・　　　　　　　　　）らが反近代と民族主義を掲げる文芸評論をさかんに発表した。1930年代前半の社会主義弾圧により、プロレタリア文学は壊滅し、（②　　　　　　　　）の『村の家』、（③　　　　　　　　）の『生活の探求』などの転向文学がつくられた。日中戦争期には、（④　　　　　　　）の『麦と兵隊』などの戦争文学が人気を博したが、（⑤　　　　　　　　）の『生きてゐる兵隊』は発売禁止となった。1942年には文学者の戦争協力団体として（⑥　　　　　　　　）が結成された。

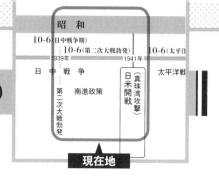

昭　和

10-6（日中戦争期）
　　　10-6（第二次大戦勃発）　　　　　10-6（太平洋
　　1939年　　　　　　　　1941年
日　中　戦　争　　　　　　　　　　太平洋戦

南進政策　　　（真珠湾攻撃）
第二次大戦勃発　　　日米開戦

現在地

10-6 第二次世界大戦（第二次大戦勃発）

1 ▶ 日中戦争時のソ連の動向　→P.353の地図を参照

日中戦争中のソ連の動向を警戒していた日本軍は、1938 年、朝鮮に近いソ連・満州国国境地帯の（①＿＿＿＿＿＿＿）でソ連軍と戦った。さらに 1939 年、満州国・モンゴル国境地帯の（②＿＿＿＿＿＿＿＿＿）でソ連・モンゴル軍と戦い、ソ連の大戦車軍団の前に大打撃を受けた。

2 ▶ 第二次世界大戦Ⅰ　勃発　→P.358の地図で英・仏・独・ソの位置関係を確認

1938 年、ヨーロッパで周辺諸国を侵略しはじめたドイツは、（①＿＿＿＿＿・＿＿＿＿＿・＿＿＿＿＿＿＿）を仮想敵国とする軍事同盟を、日本に働きかけてきた。東西の両面作戦となることを避けたいドイツは、1939 年 8 月、突如（②＿＿＿＿＿＿＿＿条約）を結んだ。日本の（③＿＿＿＿＿＿＿）内閣はこの国際情勢の急変を分析できず、総辞職した。（④＿＿＿＿）年 9 月、ドイツと（⑤＿＿＿＿＿・＿＿＿＿＿＿＿）が開戦し、第二次世界大戦が始まった。日本の（⑥＿＿＿＿＿＿）内閣・（⑦＿＿＿＿＿＿）内閣は、ヨーロッパの戦争に不介入の方針をとった。

3 ▶ 第二次世界大戦Ⅱ　ドイツの快進撃と日本の南進論

1939 年 7 月アメリカは（①＿＿＿＿＿＿＿＿条約）の破棄を通告し、日本の軍需資材入手は困難になっていた。ドイツがヨーロッパ戦線で圧倒的に優勢になると、日本では、この情勢を利用して（②＿＿＿＿）との結びつきを強化し（③＿＿＿＿＿・＿＿＿＿＿＿）との戦争を覚悟のうえで東南アジアの欧米植民地に進出し、「（④＿＿＿＿＿＿＿＿）」を建設して（⑤＿＿＿＿＿・＿＿＿・＿＿＿＿＿）などの軍需資材を確保しようという主張が急速に高まった。これを（⑥＿＿＿＿論）という。

4 ▶ 新体制運動

1940 年 6 月、（①＿＿＿＿＿＿＿）は（②＿＿＿＿＿＿＿＿）の先頭に立った。これは、ドイツのナチ党、イタリアのファシスト党にならって強力な「一国一党」の新政党樹立をめざすものだった。新体制運動は、第 2 次近衛内閣成立後の同年 10 月、（③＿＿＿＿＿＿＿＿＿＿＿）として結実した。（④＿＿＿＿＿・＿＿＿＿＿・＿＿＿＿＿＿）などの既成政党は解散してこれに合流した。しかし、大政翼賛会は政党組織ではなく、戦争遂行のために国民を動員する団体をすべて傘下におさめ、首相を総裁とする（⑤＿＿＿＿＿＿）機関となった。その傘下団体には、（⑥＿＿＿＿＿＿）・（⑦＿＿＿＿＿＿）・大日本翼賛壮年団・大日本青少年団などがあった。

5 ▶ 隣組

大政翼賛会の最末端組織に位置づけられた（①＿＿＿＿＿）は、5 〜 10 戸ほどで構成された。（②＿＿＿＿＿＿）による情報伝達、防火訓練、出征兵士の見送り、国債募集など戦時業務を担った。とくに生活必需品の（③＿＿＿＿＿）を担当したため、庶民に戦争協力を強制する組織となった。

6 ▶ 第二次世界大戦Ⅲ　近衛内閣の南進政策　🔍欧米の東南アジア植民地を地図で確認しよう

1940 年 7 月に成立した第 2 次（①＿＿＿＿＿＿＿）内閣は、南進政策を明確にしていった。そ

のねらいは、ドイツに占領されたオランダの植民地（②＿＿＿＿＿＿＿＿）と、ドイツに降伏したフランスの植民地（③＿＿＿＿＿＿＿）を日本の影響下におくこと、（④＿＿＿＿＿＿＿）を遮断して中国戦線の膠着を打開すること、であった。同年９月、日本軍は（⑤＿＿＿＿＿＿＿）に進駐（しんちゅう）し、さらに（⑥＿＿＿＿＿＿＿）を仮想敵国とする（⑦＿＿＿＿＿＿＿＿）を締結した。こうした動きにアメリカは強く反発し、この前後に航空機用（⑧＿＿＿＿＿＿）や（⑨＿＿＿＿＿＿）の対日禁輸措置をとった。

7〉皇民化政策

日中戦争期から、日本は植民地の朝鮮・台湾に対し（①＿＿＿＿＿）の使用や神社参拝を強要した。朝鮮では姓名を日本風に改める（②＿＿＿＿＿）も強制された。これらを（③＿＿＿＿＿政策）という。

8〉太平洋戦争前夜Ⅰ　日米交渉開始

日本の南進政策と三国同盟で悪化した日米関係を打開し、戦争を回避するため、1941年４月、（①＿＿＿＿＿）内閣は（②＿＿＿＿＿）を開始した。交渉はワシントンで（③＿＿＿＿＿＿）駐米大使と（④＿＿＿＿＿）国務長官とのあいだでおこなわれた。

9〉太平洋戦争前夜Ⅱ　ソ連の動向

日米交渉開始と同じ1941年４月、（①＿＿＿＿＿）外相はモスクワを訪問し（②＿＿＿＿＿条約）を結んだ。松岡のねらいの一つは日独伊三国同盟に（③＿＿＿＿＿）を加えて、（④＿＿＿＿＿＿）に圧力をかけようとするものだったが、1941年６月に（⑤＿＿＿＿＿戦争）が始まると挫折した。そこで日本は、（⑥＿＿＿＿＿＿）［関特演（かんとくえん）］という名目で約70万人の大軍を満州に集結してソ連戦を準備したが、８月に中止した。

10〉太平洋戦争前夜Ⅲ　南部仏印進駐

1941年７月、第３次（①＿＿＿＿＿）内閣は（②＿＿＿＿＿）を実行した。これに反発したアメリカは、（③＿＿＿＿＿）を凍結し、（④＿＿＿＿＿）を禁止した。

11〉太平洋戦争前夜Ⅳ　東条英機内閣

９月６日の（①＿＿＿＿＿）は、（②＿＿＿＿＿＿）を決定した。これは、日米交渉の期限を10月上旬と区切り、交渉不成立時の対米開戦を決定した。アメリカ側は、日本軍の（③＿＿＿＿＿＿）を要求した。日米交渉妥結を強く求める（④＿＿＿＿＿）首相と、中国からの全面撤退に反対し開戦を主張する（⑤＿＿＿＿＿）陸相とが対立し、近衛内閣は総辞職した。かわって、（⑥＿＿＿＿＿）内大臣の推挙により、東条英機（とうじょうひでき）内閣が成立した。東条内閣は日米交渉を継続したが、11月のアメリカ側の最終提案［（⑦＿＿＿＿＿＿）という］と日本案とはまったく隔たっており、交渉成立は絶望的となった。

12〉日米開戦

（①＿＿＿＿＿）年12月８日、日本陸軍が英領（②＿＿＿＿＿）に奇襲上陸し、日本海軍がハワイ（③＿＿＿＿＿）を奇襲攻撃し、太平洋戦争が始まった。日本側の宣戦布告が③攻撃のあとだったため、アメリカ世論は「（④＿＿＿＿＿＿）」の標語のもとに反日感情を高めて結束した。12万人余りの日系アメリカ人が、アメリカ各地の（⑤＿＿＿＿＿）に収容された。

昭　和

（日中戦争期）
10-6（第二次大戦勃発）　　10-6（太平洋戦争）
1939年　　　　　1941年　　　　　　　1945年

中　戦　争　　　　　　　　太平洋戦争　　　敗

第二次大戦勃発　　南進政策　　日米開戦（真珠湾攻撃）　　　　　　　戦

現在地

10-6　第二次世界大戦（太平洋戦争期）

1 ▶ 緒戦の勝利　→P.364の地図でミッドウェーの位置を確認　🔍欧米の東南アジア植民地を地図で確認しよう

開戦から半年間、日本軍は快進撃を続けた。すでに進駐していた仏領（①　　　　　　　　　）に
加えて、英領（②　　　　　　　・　　　　　　　・　　　　　　　・　　　　　　　）、蘭領（③
　　　　　　　）、米領（④　　　　　　　　）など、東南アジア一帯から南太平洋を制圧し、
（⑤　　　　　　）下においた。国民は緒戦の勝利に（⑥　　　　　　　）した。しかし、1942年6月の
（⑦　　　　　　　　　海戦）での大敗北を転機に、戦局は大きく転換した。

2 ▶ 翼賛選挙

緒戦の勝利の興奮を背景にして、1942年4月、（①　　　　　　　　）内閣は「（②　　　　　　　　）」
といわれる総選挙を実施した。（③　　　　　　　・　　　　　　　・　　　　　　　）
らは推薦を受けなかったが、政府の援助を受けた推薦候補が絶対多数を獲得し、（④
　　　　　　　　　）が結成された。形式的には（⑤　　　　　）や議会活動は停止されなかったが、
議会は（⑥　　　　　提案）に承認を与えるだけの機関となった。

3 ▶ 大東亜共栄圏　→P.365の注③を参照　🔍大東亜共栄圏の実態を確認しよう

この戦争の目的は、当時、（①　　　　　　）の植民地支配からの解放、「（②　　　　　　　　　　　）」
の建設とされていた。1943年11月、（③　　　　　　　　）内閣は日本軍の占領地域の代表者を東
京に集め、（④　　　　　　　　　）を開いて「大東亜共栄圏」の結束を誇示した。しかし、その実
態は石油・ゴムなど戦略物資の徴発、軍票などの乱発による軍事インフレーション、（⑤
　　　　　）建設などの強制動員、（⑥　　　　　　　　）学習や（⑦　　　　　参拝）の強要であった。住民
の評価は一変し、日本軍は各地で組織的な（⑧　　　　　　　　　）に直面した。

4 ▶ 中国戦線　→P.341の地図で③を確認しよう

中国戦線では、国民政府は（①　　　　　　）にこもっていたが、（②　　　　　　　党）は華北の
農村地帯に広く（③　　　　　　　　　　）をつくり、抗日ゲリラ戦を展開した。日本軍は、抗日根拠
地への攻撃で「焼き尽す、殺し尽す、奪い尽す」の（④　　　　　作戦）を展開した。また、満州・
ハルビンの（⑤　　　　　部隊）では、中国人・ソ連人捕虜を使った生体実験がおこなわれた。

5 ▶ 国民生活の崩壊

太平洋戦争開戦後、政府は、国民を兵力・労働力として根こそぎ動員した。1943年、在学中の
徴兵適齢文科系学生を徴兵する（①　　　　　　　　）を開始した。軍需工場への（②　　　　　　　　）
として、学生・生徒や（③　　　　　　　隊）に編成した未婚の女性たちを徴発した。植民地朝鮮・
台湾でも（④　　　　　制）が施行された。生活必需品が極度に不足し（⑤　　　　　取引）が増加した。

6 ▶ 米軍の反攻　→P.364の地図で地名を確認しよう

1943年2月、日本軍最大進攻線南端のソロモン諸島（①　　　　　　　　　　　島）から日本軍が撤退

すると、日本軍の劣勢は決定的となり、後退を続けた。1944 年 7 月、マリアナ諸島の（②　　　　　　　島）陥落を機に東条英機内閣は総辞職し、（③　　　　　　　　　　）内閣が成立した。同年 10 月、米軍はフィリピンの（④　　　　　　　島）に上陸した。このとき日本海軍は（⑤　　　　　　　　　　）による体当たり攻撃を開始した。1945 年 4 月、米軍は（⑥　　　　　　）本島に上陸し、沖縄戦が始まった。小磯内閣は退陣し、かわって（⑦　　　　　　　　　）内閣が成立した。

7 ▶本土空襲

　1944 年 7 月（①　　　　　　　　　島）を占領した米軍は、同年 11 月以降サイパン島などマリアナ諸島から（②　　　　　　　　　機）による日本（③　　　　　　　　）を開始した。米軍は焼夷弾を使って、一般市民・家屋を標的とする（④　　　　　　　爆撃）を展開した。1945 年 3 月 10 日の（⑤　　　　　　　　）では一夜にして約 10 万人が焼死した。都市から田舎へと、空襲から逃れるための（⑥　　　　　　　　）も始まった。

8 ▶連合国の終戦戦略 I　カイロ会談

　1943 年、連合国首脳の米大統領（①　　　　　　　　　　　）、英首相（②　　　　　　　）、中国国民政府主席（③　　　　　　　）がエジプトの（④　　　　　　）で会談した。その内容は、日本の無条件降伏まで徹底して戦うことのほか、（⑤　　　・　　　・　　　　　　）の中国返還、（⑥　　　　）の独立など、日本領土の処分方針を決めた。

9 ▶連合国の終戦戦略 II　ヤルタ会談

　（①　　　　　　）年 2 月、連合国首脳の米大統領（②　　　　　　　　　　　　　　）、英首相（③　　　　　　　）、ソ連共産党書記長（④　　　　　　　　）がクリミア半島の（⑤　　　　　　　）で会談した。その内容は、ドイツの戦後処理問題のほか、秘密協定として、(1)（⑥　　　　　）降伏後 2 〜 3 カ月以内の（⑦　　　　　）の（⑧　　　　　　　）、(2) ソ連への（⑨　　　　　）返還と（⑩　　　　　　　）の譲渡、などが約束された。

10 ▶連合国の終戦戦略 III　ポツダム会談

　1945 年 7 月、連合国首脳の米大統領（①　　　　　　　　）、英首相（②　　　　　　　　　、のち　　　　　　　）、ソ連の（③　　　　　　）がベルリン郊外の（④　　　　　　　）で会談した。これを受けて、米・英・（⑤　　　　）の 3 交戦国の名で、日本軍に（⑥　　　　　　　）を求めるポツダム宣言を発表した。

11 ▶日本の敗戦

　ポツダム宣言に対して、日本の（①　　　　　　　　）内閣は「（②　　　　　）する」と発表した。（③　　　　　協定）によってソ連の対日参戦期限がせまっていたため、それを阻止しようとした（④　　　　　　　）は、8 月 6 日に（⑤　　　　　　　）を広島に投下した。参戦を急いだ（⑥　　　　）は、8 月 8 日に対日宣戦布告し、翌日満州・朝鮮に侵入した。アメリカは 8 月 9 日、（⑦　　　　）にも原爆を投下した。8 月 14 日、日本政府はポツダム宣言の（⑧　　　　）を連合国に通告し、翌 15 日、（⑨　　　　天皇）のラジオ放送で戦争終結を国民に伝えた。なお、ソ連軍の満州侵攻で（⑩　　　　　）は壊滅し、（⑪　　　　　　　　）など多くの日本人が悲惨な最期をとげた。こうした状況のなかで、多数の（⑫　　　　　　）が生まれた。

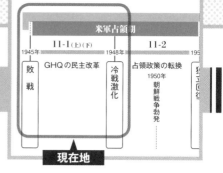

11-1 占領と改革（上）

1）連合国（UN）と国際連合（UN）

第二次世界大戦の（①　　　　　　　）51 カ国で、1945 年 10 月に国際連合が発足した。（②　　　　　・
　　　　　・　　　　　・　　　　　）の５大国を常任理事国とする（③　　　　　　　　　　）が軍
事発動権をもち、国際平和の維持をめざしたが、安全保障理事会での議決に関し、5 大国は（④
　　　　　　　）をもった。

2）連合国軍の日本統治機構 I　間接統治

日本は連合国に占領されたが、事実上（①　　　　　　）軍による単独占領だった。その方式
は、（②　　　　　　　　）を最高司令官とする（③　　　　　　　　　　　　　）
〔（④　　　　　　　）/SCAP〕の指令・勧告にもとづいて日本政府が政治をおこなう（⑤　　　　統治）
の方法がとられた。その際 GHQ は、法律の制定を待たず、（⑥　　　　　　勅令）によってそ
の要求を実施させることができ、その力は憲法をも超越した。

3）連合国軍の日本統治機構 II　アメリカ政府の主導

連合国の対日占領政策決定の最高機関として（①　　　　　　　）に（②　　　　　　　　　　）
がおかれ、（③　　　　　　）には最高司令官の諮問機関として（④　　　　　　　　　）が設けられた。
しかし、緊急事態には②の決定を待たずに、アメリカ政府が「（⑤　　　　　　　）」を出すことが
でき、その主導のもとに対日占領政策が実施された。

4）東久邇宮稔彦内閣　一億総懺悔

ポツダム宣言受諾とともに（①　　　　　　　）内閣は総辞職し、かわって皇族の（②
　　　　）が組閣した。東久邇宮内閣は「（③　　　　　　　　）」「（④　　　　　　　　　）」をとなえて
占領政策と対立した。GHQ から（⑤　　　　指令）が出されると、その実行は不可能だとして総
辞職した。

5）幣原喜重郎内閣　民主化政策の開始

東久邇宮内閣にかわって、戦前に米英との（①　　　　外交）で知られた（②　　　　　　　　）
が組閣した。幣原内閣のもとで民主化政策は開始された。マッカーサーは幣原に対し、（③
　　　　　　　　）の付与、（④　　　　　　　　）の結成奨励、教育の自由主義的改革、（⑤
　　　　）などの廃止、経済機構の民主化、の五大改革を指示した。

6）戦犯裁判　→P.372のコラムを参照

GHQ は戦争指導者たちを（①　　　　戦犯）として起訴し（②　　　　　　　　　　　　　）
で裁いた。これを（③　　　　　　　）といい、（④　　　　　　　）ら 7 人の死刑が執行され
た。また連合国は、捕虜虐待などの責任者・実行者を（⑤　　　　　　戦犯）として、アジ
ア各地の裁判所で裁き、984 人に死刑判決を出した。一方で GHQ は、（⑥　　　　　　　）を占

領支配に利用しようとして、（⑦　　　　　天皇）を戦犯容疑者に指定せず、1946年正月のいわゆる（⑧　　　　　　　　　）で神格を否定させた。また、戦争犯罪人・陸海軍軍人・超国家主義者・（⑨　　　　　　　　　）の有力者らの（⑩　　　　　　　　　）を指令し、21万人が職を追われた。

7 ▶ 財閥解体

　GHQは日本の財閥を軍国主義の温床とみて、その解体を進めた。（①　　　　　　　　　　　　）を1946年に発足させ、（②　　　　　　　　　）による財閥の企業支配を一掃しようとした。1947年には（③　　　　　　　　法）を制定し、（④　　　　　　　　　）や（⑤　　　　　　　　　）・トラストを禁止した。また、（⑥　　　　　　　　　　　　法）により、巨大独占企業の分割をめざした。しかし、その後の占領政策の転換で、実際に分割されたのは（⑦　　　　　　　　　）・（⑧　　　　　　　　　）など11社だけだった。

8 ▶ 農地改革

　GHQは（①　　　　　　　　制）による農民層の（②　　　　　　　）が、日本の対外侵略の重要な動機となったとし、農地改革を指示した。第一次農地改革案は不徹底な内容だったため、1946年、GHQ案にもとづく（③　　　　　　　　　　法）によって、（④第　　　次）農地改革が開始された。（⑤　　　　　　　　）の全貸付地、在村地主の貸付地のうち（⑥　　　町歩）［北海道は（⑦　　　町歩）］をこえる分は国が強制的に買い上げた。農地改革によって、（⑧　　　　　　　　　　）を中心とする農民運動は衰え、農業経営を支援する（⑨　　　　　　　　　　）が各地に設立された。

9 ▶ 労働改革

　GHQは、労働者の低賃金構造にもとづく（①　　　　　　　　）の狭さが対外侵略の基盤だったとみた。1945年に（②　　　　　　法）を制定して、労働者の（③　　　　　　　・　　　　　・　　　　　）を保障した。1946年に（④　　　　　　　　　法）、1947年に（⑤　　　　　　法）を制定した。労働組合の結成があいつぎ、1946年には全国組織として、右派の（⑥　　　　　　　［　　　　　　　］）、左派の（⑦　　　　　　　　　　　　　　［　　　　　　　］）が結成された。

10 ▶ 教育改革

　GHQは（①　　　　主義）的教員の追放を指示し、（②　　　　　　）・日本歴史・地理の授業を一旦禁止した。1947年、（③　　　　　　　　法）により、男女共学、9年間の義務教育などを定めた。また、（④　　　　　　法）により、六・三・三・四の新学制が発足した。1948年、（⑤　　　　　　　　）による教育委員会が設けられ、教育行政の地方分権化を進めた。

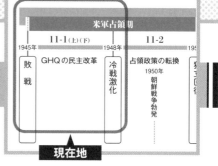

11-1 占領と改革（下）

1 ▶ 政党の復活

1945年、GHQの指令で出獄した徳田球一らを中心に、（①＿＿＿＿＿＿＿党）が合法政党として活動を開始した。同年末までに、旧無産政党を統合して（②＿＿＿＿＿＿党）、旧立憲政友会系議員が中心の（③＿＿＿＿＿＿党）、旧立憲民政党系議員が中心の（④＿＿＿＿＿＿党）などが結成された。

2 ▶ 戦後初の総選挙［第1次吉田茂内閣へ］

1945年12月、衆議院議員選挙法が改正され、満（①＿＿歳）以上の（②＿＿＿＿）に選挙権が与えられた。翌年4月の総選挙で（③＿＿＿）名の女性議員が誕生し、（④＿＿＿＿＿党）が第一党となった。④の（⑤＿＿＿＿＿）が内閣を組織した。

3 ▶ 日本国憲法の制定 I　松本案〜GHQ草案

GHQから憲法改正を指示された（①＿＿＿＿＿＿）内閣は、（②＿＿＿＿＿＿）を委員長とする憲法問題調査委員会を設置した。しかし、委員会案は天皇主権を認める内容だったため、GHQは、日本の（③＿＿＿＿＿＿）らによる「憲法草案要綱」も参照して、（④＿＿＿＿＿＿）［GHQ草案］を作成し、日本政府に提示した。

4 ▶ 日本国憲法の制定 II　帝国議会での審議

GHQ草案では国会は一院制だったが、日本政府の強い希望で（①＿＿＿＿）を加えた二院制となった。政府案は（②＿＿＿＿＿＿）［衆議院と貴族院］で審議された。第9条に関し、（③＿＿＿＿＿）の発案により、第2項に「前項の目的を達するため」との字句が加えられ、（④＿＿＿＿）のための軍隊保持に含みを残した。日本国憲法は（⑤＿＿年＿月＿日）に公布され、（⑥＿＿年＿月＿日）から施行された。

5 ▶ 諸法典の改正

1947年に改正された（①＿＿法）では、（②＿＿＿）の家族員に対する支配権は否定され、（③＿＿＿＿＿）制度にかえて財産の（④＿＿＿＿＿）が定められた。刑法の改正では、（⑤＿＿・＿＿・＿＿）などが廃止された。1947年に（⑥＿＿＿＿＿法）が成立して、都道府県知事・市町村長が（⑦＿＿＿＿）となり、警察・地方行政を管轄してきた（⑧＿＿＿＿＿）もGHQの指示で廃止された。

6 ▶ 戦後の生活難

終戦にともない、将兵の（①＿＿＿＿）や海外居住者の（②＿＿＿＿＿）で人口はふくらみ、軍需工場の閉鎖などで（③＿＿＿＿＿）も急増した。1945年は記録的な凶作で食料不足が深刻化し、米の（④＿＿＿＿）では遅配・欠配が続いた。都市民衆は農村への食料の（⑤＿＿＿＿＿）や、公定価格・配給制を無視した（⑥＿＿＿＿）に頼って飢えをしのいだ。

7 ▶ 戦後インフレⅠ　金融緊急措置令　→P.378のグラフを参照

　終戦後、極度の物不足と臨時（①　　　　　　　　　）の大量支払いなどによる通貨の膨張で、猛烈な
（②　　　　　　　　　　　）が発生した。1946年、（③　　　　　　　）内閣は（④　　　　　　　　　　）
を出し、（⑤　　　　　　　）をしたうえで旧円流通禁止と新円引出し制限をすることで、一時的に
インフレを抑えた。

8 ▶ 戦後インフレⅡ　傾斜生産方式　→P.378のグラフを参照

　第1次（①　　　　　　　　）内閣は1946年に（②　　　　　　　　　方式）を採用して資材・資金を
（③　　　　　・　　　　　）など重要産業部門に集中させることとし、翌年、（④　　　　　　　　　　　）
を創設して基幹産業への資金供給を開始した。その結果、通貨の膨張とインフレは再び激しく
進行した［復金インフレ］。国民生活の危機で、大衆運動が高揚し、1947年2月1日を期して
（⑤　　　　　　　　　　　　　）への突入が決定されたが、GHQの指令で中止された。

9 ▶ 片山哲内閣〜芦田均内閣　中道連立内閣

　1947年の総選挙で（①　　　　　　　党）が衆議院第一党となり、日本社会党・（②　　　　　党）・
国民協同党の連立による（③　　　　　　　　）内閣が成立した。GHQは「（④　　　　　　）」と評価したが、
1年もたずに総辞職した。かわって1948年、同じ3党連立で民主党の（⑤　　　　　　　　）が内閣
を組織したが、疑獄事件［（⑥　　　　　　　　事件）］で退陣した。

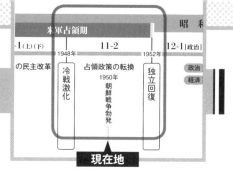

11-2 冷戦の開始と講和

1） 冷戦体制の形成Ⅰ　経済面　→P.393の注④⑤を参照

1947年、アメリカは （①＿＿＿＿＿＿＿＿＿＿）［IMF］を創設して、ドルを基軸通貨とする（②＿＿＿＿＿＿制）を築いた。また、（③＿＿＿＿＿＿＿＿＿＿＿＿＿＿＿＿＿）［GATT］を締結して自由貿易体制を築き、資本主義的世界経済の中心となった。一方、ソ連に占領された（④＿＿＿＿）諸国では、ソ連型の（⑤＿＿＿＿＿主義）体制が樹立された。

2） 冷戦体制の形成Ⅱ　軍事面

1947年、アメリカの（①＿＿＿＿＿＿＿）大統領がソ連「封じ込め」をとなえるトルーマン＝ドクトリンを発表した。同年（②＿＿＿＿＿＿＿＿＿＿）にもとづいて、アメリカによる西欧の復興援助が進められた。1949年アメリカと西欧諸国の軍事同盟として（③＿＿＿＿＿＿＿＿＿）［NATO］が結成された。一方ソ連は1955年に東欧7カ国と（④＿＿＿＿＿＿＿＿＿＿＿＿）を結成した。

3） 東アジアでの東西対立Ⅰ　中国

中国では、日中戦争を通じて農民の強い支持を得ていた（①＿＿＿＿党）が、アメリカに支援された（②＿＿＿＿党）との内戦に勝利し、1949年、（③＿＿＿＿＿＿＿＿＿）の樹立を宣言した［主席は（④＿＿＿＿＿＿）］。新中国は（⑤＿＿＿＿＿）陣営に入った。敗れた国民党は（⑥＿＿＿＿＿）に逃れ、中華民国［総統は（⑦＿＿＿＿＿＿）］を存続させた。

4） 東アジアでの東西対立Ⅱ　朝鮮　→P.370を参照

日本の植民地であった朝鮮は、日本の降伏とともに、（①北緯＿＿＿度線）の北は（②＿＿＿＿＿）軍、南は（③＿＿＿＿＿＿＿）軍によって分割占領された。1948年、ソ連軍占領地域に（④＿＿＿＿＿＿＿＿）［首相は（⑤＿＿＿＿＿＿）］、アメリカ軍占領地域に（⑥＿＿＿＿＿＿＿＿）［大統領は（⑦＿＿＿＿＿＿）］が建国され、南北分断が固定化された。

5） 占領政策の転換Ⅰ

中国内戦での共産党の優勢が明確になった（①＿＿＿＿＿＿＿）年以降、アメリカの対日占領政策は転換した。アメリカは、日本を（②＿＿＿＿国）として復興させ（③＿＿＿＿＿）陣営への組み込みをめざした。過度経済力集中排除法による（④＿＿＿＿＿＿＿）は大幅に緩和された。1948年にはGHQの命令による（⑤＿＿＿＿＿＿＿＿＿）で、公務員は争議権を失った。翌1949年以降、（⑥＿＿＿＿＿＿＿）の解除が進められた。

6） 経済安定九原則〜ドッジ＝ライン［第2〜3次吉田茂内閣］

GHQは1948年、第2次（①＿＿＿＿＿＿）内閣に対し、強力にインフレを抑え込むため、（②＿＿＿＿＿＿＿＿＿＿＿＿＿）の実行を指令した。②にもとづいて翌年から実施された政策を（③＿＿＿＿＿＿＿）という。まったく（④＿＿＿＿＿）を許さない予算で財政支出を大幅に削減し、1ドル＝（⑤＿＿＿円）の単一為替レートを設定して（⑥＿＿＿＿＿振興）をめざした。同年、アメリカの（⑦＿＿＿＿＿＿）による税制改革で、直接税中心主義や（⑧＿＿＿＿＿＿制）が採用された。

7）ドッジ＝ライン不況

ドッジ＝ラインによって戦後インフレは収束した。しかし逆に、1949年後半から（①＿＿＿＿＿＿＿）が深刻化した。行政や企業の人員整理が強行されると、労働者側は激しく抵抗した。同年夏、国鉄をめぐって（②＿＿＿＿＿＿＿・＿＿＿＿＿＿＿・＿＿＿＿＿＿＿）がおきると、真相は不明なまま、政府は、事件は（③＿＿＿＿＿＿＿）・（④＿＿＿＿＿党）の関与によると発表した。そうしたなかで、人員整理が実行された。

8）朝鮮戦争

（①＿＿＿＿＿）年、（②＿＿＿＿＿＿＿）が北緯38度線をこえて韓国に侵攻し、（③＿＿＿＿＿戦争）が始まった。②軍は韓国の大半を制圧した。アメリカ軍が（④＿＿＿＿＿＿＿）として介入した結果、逆に北朝鮮の大半を制圧し、中国国境にせまった。そこで中国の（⑤＿＿＿＿＿＿＿＿）が北側で参戦し、戦線は北緯38度線付近で膠着した。1953年（⑥＿＿＿＿＿＿＿）で休戦協定が調印された。

9）占領政策の転換Ⅱ

朝鮮戦争が始まると、GHQの指令で（①＿＿＿＿＿＿＿）が新設され、旧軍人が採用されていった。共産主義者を職場から追放する（②＿＿＿＿＿＿＿＿）が始まり、マスコミから民間企業・官公庁へと広がった。労働運動では左派の勢力が弱まり、1950年に（③＿＿＿＿＿＿＿＿＿［＿＿＿＿＿］）が結成され、運動の主導権をにぎった。

10）サンフランシスコ平和条約Ⅰ　全面講和と単独講和

平和条約締結に関してアメリカは、講和から（①＿＿＿＿）などを除外する（②＿＿＿＿＿＿＿）によって、講和後のアメリカ軍の日本駐留をめざした。日本国内では、ソ連・中国など全交戦国との（③＿＿＿＿＿＿＿）を求める声が高まった。（④＿＿＿＿＿）内閣は、基地の（⑤＿＿＿＿＿＿＿）の見返りに日本の安全保障を（⑥＿＿＿＿＿＿＿）に依存する道として、単独講和の方式を選択した。ソ連などは講和会議に出席したが（⑦＿＿＿＿＿）せず、（⑧＿＿＿＿＿・＿＿＿＿＿＿＿）などは条約案への不満から出席しなかった。主要交戦国である（⑨＿＿＿＿＿）は、中華人民共和国と中華民国の双方とも招かれなかった。

11）サンフランシスコ平和条約Ⅱ　内容

（①＿＿＿＿＿）年、（②＿＿＿＿＿＿＿条約）が調印され、翌年の発効で日本は独立国として主権を回復した。領土に関しては、（③＿＿＿＿＿）の独立、（④＿＿＿＿＿・＿＿＿＿＿・＿＿＿＿＿＿＿）などの放棄が定められた。（⑤＿＿＿＿＿＿＿・＿＿＿＿＿＿＿）はアメリカの施政権下におかれた。

12）日米安保条約

平和条約調印と同じ日に、（①＿＿＿＿＿＿＿条約）が調印された。この条約により、日本の独立後も、（②＿＿＿＿＿＿＿）は日本に駐留することになった。翌1952年、（③＿＿＿＿＿＿＿）が締結され、日本は米軍に（④＿＿＿＿＿）を提供し、（⑤＿＿＿＿＿＿＿）を分担することになった。

13）占領期の文化

自然科学の分野では、物理学者の（①＿＿＿＿＿＿＿）が1949年、日本人ではじめてノーベル賞を受賞した。同年、あらゆる分野の科学者の代表機関として（②＿＿＿＿＿＿＿）が設立された。また、（③＿＿＿＿＿＿＿）の焼損をきっかけに、1950年、（④＿＿＿＿＿＿＿法）が制定された。伝統的文化財保護などのために、1968年には（⑤＿＿＿＿＿＿＿）が設置された。

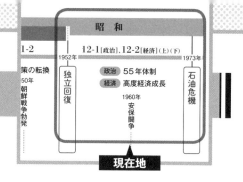

12-1　55年体制

1 第三勢力の台頭

　東西陣営の冷戦が続くなかで、1950～60年代には、両陣営に属さない第三勢力が台頭してきた。1954年、中国とインドは（①＿＿＿＿＿＿・＿＿＿＿＿＿会談）で「平和五原則」を確認した。1955年には、その両国を中心にして（②＿＿＿＿＿＿会議）がインドネシアの（③＿＿＿＿＿＿）で開催された。

2 ベトナム戦争

　ベトナムでは、1954年の（①＿＿＿＿＿＿協定）で（②＿＿＿＿＿＿）軍は撤退した。しかし南北分断のもとで内戦が続いた。内戦は、（③＿＿＿＿＿＿）政府と（④＿＿＿＿＿＿）・（⑤＿＿＿＿＿＿）とが対立する構図で、1965年からは③を支援する（⑥＿＿＿＿＿＿）が、北ベトナムへの爆撃と大規模な軍事介入を開始した。④⑤は中ソが援助した。これを（⑦＿＿＿＿＿＿戦争）という。

3 第3～5次吉田茂内閣Ⅰ　アメリカ陣営の日本

　1952年の平和条約発効後、（①＿＿＿＿＿＿）内閣は治安維持の法整備を進めた。同年、「（②＿＿＿＿＿＿事件）」を契機に（③＿＿＿＿＿＿法）を成立させ、その調査機関として（④＿＿＿＿＿＿）を設置した。また、平和条約発効後、警察予備隊は（⑤＿＿＿＿＿＿）に改組された。さらに1954年、アメリカからの防衛力増強要求に応じて（⑥＿＿＿＿＿＿協定）を締結し、（⑦＿＿＿＿＿＿）を発足させた。

4 第3～5次吉田茂内閣Ⅱ　逆コース

　吉田茂内閣は1954年、新警察法により、（①＿＿＿＿＿＿警察）を廃止し、（②＿＿＿＿＿＿）指揮下の都道府県警察からなる国家警察に一本化した。教育の分野では、同年公布の「（③＿＿＿＿＿＿）」で公立学校教員の政治活動と政治教育を禁止した。1956年には、それまで公選だった教育委員を、地方自治体首長による（④＿＿＿＿制）に切り換えた。

5 第3～5次吉田茂内閣Ⅲ　平和運動の高まり

　吉田茂内閣の再軍備・逆コースに対して、石川県（①＿＿＿＿＿＿）、東京都（②＿＿＿＿＿＿）などでアメリカ軍基地反対闘争が高まった。1954年、（③＿＿＿＿＿＿環礁）でのアメリカ水爆実験で（④＿＿＿＿＿＿）が被爆し、1人が死亡した。これを契機に、1955年に広島で第1回（⑤＿＿＿＿＿＿）が開かれた。

6 鳩山一郎内閣Ⅰ　55体制の成立

　公職追放の解除によって、（①＿＿＿＿＿＿・＿＿＿＿＿＿・＿＿＿＿＿＿）ら有力政治家が政界に復帰していた。鳩山は（②＿＿＿＿＿＿党）を結成し、1954年、鳩山内閣を成立させた。（③＿＿＿＿＿＿）の対立構造が形成され、革新側では1955年に（④＿＿＿＿＿＿党）

148

が左右両派を統一させた。保守側もその直後、日本民主党と（⑤_____党）が合流して（⑥_____党）を結成した［（⑦_____）という］。社会党など革新側が議席の約1/3、保守側の自民党が議席の2/3弱を占めて対抗する保守優位の政治体制を（⑧_____）といい、その後40年近く続いた。

7) 鳩山一郎内閣Ⅱ　国際連合加盟

　サンフランシスコ平和条約から5年後の1956年、鳩山首相はモスクワを訪問して（①_____）に調印し、国交を正常化した。その結果、同年末に日本の（②_____）が実現した。

8) 岸信介内閣　安保闘争

　短命に終わった（①_____）内閣のあと、1957年に（②_____）内閣が成立した。岸内閣は革新勢力と対決した。教員の勤務評定を全国一斉に実施し、（③_____）と対立した。また、安保改定をめざし、（④_____）年（⑤_____条約）に調印した。同年5月、警官隊を導入した衆議院で（⑥_____）の採決を強行したため、安保改定反対運動が一挙に高揚した［（⑦_____）という］。条約批准案は（⑧_____）での議決を経ないまま、自然成立した。

9) 池田勇人内閣　所得倍増政策

　1960年、岸内閣にかわって登場した（①_____）内閣は「（②_____）」をとなえて革新勢力との対決を避けた。「（③_____）」をスローガンにして、高度経済成長を促進する政策を展開した。国交のない（④_____）との貿易拡大をめざし、1962年（⑤_____）と呼ばれる準政府間貿易の取決めを結んだ。

10) 佐藤栄作内閣　韓国と沖縄　→P.383の地図を参照

　1964年に成立した（①_____）内閣は、高度成長期後半の約8年を運営した。朝鮮半島に関しては、韓国の（②_____）政権と交渉し、1965年に（③_____条約）を結んで国交を樹立した。サンフランシスコ平和条約後も、（④_____）はアメリカの施政権下におかれていた。1965年以降アメリカが（⑤_____戦争）介入を本格化させると、米軍基地が集中する沖縄は、戦争の前線基地となった。戦争の長期化とともに沖縄では（⑥_____運動）が本格化した。（⑦_____・_____会談）にもとづき1971年、（⑧_____協定）が調印され、翌年沖縄の日本復帰が実現した。

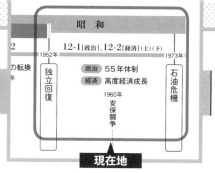

昭　和

12-1[政治]、12-2[経済](上)(下)

1952年　　　　　　　　　　　　　　　　1973年

独立回復　　政治　55年体制

経済　高度経済成長

1960年
安保闘争

石油危機

現在地

12-2　経済復興から高度成長へ（上）

1 朝鮮特需　→P.392の表を参照

1949 年の（①＿＿＿＿＿＿＿＿＿＿）で深刻な不況に落ち込んでいた日本経済は、1950 年からの（②＿＿＿＿戦争）で息を吹き返した。（③＿＿＿＿＿＿軍）からの軍需物資・自動車修理などの膨大な（④＿＿＿＿）によって特需景気がおこり、工業生産は 1951 年には戦前の水準を回復した。日本は 1952 年に（⑤＿＿＿＿＿＿）、1955 年に（⑥＿＿＿＿＿＿）に加盟した。

2 高度成長 I　時期　→P.394のグラフを参照

（①＿＿＿＿＿＿）〜 1957 年、日本経済は「（②＿＿＿＿＿景気）」と呼ばれる大型景気を迎え、ここから高度経済成長が始まった。その後、「（③＿＿＿＿＿景気）」、「（④＿＿＿＿＿＿＿＿景気）」、「（⑤＿＿＿＿＿＿＿景気）」と続き、（⑥＿＿＿＿＿）年の第 1 次石油危機までの約 20 年間、成長率が年平均（⑦＿＿＿＿％）前後の成長を続けた。

3 高度成長 II　設備投資と日本的経営

鉄鋼・造船・（①＿＿＿＿＿＿）・（②＿＿＿＿＿＿＿）・化学などの部門が、アメリカの（③＿＿＿＿＿＿＿）の成果を取り入れて設備を更新し、（④＿＿＿＿＿＿＿）・合成繊維などの新部門も急速に発達した。企業は（⑤＿＿＿＿＿＿・＿＿＿＿・＿＿＿＿＿＿）の日本的経営によって、労働者の企業への帰属意識を育成した。

4 高度成長 III　産業構造の高度化

この間に、日本経済に占める（①第＿＿＿次産業）の比重が下がり、（②第＿＿＿次・第＿＿＿次産業）の比重が高まった。第二次産業では、（③＿＿＿＿＿＿工業）が工業生産額の 3 分の 2 を占めた。また、（④＿＿＿＿から＿＿＿＿）へのエネルギー転換が急速に進んだ。そのため石炭産業が斜陽化し、1960 年には三井鉱山の（⑤＿＿＿＿＿＿）で激しい解雇反対争議が展開された。

5 高度成長 IV　国内市場拡大

高度成長は、（①＿＿＿＿＿＿＿）の拡大に支えられた。その背景としては、若年労働者の不足や労働運動の発展で、労働者の（②＿＿＿＿＿）が上昇を続けたことが大きい。1955 年には各産業がいっせいに賃上げ要求をする「（③＿＿＿＿＿）」方式が始まった。農業でも（④＿＿＿＿＿＿制度）のもとでの（⑤＿＿＿＿＿）の政策的引上げなどで、農家所得が増加した。また、他産業との所得格差解消をめざし、1961 年に（⑥＿＿＿＿＿＿法）が制定された。

6 高度成長 V　輸出拡大

高度成長は、（①＿＿＿＿＿）の拡大にも支えられた。1 ドル＝ 360 円という（②＿＿＿安）の固定為替相場と、海外からの安価な（③＿＿＿＿＿）の輸入に支えられ、輸出は急速に拡大し、1960 年代後半以降、大幅な（④＿＿＿＿＿＿）が続いた。輸出の中心は（⑤＿＿＿＿＿・＿＿＿＿・＿＿＿＿＿＿）などの重化学工業製品であった。

7 高度成長Ⅵ　開放経済と企業集団　→P.372の注①を参照

　日本は1963年、（①＿＿＿＿＿＿＿＿＿＿国）に移行し、1964年には（②＿＿＿＿＿＿国）に移行して（③＿＿＿＿＿＿＿＿＿＿＿＿）[OECD]にも加盟し、為替と資本を自由化した。開放経済による国際競争激化に備えて、大型企業の合併が進んだ。過度経済力集中排除法で分割された巨大企業の再合併として、1964年の（④＿＿＿＿＿＿＿＿）、1970年の（⑤＿＿＿＿＿＿＿＿）がある。また、旧財閥系などの都市銀行［（⑥＿＿＿＿・＿＿＿＿・＿＿＿＿・＿＿＿＿・＿＿＿＿＿＿＿）］を中心とする（⑦六大＿＿＿＿＿＿）が形成され、激しく競争した。

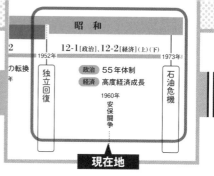

昭和

12-1[政治], 12-2[経済](上)(下)

政治　55年体制
経済　高度経済成長

1952年　　　　　　　　　　　　　1973年

独立回復

1960年
安保闘争

石油危機

現在地

12-2 経済復興から高度成長へ（下）

1 日本社会の変貌Ⅰ　都市 →P.400を参照

高度成長の過程で、（①_____・_____・_____・_____・_____）
と続く帯状の巨大な重化学工業地帯が出現した。この地域を（②_____地帯）といい、
産業と人口が著しく集中した。農村から大都市への（③_____）が進行し、大都市では
（④_____）が深刻化した。交通渋滞・（⑤_____）・（⑥_____）が発生し、（⑦_____）
や病院が不足した。家族構成では夫婦と未婚の子女だけの（⑧_____）が増えていった。

2 日本社会の変貌Ⅱ　農村 →食料自給率はP.396の表、P.400の本文を参照

逆に農村部では、（①_____化）が進行し、地域社会の生産活動と社会生活が衰退した。「三ちゃ
ん農業」といわれる（②_____）が増加し、（③_____）をわずかな例外として、日本の
（④_____）は急激に低下した。

3 消費革命と流通革命

高度成長期には、家庭に耐久消費財が爆発的に普及した。前半期には（①_____・
_____・_____）が「三種の神器」といわれ、1960年代後半には（②_____
・_____・_____）が「３Ｃ」といわれて普及した。耐久消費財
ではメーカーの系列販売店網がつくられ、小売業界では（③_____）が成長し
た。食生活では、肉類・乳製品の消費が増大し、食の（④_____化）が進んだ。米は供給過剰と
なり、1970年から（⑤_____政策）が始まった。

4 交通網の整備

交通網の整備が国によって進められた。自動車が交通手段の主力となる「（①_____
）」が進み、1965年に（②_____）、1969年に（③_____
_____）が全通した。鉄道では、1964年に（④_____）が開通し高速
輸送時代を迎えた。

5 マス＝メディアの発達

マス＝メディアでは、1953年に（①_____放送）が開始され、1960年代半ばまでに大方
の家庭に普及した。それにともない（②_____）産業が衰退した。マス＝メディアによる大量の
情報伝達は、日本人の生活様式を（③_____化）していき、国民の８～９割が（④_____意識）
をもつようになった。また、高度成長を背景にして、1964年に（⑤_____）、
1970年に（⑥_____）という国家的イベントが開かれ、日本の経済発展を世界に
示した。

6 高度成長のひずみⅠ　公害

高度成長期には、企業は汚染物質を長期間垂れ流して、環境を破壊した。1960年代後半になって、

（①＿＿＿＿＿）を批判する世論が高まり、政府は、1967年に（②＿＿＿＿＿＿＿＿法）を制定し、1971年には（③＿＿＿＿＿）を発足させた。公害反対の（④＿＿＿＿＿）がおこり、四大公害訴訟である（⑤＿＿＿＿＿・＿＿＿＿＿・＿＿＿＿＿・＿＿＿＿＿）の裁判は、被害者側が勝訴した。

7 〉高度成長のひずみⅡ　革新自治体

　高度成長のひずみに対する住民の反発は、大都市に（①＿＿＿＿自治体）を成立させた。1967年に（②＿＿＿＿＿＿＿＿）が東京都知事に当選し、1970年代には（③＿＿＿＿・＿＿＿＿）府知事と大都市の市長の多くが革新系で占められた。革新自治体は（④＿＿＿＿＿政策）で成果をあげた。

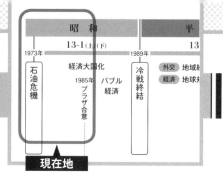

昭　和　　　　　　平

13-1（上）（下）　　　　　　13

1973年　　　　　　　　　1989年

石油危機　　経済大国化　　冷戦終結　　外交　地域紛
1985年　バブル　　　　　経済　地球規
プラザ合意　経済

現在地

13-1 経済大国への道（上）

1 ▶ ベトナム戦争とドル危機　→IMF体制はP.379の注①、P.393の注④を参照

　1965年から本格化した（① 　　　　　　　戦争）は、アメリカ経済を圧迫した。（② 　　　　　　　）の膨張や先進国からの対米輸出の急増が（③ 　　　　　　　）を悪化させ、金保有量の減少が深刻化した［（④ 　　　　危機）］。1971年（⑤ 　　　　　　　）大統領は（⑥ 　　　　　　　停止）などを発表した。これを（⑦ 　　　　　　　　　　　）という。ドルの、世界の基軸通貨としての地位は大きく揺らいだ。アメリカからの為替レート切上げ要求に対し、日本は1971年末に1ドル＝（⑧ 　　　　円）としたが、（⑨ 　　　　　）年、西欧諸国や日本はあいついで（⑩ 　　　　　　制）に移行した。こうして戦後世界経済の枠組みであった（⑪ 　　　　　　）体制は根底から揺らいだ。

2 ▶ 石油危機

　（① 　　　　　）年、第4次中東戦争が勃発すると、（② 　　　　　　　　　　　　　　　［　　　　　］）は原油価格を4倍に引き上げた。（③ 　　　　　　　）の安定供給という経済成長の基本条件が失われ、世界経済の繁栄は1973年を境に一変した。これを（④第1次 　　　　　　　）という。

3 ▶ 田中角栄内閣Ⅰ　日中国交正常化

　1972年、（① 　　　　　　　　）内閣が成立すると、首相自身が訪中して（② 　　　　　　　　　　）を発表し、（③ 　　　　　　　　　）を実現した。日本は、中華人民共和国を「中国で唯一の合法政府」と認めたため、日本と（④ 　　　　　）の国民政府との外交関係は断絶した。しかし、貿易など（⑤ 　　　　）レベルでは密接な関係が続いている。

4 ▶ 田中角栄内閣Ⅱ　高度成長の終焉　→高度経済成長の期間はP.394を参照

　田中角栄首相が（① 　　　　　　　　）政策を打ち出すと、（②土 　　　　）投機が発生した。これに、石油危機にともなう原油価格の高騰が重なり、（③ 　　　　　　　）が発生した。消費者は灯油・洗剤・トイレ紙などの（④ 　　　　　　　）に殺到した。インフレが収束しないままに不況が深刻化し［（⑤ 　　　　　　　　　）という］、1974年に（⑥ 　　　　　　　　　）となった。1955年の「神武景気」から始まった高度経済成長は、（⑦ 　　　　　　）年までで終わった。

5 ▶ 三木武夫内閣　ロッキード事件

　田中角栄首相は（① 　　　　　　　）が明るみに出て、1974年に総辞職し、かわって（② 　　　　　　　）内閣が成立した。この内閣の時、田中角栄元首相が収賄容疑で逮捕される（③ 　　　　　　　事件）がおきた。

6 ▶ 福田～大平～鈴木内閣　🔎歴代内閣一覧で確認しよう

　三木内閣のあとに登場した（① 　　　　　　　）内閣は、1978年に（② 　　　　　　　条約）の締結をした。①のあとに登場した（③ 　　　　　　　）内閣は、第2次石油危機への対処、元号法の制定をした。③内閣のあと、（④ 　　　　　　　）内閣が成立した。

→解答例は、解答編 P.22

A-4. 1879年、明治政府は沖縄県を設置した。江戸時代における沖縄県の存在形態をふまえ、明治維新後の沖縄県設置にいたる過程について具体的に述べなさい（200字程度）。（大阪大学 2016）

＜手順＞

次の2箇所の要約文を使ってまとめます。下記の空欄の語句を使って書いてみましょう。

6-3. 幕藩体制の成立（下）　10. 琉球支配
　　　島津家久　　薩摩藩　　朝貢

9-2. 明治維新と富国強兵（下）　8. 初期外交Ⅲ　対琉球王国
　　　両属関係　　琉球藩　　尚泰　　台湾出兵　　沖縄県　　琉球処分

A-5. 中国では義和団の乱を機にロシアが中国東北部を占領して勢力を拡大していた。この動きに対抗するため、1902年、第一次桂太郎内閣は日英同盟を結び、ロシアとの開戦準備を進めた。日英同盟とは他に、別の国と協調する政策も進められていたが、この政策は一般的に何と呼ばれるか、この政策を進めた人物名と、その内容も含め、80字以内で答えなさい。（首都大学東京 2018）

＜手順＞

次の1箇所の要約文を使ってまとめます。下記の空欄の語句などを使って書いてみましょう。

9-4. 日露戦争と国際関係（上）　7. 日英同盟
　　　ロシア　　伊藤博文　　「満韓交換」　　日露協商論

A-6. 第一次世界大戦中から、日本では都市化とマス＝メディアの発展が顕著になり、海外からの情報と思想の流入も、大量で急速になった。こうした変化が何をもたらしたかに関して、下記の設問A・Bに答えなさい。　※設問Aは省略

　　設問B　上のような社会の変化は、国際的な性格をもった社会運動を生んだ。その内容と、この動きに対する当時の政権の政策について、3行（90字）以内で説明しなさい。　　（東京大学 2015）

＜手順＞

①応用問題です。問題文中の「海外からの情報と思想の流入」「国際的な性格をもった社会運動」「この動きに対する当時の政権の政策」に注目し、第一次世界大戦後の時期で具体例を探しましょう。

②次の2箇所の要約文を使ってまとめます。小見出しや空欄の語句などから、必要な語句を拾い出しましょう。

10-2. ワシントン体制　7. 社会運動の高揚Ⅱ　社会主義運動
　　　ロシア革命　　共産主義　　堺利彦・山川均　　日本共産党

10-2. ワシントン体制　11. 普通選挙法と治安維持法
　　　加藤高明内閣　　治安維持法

→『詳説』の本文（p.330）から「コミンテルンの日本支部」を補うと、うまくまとめられます。

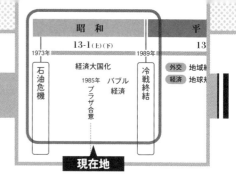

昭和　　　　　　　平

13-1(上)(下)　　　　13

1973年　　　　　　　　　1989年

石油危機　　　経済大国化　　　冷戦終結

1985年　バブル
プラザ　経済
合意

外交　地域統
経済　地球規

現在地

13-1 経済大国への道（下）

1 ▶ 経済大国へ I 　石油危機の克服

　第1次石油危機後、世界経済が停滞するなかで、日本はいち早く不況からの脱出に成功した。企業はコスト削減のため、

(1) 人員削減・(①　　　　　　　　) 労働への切替えなどの「(②　　　　　　　　　　　　)」、

(2) コンピューター・ロボットなどの利用で工場・オフィスの自動化 [(③　　　　　　　　　　　　　　　　)] などにつとめた。

2 ▶ 経済大国へ II 　輸出の激増

　石油危機克服の背景には、(①　　　　　　　　) の急激な増加がある。省エネ型の (②　　　　　　　　・　　　　　　　　　　　) のほか、(③　　　　　　　・　　　　・　　　　　　　　　) などのハイテク産業が輸出向けに急速に生産を伸ばした。日本の (④　　　　　　　　　) が大幅に拡大し、欧米諸国とのあいだに (⑤　　　　　　　　) が発生した。また、為替相場における (⑥　　　　　　) 基調が定着した。

3 ▶ 経済大国へ III 　経済大国現象

　この時期に日本は「経済大国」化した。世界の (①　　　　　　　　) に占める日本の比重は、1955年の2％強から1980年には約10％になった。貿易黒字が累積し、1980年代以降、世界最大の (②　　　　　　　) になった。発展途上国に対する (③　　　　　　　　　　[　　　　　　]) の供与額も、1980年代には世界最大規模になった。

4 ▶ 1980年代の経済 I 　貿易摩擦

　1980年代は日本の対米 (①　　　　　　　　) が激増したため、アメリカとの貿易摩擦が激化した。アメリカは (②　　　　　　　) などの輸出自主規制を求め、(③　　　　　　　　の輸入自由化) をせまった。日本は1988年に (④　　　　　・　　　　　　　　) の輸入自由化、1993年に (⑤　　　　) 市場の部分開放を決定した。

5 ▶ 1980年代の経済 II 　円高と産業の空洞化　→P.402、409のグラフを参照

　1973年の (①　　　　　　　　制) 移行以来、円高傾向は続いていたが、1985年の (②　　　　　　　　) 以降、円高が加速した。円高の進行で、海外に (③　　　　　　　　　) を移す日本企業が増加し、国内産業の (④　　　　　化) が進行した。

6 ▶ 1980年代の経済 III 　バブル経済

　プラザ合意後の超低金利政策のもとで、金融機関や企業に莫大な資金がだぶつき、それは (①　　　　　　　　) 市場や (②　　　　　　) 市場に流入した。1987年ころから地価・株価が投機的な高騰を始め、実体とかけ離れた経済の膨張が続いた。これを (③　　　　　　　　) という。企業業績が好調で長時間労働が慢性化し、「(④　　　　　　　)」が社会問題となった。

7 》中曽根康弘内閣　新自由主義への転換　→新自由主義についてはP.410の注①を参照

　　1982年に登場した（①＿＿＿＿＿＿＿＿＿）内閣は、米レーガン政権・英サッチャー政権など（②＿＿＿＿＿＿主義）の世界的風潮のなかで、「（③＿＿＿＿＿＿＿＿＿＿＿）」をとなえて行財政改革を推進した。中曽根内閣は、（④＿＿＿＿＿＿＿）［現、NTT］・（⑤＿＿＿＿＿＿）［現、JT］・（⑥＿＿＿＿）［現、JR］の民営化を断行した。国鉄の民営化では、大量の職員が解雇された。この時期に労働組合の再編が進み、1987年に（⑦＿＿＿＿＿＿＿）的な全日本民間労働組合連合会が発足した。1989年（⑧＿＿＿＿）は解散してこれに合流し、（⑨＿＿＿＿＿＿＿＿＿［＿＿＿＿＿］）が発足した。

8 》竹下登内閣　消費税の導入

　　中曽根内閣についで登場した（①＿＿＿＿＿＿）内閣は、1989年から、大型間接税である（②＿＿＿＿＿＿）を導入・実施した。

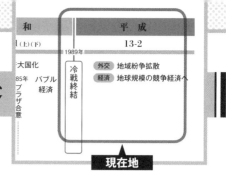

和	平　成
(上)(下)	13-2

1989年

冷戦終結

外交 地域紛争拡散
経済 地球規模の競争経済へ

大国化

85年　バブル
プラザ　経済
合意

現在地

13-2 冷戦の終結と日本社会の変容

1 新自由主義［1980年代］

　1980年に当選したアメリカの（①　　　　　　　　）大統領は、経済政策を大きく転換させた。従来の有効需要創出政策［（②　　　　　　　政策）］・（③　　　　　　　政策）を批判し、古典的な（④　　　　　経済）への回帰と「（⑤　　　　　　　）」の実現をめざした。これを「（⑥　　　　主義）」といい、同時期のイギリスの（⑦　　　　　　）政権や日本の（⑧　　　　　　）政権も同じ基調の政策を推進した。

2 冷戦の終結～東欧革命～ソ連解体

　1985年に登場したソ連の（①　　　　　　　　）は、（②　　　　　　　　　　　　）と呼ばれる政治・社会の自由化政策を開始した。（③　　　　　）年、米ソ両国首脳はマルタ島で会談し、「（④　　　　　　　　）」を共同宣言した。ソ連の自由化に刺激され、東欧諸国はつぎつぎに（⑤　　　主義）体制を放棄した。これを（⑥　　　　革命）という。1989年、冷戦の象徴だった「（⑦　　　　　　　）」が壊され、翌年（⑧　　　　　　　　）が統一した。1991年には、冷戦の一方の極だった（⑨　　　　　　　　）した。

3 地域紛争の拡散と日本のPKO［1990年代］

　冷戦終結後は、アメリカの対外的影響力が高まる一方で、地域紛争が続発した。1991年の（①　　　戦争）では、アメリカ軍を主力とする多国籍軍がイラクを攻撃した。アメリカからの派兵圧力を受けた日本は、1992年に（②　　　　　　）内閣が（③　　　　　　法）を成立させ、（④　　　　　　　　）へ自衛隊を派遣した。その後、自衛隊はモザンビーク・ザイール・ゴラン高原・東ティモールなどに派遣された。2001年9月11日の同時多発テロの報復としてアメリカがおこなった2001年の（⑤　　　　　　　紛争）、2003年の（⑥　　　　戦争）へも、日本は自衛隊を派遣した。

4 1990年代の政治Ⅰ　海部内閣～宮沢内閣　📖歴代内閣一覧を確認しよう

　消費税を導入した（①　　　　　　）内閣は、リクルート事件で退陣した。短命に終わった宇野宗佑内閣のあと、（②　　　　　　）内閣は湾岸戦争に90億ドルの巨額支援をしたが、自衛隊の派兵を求めたアメリカから批判された。次の（③　　　　　　　）内閣は、PKO協力法を成立させてカンボジアに自衛隊を派遣したが、1993年の総選挙で大敗北して退陣した。

5 1990年代の政治Ⅱ　細川護熙内閣～村山富市内閣［55年体制の崩壊］

　1993年、非自民8党派の連立政権が、（①　　　　党）の（②　　　　　　　　）を首相として成立した。1955年以来38年ぶりに（③　　　党）は政権を失い、55年体制は崩壊した。細川内閣は選挙制度改革をおこない、（④　　　　　　　　　制）を導入した。短命に終わった羽田孜内閣のあと、（⑤　　　党・　　　党）・新党さきがけの3党連立政権が、（⑥　　　党）の（⑦　　　　　　　）を首相として成立した。自民党は政権に復帰した。

6 〉1990年代の政治Ⅲ　橋本内閣

　1996年、自民党の（①　　　　　　　　　）内閣が成立した。橋本（はしもと）内閣は、アメリカとのあいだで（②　　　　　　　　　）を決定し、「日本周辺有事」の際に自衛隊がアメリカ軍の後方支援に当たれるようにした。また、消費税を（③　　　％）に引き上げた。1997年から再び景気が後退し、1998年に退陣した。

7 〉1990年代の政治Ⅳ　小渕内閣

　橋本内閣にかわって登場した（①　　　　　　　　　）内閣は、不況克服のため、大量の国債を発行して大型予算を組み、公共事業による景気回復をめざした。また、野党の反対の強い（②　　　　　　　　法）や（③　　　　　・　　　　　法）を制定した。

8 〉1990年代の経済　平成の複合不況

　1990年から（①　　　　　）が暴落し、バブル経済は一挙に崩壊した。株価・地価の暴落で大量の（②　　　　　　　　）を抱えた金融機関の経営が悪化して金融逼迫が生じ、実体経済の不況に波及した。これを（③　　　　　　　　）という。企業は、（④　　　　　　　　）・（⑤　　　　　　　　　）などの経営効率化を推進した。このために生じた大量の（⑥　　　　　　　）と雇用不安が、家計の（⑦　　　　　）を冷え込ませ、かえって不況を長期化させた。

9 〉小泉純一郎内閣　規制緩和と格差社会

　2001年に成立した（①　　　　　　　　　）内閣は構造改革をかかげ、郵政などの（②　　　　化）と（③　　　　　　　　）を推進した。労働形態の規制緩和の結果、正社員以外のパート・アルバイト・派遣などの非正規雇用が急増し、（④　　　　　　　　　）・地域格差が拡大した。2002年、小泉首相は首相としてはじめて（⑤　　　　　　　　　　　　　　　）を訪問した。金正日（きんしょうにち）（キムジョンイル）総書記との会談で、日本人（⑥　　　　　）問題などの課題が明らかになった。

→解答例は、解答編 P.23

　与えられたテーマについて一定期間の変遷を論述する問題は、日本史略年表の該当期間を切り取り、そこに指定語句をはめて、まず全体の流れを把握すると、論述がしやすくなります。それから表を作って論述内容を整理していきましょう（整理する情報量が少なければ、略年表に直接書き加える方法でも良いでしょう）。

C-1.　13世紀の政治体制の推移について、次の（ア）〜（エ）の語句を用いて論述せよ。解答文中、これらの語句には下線を付せ。ただし、語句使用の順序は自由とする（400字以内）。

　　　（ア）永仁の徳政令　　（イ）執権　　（ウ）承久の乱　　（エ）御成敗式目

（筑波大学 2015）

＜要約文の使用箇所＞　→もう一度読み直してからとりかかりましょう。

4-3. 武士の社会　1. 北条氏の台頭

4-3.　　〃　　　3. 承久の乱Ⅱ　乱後の処置

4-3.　　〃　　　4. 執権政治の確立

4-3.　　〃　　　5. 御成敗式目

4-4. 蒙古襲来と幕府の衰退　3. 得宗専制政治

4-4.　　〃　　　9. 幕府の衰退Ⅰ　御家人の窮乏化

4-4.　　〃　　　10. 幕府の衰退Ⅱ　永仁の徳政令

＜手順＞

①設問で求められている時期を、日本史略年表から切り取り、略年表で枠組みを作る。

②切りとった略年表の枠組みの中に、 指定語句 をはめ込む。

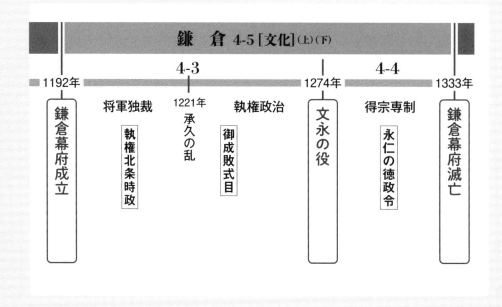

③ ②で作った略年表を見て、時代順に、以下のⅠ～Ⅴの小テーマを設定する。使用する要約文の小見
　出しも参考にしよう。
　Ⅰ. 北条氏の台頭　Ⅱ. 承久の乱の結果　Ⅲ. 執権政治　Ⅳ. 得宗専制政治　Ⅴ. 幕府の衰退
④論述に必要な追加語句を、要約文の小見出しや空欄の語句などから拾い出し、下記のように表で整理
　する。

＜内容整理表＞

小テーマ	使用語句
Ⅰ. 北条氏の台頭	北条時政、**執権**、北条義時
Ⅱ. 承久の乱の結果	後鳥羽上皇、**承久の乱**、六波羅探題、新補地頭、畿内・西国
Ⅲ. 執権政治	北条泰時、連署、評定衆、合議制、**御成敗式目**
Ⅳ. 得宗専制政治	蒙古襲来、御内人、北条貞時、霜月騒動
Ⅴ. 幕府の衰退	御家人の窮乏化、**永仁の徳政令**、中小御家人の没落

⑤論述の方向を外さないように意識して、書いてみましょう。

C-2. 17世紀後半頃から、三都の商工業者は仲間を結成していった。田沼時代から幕末までの三都にお
　ける幕府の仲間政策について、地方市場や物価の問題に留意して述べよ（200字以内）。

（京都大学 2017）

＜要約文の使用箇所＞　→もう一度読み直してからとりかかりましょう。

7-2. 経済の発展（下）　9. 商業Ⅱ　問屋の物流支配［鎖国後］
8-1. 幕政の改革（下）　7. 田沼時代Ⅱ　経済政策重視
8-3. 幕府の衰退と近代への道（下）　6. 天保改革Ⅲ　物価抑制策の失敗
9-1. 開国と幕末の動乱（上）　5. 開港の影響

＜手順＞

①設問で求められている時期を、日本史略年表から切り取り、略年表で枠組みを作る。
②切り取った略年表の枠組みの中の時期で、設問のテーマに関係する　キーワード　を考え出し、はめ
　込む。

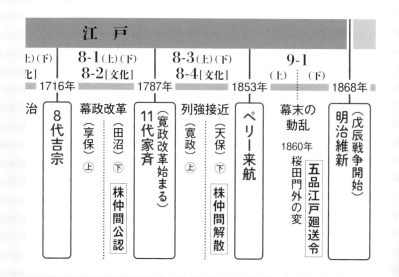

③ ②で作った略年表を見て、時代順に、以下のⅠ～Ⅲの小テーマを設定する。使用する要約文の小見
出しも参考にしよう。

　　　Ⅰ．田沼時代　　　Ⅱ．天保改革　　　Ⅲ．開港の影響

④論述に必要な追加語句を、要約文の小見出しや空欄の語句などから拾い出し、下記のように表で整理
する（字数の都合で全部使えなくてもよいが、キーワードは外さないこと）。

＜内容整理表＞

小テーマ	使用語句
Ⅰ．田沼時代	経済政策重視、**株仲間を広く公認**、運上・冥加
Ⅱ．天保改革	物価騰貴、十組問屋、**株仲間の解散**、江戸への物流減少、下関、越荷方
Ⅲ．開港の影響	物価騰貴、**五品江戸廻送令**

⑤論述の方向を外さないように意識して、書いてみましょう。

C-3. 第一次世界大戦後から太平洋戦争開戦にいたるまでの、中国をめぐる日米関係の変遷について
　　　400字以内で説明しなさい。その際、以下の語句を必ず使用し、用いた箇所すべてに下線を引きな
　　　さい。

　　　イギリス　　　ワシントン会議　　　東亜新秩序　　　援蒋ルート　　　東南アジア

（東京外国語大学 2015）

＜要約文の使用箇所＞　→もう一度読み直してからとりかかりましょう。

10-2. ワシントン体制　3. ワシントン会議Ⅰ　アメリカの意図
10-2. 〃　　　　　　　4. ワシントン会議Ⅱ　3つの条約
10-2. 〃　　　　　　　5. 協調外交の1920年代

10-5. 軍部の台頭　　　2. 満州事変Ⅱ　満州国建国

10-6. 第二次世界大戦（日中戦争期）　5. 日中戦争Ⅱ　戦争の長期化

10-6.　　　〃　（第二次大戦勃発）　3. 第二次世界大戦Ⅱ　ドイツの快進撃と日本の南進論

10-6.　　　　　〃　　　　　　　　6. 第二次世界大戦Ⅲ　近衛内閣の南進政策

10-6.　　　　　〃　　　　　　　　8. 太平洋戦争前夜Ⅰ　日米交渉開始

10-6.　　　　　〃　　　　　　　11. 太平洋戦争前夜Ⅳ　東条英機内閣

＜手順＞

①設問で求められている時期を、日本史略年表から切り取り、略年表で枠組みを作る。

②切り取った略年表の枠組みの中に、指定語句をはめ込む。

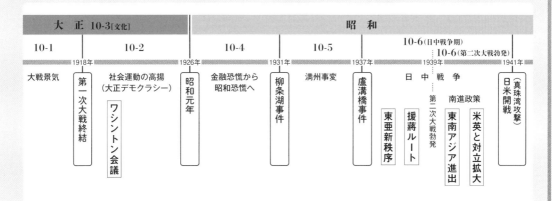

③　②で作った略年表を見て、時代順に、以下のⅠ～Ⅳの小テーマを設定する。

　　Ⅰ. ワシントン会議　　　　　Ⅱ. 満州事変とアメリカ　　　Ⅲ. 日中戦争とアメリカ

　　Ⅳ. 南進政策とアメリカ

④略年表や小テーマを見ながら、論述の大きな流れを見いだす。

　　米英協調路線　→　日本の中国進出　→　対米英対立

⑤論述に必要な追加語句を、要約文の小見出しや空欄の語句などから拾い出し、下記のように表で整理
　　する（字数の都合で全部使えなくてもよいが、キーワードは外さないこと）。

＜内容整理表＞

小テーマ	使用語句
Ⅰ. **ワシントン会議**	日本の膨張抑止、九カ国条約、中国進出の機会均等、石井・ランシング協定廃棄、協調外交
Ⅱ. 満州事変とアメリカ	満州国、不承認宣言
Ⅲ. 日中戦争とアメリカ	**東亜新秩序**、汪兆銘、国民政府、重慶、**援蔣ルート**（米・英から）
Ⅳ. 南進政策とアメリカ	**東南アジア**の欧米植民地、南進政策、米**英**戦争覚悟、援蔣ルート遮断、北部仏印進駐、航空用ガソリン・屑鉄禁輸、日米交渉、ハル＝ノート

⑥論述の方向を外さないように意識して、書いてみましょう。

写真所蔵・提供先一覧（敬称略、五十音順）

石山寺 P.47中／宮内庁正倉院事務所 P.23右／高山寺・京都国立博物館 P.37左上／神戸市立博物館 Photo:Kobe City Museum ／ DNPartcom P.71右／東京国立近代美術館 Photo:MOMAT ／ DNPartcom P.131上／田中家 P.37左下／大徳寺 P.71左／中宮寺・奈良国立博物館 P.15 ／東京藝術大学／ DNPartcom 125左, 125中, P.125右／東京国立博物館 Image:TNM Image Archives　ColBase（https://colbase.nich.go.jp/）P.47上 , 59, 75, 87, 99, 131左下／唐招提寺 P.23右上／徳川美術館イメージアーカイブ／ DNPartcom P.37右／都立中央図書館 P.131右下／奈良国立博物館　ColBase（https://colbase.nich.go.jp/）　P.23左下／畠山記念館 P.31右／平等院 P.31左／法隆寺・奈良国立博物館 P.19 ／曼殊院門跡 P.26下／水無瀬神宮 P.47下／室生寺 P.26上／龍安寺 P.62

高校の先生がつくった　**教科書の要約と年表で学ぶ日本史**

2021 年 7 月 10 日　第 1 版 1 刷印刷
2021 年 7 月 20 日　第 1 版 1 刷発行

編著者	梶野靖夫
発行者	野澤武史
印刷所	株式会社　太平印刷社
製本所	有限会社　穴口製本所

発行所　株式会社　山川出版社
　　　　〒 101-0047　東京都千代田区内神田 1-13-13
　　　　　　電話　03-3293-8131（営業）　03-3293-8135（編集）
　　　　　　https://www.yamakawa.co.jp/
　　　　　　振替口座　00120-9-43993
装幀・本文デザイン　株式会社ウエイド

高校の先生がつくった

教科書の要約と年表で学ぶ日本史

解 答

山川出版社

1-1. 文化の始まり

1. ①更新世　②完新世　③トウヨウゾウ　④ナウマンゾウ
2. ①浜北人　②港川人　③縄文人　④北東アジア人　⑤北海道　⑥南西諸島（沖縄）　⑦アルタイ語
3. ①打製石器　②旧石器時代　③磨製石器　④新石器時代　⑤岩宿　⑥相沢忠洋　⑦関東ローム層
4. ①狩猟　②採取　③ナイフ形石器　④尖頭器　⑤打製石斧　⑥細石器　⑦北方　⑧移動
5. ①ナウマンゾウ　②黒曜石
6. ①完新世　②落葉広葉樹林　③照葉樹林　④1万3000　⑤2500　⑥弓矢　⑦土器　⑧磨製石器
7. ①厚手で黒褐色　②草創期・早期・前期・中期・後期・晩期
8. ①木の実　②ニホンシカ・イノシシ　③海進　④漁労　⑤貝塚　⑥大森貝塚　⑦モース
9. ①石鏃　②石匙　③磨製石斧　④石皿・すり石　⑤骨角器
10. ①定住　②竪穴住居　③三内丸山遺跡　④黒曜石　⑤ひすい　⑥交易　⑦和田峠
11. ①アニミズム　②土偶　③石棒　④抜歯　⑤屈葬

1-2. 農耕社会の成立

1. ①長江下流域　②朝鮮半島　③縄文人　④起伏
2. ①前4世紀　②西日本　③水稲農耕　④東日本　⑤北海道　⑥南西諸島　⑦続縄文文化　⑧貝塚文化　⑨擦文文化　⑩オホーツク文化
3. ①前4世紀　②後3世紀中頃　③水稲農耕　④青銅　⑤鉄　⑥磨製石器　⑦機織り技術　⑧赤焼き　⑨向ヶ丘貝塚
4. ①鋤　②鍬　③石包丁　④穂首刈り　⑤木臼　⑥竪杵　⑦高床倉庫　⑧鉄器　⑨乾田
5. ①土壙墓　②箱式石棺墓　③伸展葬　④支石墓　⑤甕棺　⑥方形周溝墓　⑦中国鏡　⑧支配者
6. ①青銅製祭器　②銅鐸　③平形銅剣　④銅矛・銅戈
7. 教科書で確認しよう
8. ①環濠集落　②戦い　③吉野ヶ里遺跡　④紫雲出山遺跡　⑤高地性集落
9. ①『漢書』地理志　②百余国　③楽浪郡
10. ①『後漢書』東夷伝　②57　③倭の奴国　④光武帝　⑤志賀島　⑥漢委奴国王　⑦生口
11. ①「魏志」倭人伝　②邪馬台国　③卑弥呼　④239　⑤親魏倭王
12. ①大人　②下戸　③壱与　④九州説　⑤近畿説　⑥纒向遺跡　⑦箸墓古墳

1-3. 古墳とヤマト政権（上）

1. ①中頃から後半　②前方後円墳　③竪穴式石室　④呪術的　⑤東北地方中部　⑥ヤマト政権　⑦箸墓古墳
2. ①3世紀中頃～4世紀後半　②4世紀後半～5世紀末　③6世紀～7世紀　④竪穴式石室　⑤粘土槨　⑥横穴式石室　⑦玄室　⑧羨道　⑨追葬　⑩埴輪　⑪円筒埴輪　⑫家形埴輪・器材埴輪　⑬人物埴輪・動物埴輪
3. ①三角縁神獣鏡　②呪術的　③司祭者的
4. ①鉄製武器・武具　②馬具　③武人的　④大仙陵古墳：仁徳天皇陵古墳　⑤誉田御廟山古墳：応神天皇陵古墳　⑥上毛野・丹後・吉備・日向　⑦造山古墳
5. ①高句麗　②楽浪郡　③馬韓・弁韓・辰韓　④百済　⑤新羅
6. ①鉄資源　②加耶諸国　③倭国　④高句麗　⑤好太王碑　⑥百残新羅　⑦倭　⑧391
7. ①朝貢　②『宋書』倭国伝　③讃・珍・済・興・武　④倭の五王　⑤允恭・安康・雄略　⑥478
8. ①渡来人　②王仁　③阿知使主　④弓月君　⑤稲荷山古墳
9. ①百済　②五経博士　③欽明天皇　④上宮聖徳法王帝説　⑤538　⑥日本書紀　⑦552　⑧帝紀　⑨旧辞

1-3. 古墳とヤマト政権（下）

1. ①横穴式石室　②土器　③人物埴輪・動物埴輪　④装飾古墳　⑤近畿　⑥群集墳　⑦有力農民
2. ①土師器　②朝鮮半島　③須恵器
3. ①祈年の祭　②新嘗の祭　③禊・祓　④太占の法　⑤盟神探湯
4. ①前方後円墳　②方墳　③円墳　④国造　⑤八角墳
5. ①478　②武　③地方豪族　④稲荷山古墳　⑤江田船山古墳　⑥獲加多支鹵大王　⑦雄略天皇
6. ①氏姓制度　②姓　③臣　④連　⑤君　⑥直　⑦伴造　⑧田荘　⑨部曲
7. ①筑紫国造磐井　②新羅　③屯倉　④名代・子代　⑤国造　⑥舎人・采女

2-1.　飛鳥の朝廷

1. ①高句麗　②百済　③新羅　④加耶　⑤562
2. ①大伴金村　②蘇我氏　③物部氏　④物部守屋　⑤斎蔵・内蔵・大蔵
3. ①蘇我馬子　②592　③崇峻天皇　④推古天皇　⑤厩戸王
4. ①冠位十二階　②憲法十七条　③官僚制
5. ①607　②遣隋使　③小野妹子　④煬帝　⑤高向玄理　⑥南淵請安　⑦旻
6. ①古墳　②飛鳥寺　③百済大寺　④四天王寺　⑤法隆寺
7. ①南北朝　②観勒　③曇徴　④鞍作鳥　⑤北魏様式　⑥中国南朝様式
8. ①飛鳥寺　②四天王寺　③法隆寺
9. ①法隆寺金堂釈迦三尊像、鞍作鳥作、北魏様式　②法隆寺百済観音像、中国南朝様式
   ③法隆寺玉虫厨子　④中宮寺半跏思惟像、中国南朝様式　⑤中宮寺天寿国繡帳
   ⑥飛鳥寺釈迦如来像　⑦法隆寺夢殿救世観音像　⑧広隆寺半跏思惟像

2-2.　律令国家への道（上）

1. ①中大兄皇子　②中臣鎌足　③645　④蘇我蝦夷・蘇我入鹿　⑤乙巳の変　⑥孝徳天皇　⑦内臣
   ⑧旻・高向玄理　⑨子代　⑩屯倉　⑪部曲　⑫田荘　⑬公地公民制　⑭大化改新
2. ①唐　②新羅　③百済　④高句麗　⑤663　⑥白村江の戦い　⑦水城　⑧大野城　⑨基肄城
   ⑩古代朝鮮式山城　⑪近江大津宮　⑫天智天皇　⑬庚午年籍
3. ①大友皇子　②大海人皇子　③672　④壬申の乱　⑤天武天皇
4. ①八色の姓　②富本銭　③天皇　④日本　⑤持統天皇　⑥飛鳥浄御原令　⑦庚寅年籍　⑧藤原京
5. ①刑部親王　②藤原不比等　③大宝律令　④養老律令　⑤神祇官　⑥太政官　⑦左大臣・右大臣・大納言
   ⑧中務省　⑨民部省　⑩刑部省　⑪衛門府　⑫衛士府　⑬兵衛府　⑭長官・次官・判官・主典
6. ①畿内　②国　③国司　④左・右京職　⑤摂津職　⑥大宰府　⑦山背・大和・摂津・河内・和泉
   ⑧東海道　⑨東山道　⑩北陸道　⑪山陰道　⑫山陽道　⑬南海道　⑭西海道
7. ①郡　②里　③郡司　④国司
8. ①官位相当制　②貴族　③公卿　④位封・職封　⑤調・庸・雑徭　⑥蔭位の制
9. ①笞・杖・徒・流・死　②郡司　③八虐
10. ①戸籍　②6　③口分田　④班田収授法　⑤2　⑥3分の2　⑦3分の1　⑧6

2-2.　律令国家への道（下）

1. ①陵戸・官戸・公奴婢　②家人・私奴婢
2. ①計帳　②成人男性　③運脚　④租　⑤調　⑥庸　⑦雑徭　⑧兵役　⑨仕丁　⑩出挙　⑪義倉　⑫正丁
   ⑬軍団　⑭衛士　⑮防人　⑯運脚
3. ①天武・持統天皇　②白鳳文化　③大官大寺　④薬師寺　⑤唐初期　⑥法隆寺金堂壁画　⑦高松塚古墳壁画
4. ①興福寺仏頭　②薬師寺東塔　③高松塚古墳壁画　④薬師寺金堂薬師三尊像　⑤法隆寺金堂壁画

2-3.　平城京の時代

1. ①犬上御田鍬　②北路　③新羅　④南路　⑤吉備真備　⑥玄昉　⑦阿倍仲麻呂
2. ①新羅　②さかん　③渤海
3. ①710　②元明天皇　③条坊制　④朱雀大路　⑤平城宮　⑥内裏　⑦大極殿・朝堂院
4. ①市　②富本銭　③和同開珎　④蓄銭叙位令　⑤物品
5. ①国府　②国分寺　③官道　④駅家
6. ①蝦夷　②淳足柵　③磐舟柵　④出羽　⑤秋田城　⑥多賀城　⑦隼人
7. ①藤原不比等　②文武天皇　③聖武天皇　④光明子　⑤長屋王　⑥武智麻呂　⑦房前
8. ①聖武天皇　②橘諸兄　③吉備真備・玄昉　④孝謙天皇　⑤光明皇太后　⑥藤原仲麻呂　⑦恵美押勝
   ⑧橘奈良麻呂　⑨道鏡　⑩称徳天皇
9. ①藤原広嗣の乱　②恭仁京・難波宮・紫香楽宮　③鎮護国家　④国分寺建立の詔　⑤大仏造立の詔
   ⑥大仏の開眼供養
10. ①藤原百川　②光仁天皇

11.①妻問婚　②別姓
12.①百万町歩の開墾計画　②三世一身法　③743　④墾田永年私財法　⑤東大寺　⑥初期荘園　⑦輸租田
13.①浮浪　②逃亡　③私度僧　④資人

2-4.　天平文化

1.①古事記　②天武天皇　③稗田阿礼　④太安万侶　⑤日本書紀　⑥舎人親王　⑦風土記　⑧出雲
2.①続日本紀　②日本後紀　③六国史
3.①漢詩文　②懐風藻　③芸亭　④万葉集　⑤東歌　⑥防人歌　⑦大伴家持
4.①大学　②国学　③明経道　④明法道　⑤紀伝道
5.①法相　②華厳　③律　④南都六宗　⑤良弁　⑥鑑真
6.①受戒　②鑑真　③戒壇　④東大寺　⑤筑紫観世音寺　⑥下野薬師寺
7.①行基　②悲田院　③施薬院
8.①塑像　②乾漆像　③日光・月光菩薩像　④不空羂索観音像　⑤阿修羅像　⑥鑑真像
9.①唐招提寺鑑真像、乾漆像　②正倉院宝庫　③興福寺阿修羅像、乾漆像
　　④東大寺戒壇堂広目天像、塑像　⑤東大寺法華堂不空羂索観音像、乾漆像
　　⑥（左）月光菩薩像　（右）日光菩薩像、塑像　⑦正倉院螺鈿紫檀五絃琵琶　⑧薬師寺吉祥天像
　　⑨東大寺法華堂執金剛神像、塑像　⑩唐招提寺金堂　⑪百万塔陀羅尼　⑫正倉院鳥毛立女屛風

2-5.　平安王朝の形成

1.①桓武天皇　②784　③長岡京　④藤原種継　⑤早良親王　⑥794　⑦平安京
2.①伊治呰麻呂　②多賀城　③紀古佐美　④阿弖流為　⑤坂上田村麻呂　⑥征夷大将軍　⑦胆沢城
3.①藤原緒嗣　②軍事　③造作　④菅野真道
4.①勘解由使　②軍団　③健児　④6年から12年　⑤雑徭
5.①嵯峨天皇　②薬子の変　③蔵人頭　④藤原冬嗣　⑤検非違使　⑥令外官
6.①格　②式　③弘仁格式　④貞観格式　⑤延喜格式　⑥令義解　⑦清原夏野　⑧令集解　⑨惟宗直本
7.①偽籍　②公営田　③官田　④諸司田　⑤勅旨田
8.①漢詩文　②凌雲集　③文華秀麗集　④経国集　⑤文鏡秘府論　⑥性霊集　⑦嵯峨天皇・空海・橘逸勢
9.①明経道　②紀伝道　③大学別曹　④弘文院　⑤勧学院　⑥奨学院　⑦学館院　⑧綜芸種智院
10.①最澄　②天台宗　③比叡山　④延暦寺　⑤大乗戒壇　⑥空海　⑦密教　⑧真言宗　⑨高野山　⑩金剛峰寺
　　⑪東寺
11.①加持祈禱　②現世利益　③円仁　④円珍　⑤東密　⑥台密　⑦山門派　⑧園城寺　⑨寺門派
12.①室生寺金堂　②教王護国寺両界曼荼羅　③室生寺弥勒堂釈迦如来坐像、一木造、翻波式
　　④観心寺如意輪観音像　⑤風信帖、空海筆　⑥一木造　⑦翻波式　⑧室生寺五重塔　⑨元興寺薬師如来像
　　⑩薬師寺僧形八幡神像　⑪教王護国寺講堂不動明王像　⑫曼殊院不動明王像　⑬園城寺

3-1.　摂関政治

1.①藤原良房　②842　③承和の変　④伴健岑・橘逸勢　⑤清和天皇　⑥摂政　⑦応天門の変　⑧伴善男
2.①藤原基経　②光孝天皇　③関白　④宇多天皇　⑤阿衡の紛議
3.①宇多天皇　②菅原道真　③藤原時平　④大宰権帥　⑤北野天満宮
4.①醍醐天皇　②延喜の荘園整理令　③村上天皇　④乾元大宝　⑤延喜・天暦の治　⑥藤原忠平
　　⑦安和の変　⑧源高明
5.①藤原道長　②後一条・後朱雀・後冷泉　③藤原実資　④小右記　⑤（藤原）彰子
6.①藤原頼通　②後三条天皇
7.①外戚関係　②人事権　③国司　④除目
8.①894　②菅原道真　③宋　④商人　⑤奝然・成尋　⑥契丹　⑦高麗

3-2.　国風文化

1.①万葉がな　②平がな　③片かな　④紀貫之　⑤古今和歌集　⑥新古今和歌集　⑦八代集
2.①後宮　②紫式部　③源氏物語　④定子　⑤清少納言　⑥紀貫之　⑦土佐日記
3.①本地垂迹説　②御霊信仰　③御霊会　④祇園社

4.　①阿弥陀仏　②極楽浄土　③空也　④源信　⑤往生要集　⑥末法思想　⑦慶滋保胤　⑧日本往生極楽記
5.　①寝殿造　②大和絵　③蒔絵　④和様　⑤小野道風・藤原佐理・藤原行成
6.　①法成寺　②平等院鳳凰堂　③定朝　④寄木造　⑤来迎図
7.　①束帯　②衣冠　③直衣・狩衣　④女房装束　⑤小袿　⑥水干・直垂
8.　①元服　②裳着　③陰陽道　④物忌　⑤方違　⑥浄土教　⑦密教
9.　①平等院鳳凰堂、1053年、藤原頼通建立　②高野山聖衆来迎図
　　③平等院鳳凰堂阿弥陀如来像、定朝作、寄木造　④離洛帖、藤原佐理筆

3-3.　地方政治の展開と武士

1.　①延喜の荘園整理令　②偽籍　③三善清行　④意見封事十二箇条
2.　①国司　②守　③受領
3.　①土地　②田堵　③名　④負名　⑤官物　⑥臨時雑役
4.　①国衙　②遙任　③藤原元命　④尾張国郡司百姓等解　⑤成功　⑥重任
5.　①目代　②留守所　③在庁官人
6.　①開発領主　②寄進　③荘園　④寄進地系荘園　⑤領家　⑥本家　⑦下司
7.　①不輸　②太政官符・民部省符　③官省符荘　④国免荘　⑤検田使　⑥不入
8.　①押領使・追捕使　②武士　③家子　④郎党　⑤武士団
9.　①平将門　②新皇　③平貞盛　④藤原秀郷　⑤藤原純友　⑥源経基　⑦天慶の乱
10.　①侍　②滝口の武者　③源満仲　④源頼光　⑤源頼信　⑥館侍・国侍　⑦追捕使・押領使
11.　①開発領主　②清和源氏　③桓武平氏　④棟梁　⑤武家　⑥刀伊の来襲　⑦藤原隆家
12.　①平忠常の乱　②源頼信　③源頼義　④源義家　⑤前九年合戦　⑥藤原清衡　⑦後三年合戦

4-1.　院政と平氏の台頭（上）

1.　①1068　②後三条天皇　③大江匡房
2.　①1069　②延久の荘園整理令　③記録荘園券契所　④石清水八幡宮　⑤慈円　⑥愚管抄　⑦宣旨枡
3.　①荘園　②公領　③荘園公領制
4.　①田堵　②名　③名主　④年貢　⑤公事　⑥夫役
5.　①白河天皇　②1086　③堀河天皇　④院庁　⑤院政
6.　①北面の武士　②院庁下文　③院宣　④白河上皇　⑤鳥羽上皇　⑥後白河上皇　⑦法皇　⑧六勝寺
　　⑨熊野詣　⑩高野詣
7.　①荘園　②寄進　③鳥羽上皇　④八条院領　⑤大覚寺統　⑥後白河上皇　⑦長講堂領　⑧持明院統
8.　①知行国　②知行国主　③国守　④目代　⑤院分国　⑥公領
9.　①僧兵　②地方武士　③奈良法師　④春日神社　⑤強訴　⑥山法師　⑦日吉神社　⑧南都・北嶺
10.　①平泉　②奥州藤原氏　③清衡・基衡・秀衡　④金　⑤馬　⑥中尊寺　⑦毛越寺

4-1.　院政と平氏の台頭（下）

1.　①白河上皇　②鳥羽上皇　③伊勢平氏　④平正盛　⑤平忠盛　⑥院近臣
2.　①1156　②崇徳上皇　③藤原頼長　④源為義　⑤平忠正　⑥後白河天皇　⑦藤原忠通　⑧藤原通憲
　　⑨平清盛　⑩源義朝　⑪保元の乱
3.　①1159　②後白河上皇　③藤原通憲　④平清盛　⑤藤原信頼　⑥源義朝　⑦源頼朝　⑧平治の乱
　　⑨貴族社会　⑩武士
4.　①平清盛　②後白河上皇　③太政大臣　④平重盛　⑤徳子　⑥高倉天皇　⑦安徳天皇　⑧外戚
5.　①知行国　②荘園　③日宋貿易　④大輪田泊　⑤厳島神社　⑥金　⑦硫黄　⑧刀剣　⑨宋銭　⑩陶磁器
　　⑪香料・薬品
6.　①藤原成親　②俊寛　③鹿ヶ谷の陰謀　④後白河法皇　⑤安徳天皇
7.　①後白河上皇　②今様　③梁塵秘抄　④田楽　⑤猿楽
8.　①今昔物語集　②将門記　③陸奥話記　④大鏡　⑤今鏡
9.　①中尊寺金色堂　②白水阿弥陀堂　③富貴寺大堂
10.　①蓮華王院本堂内部　②毛越寺庭園　③富木寺大堂　④厳島神社平家納経　⑤信貴山縁起絵巻　⑥扇面古写経
　　⑦応天門の変、伴大納言絵巻　⑧中尊寺金色堂内陣　⑨鳥獣戯画　⑩源氏物語絵巻　⑪年中行事絵巻

4-2. 鎌倉幕府の成立

1. ①1180 ②以仁王 ③源頼政 ④令旨 ⑤源頼朝 ⑥源義仲
2. ①福原京 ②平重衡 ③南都 ④平清盛 ⑤俱利伽羅峠の戦い ⑥源義仲 ⑦安徳天皇
3. ①源義経 ②源義仲 ③一の谷の合戦 ④屋島の合戦 ⑤1185 ⑥壇の浦の戦い
4. ①源義経 ②奥州藤原氏 ③藤原秀衡 ④藤原泰衡
5. ①侍所 ②寿永二年十月宣旨 ③公文所 ④問注所 ⑤1185 ⑥守護 ⑦地頭 ⑧鎌倉幕府
   ⑨右近衛大将 ⑩1192 ⑪征夷大将軍
6. ①別当 ②和田義盛 ③別当 ④大江広元 ⑤執事 ⑥三善康信
7. ①守護 ②大犯三カ条 ③京都大番役の催促 ④謀叛人 ⑤殺害人 ⑥在庁官人 ⑦国衙
8. ①地頭 ②年貢 ③治安維持 ④任免権 ⑤国司 ⑥荘園領主
9. ①将軍 ②御家人 ③主従関係 ④地頭 ⑤本領安堵 ⑥新恩給与 ⑦御恩 ⑧軍役 ⑨京都大番役
   ⑩鎌倉番役 ⑪奉公
10.①1185 ②領家 ③国司 ④下司 ⑤郡司 ⑥地頭 ⑦任免権 ⑧封建制度 ⑨守護・地頭の設置
   ⑩朝廷 ⑪荘園領主 ⑫二元的な支配 ⑬新制
11.①関東知行国 ②関東御領

4-3. 武士の社会

1. ①北条政子 ②北条時政 ③源頼家 ④比企能員 ⑤修禅寺 ⑥北条義時 ⑦侍所 ⑧和田義盛 ⑨執権
2. ①後鳥羽上皇 ②西面の武士 ③源実朝 ④公暁 ⑤1221 ⑥北条義時 ⑦北条泰時・北条時房
3. ①隠岐 ②土御門上皇 ③順徳上皇 ④六波羅探題 ⑤朝廷 ⑥西国 ⑦新補地頭 ⑧新補率法
   ⑨田畑11町ごとに1町の土地 ⑩田地1段につき5升の加徴米 ⑪山や川からの収益の半分 ⑫畿内・西国
4. ①北条泰時 ②連署 ③北条時房 ④評定衆 ⑤合議制
5. ①御成敗式目 ②先例 ③道理 ④公家法 ⑤本所法 ⑥北条重時 ⑦式目追加 ⑧建武以来追加
6. ①北条時頼 ②宝治合戦 ③三浦泰村 ④後嵯峨上皇 ⑤院評定衆 ⑥引付
7. ①藤原頼経 ②藤原頼嗣 ③摂家将軍 ④宗尊親王 ⑤皇族将軍
8. ①開発領主 ②館 ③佃・門田 ④年貢 ⑤加徴米 ⑥流鏑馬・笠懸・犬追物
9. ①一門 ②惣領 ③庶子 ④惣領制 ⑤分割相続
10.①承久の乱 ②地頭 ③地頭請所 ④下地中分

4-4. 蒙古襲来と幕府の衰退

1. ①フビライ＝ハン ②元 ③高麗 ④北条時宗 ⑤1274 ⑥蒙古襲来絵巻 ⑦てつはう ⑧文永の役 ⑨竹崎季長
2. ①異国警固番役 ②防塁 ③南宋 ④1281 ⑤弘安の役 ⑥三別抄の乱
3. ①鎮西探題 ②得宗 ③御内人 ④北条貞時 ⑤内管領 ⑥平頼綱 ⑦安達泰盛 ⑧霜月騒動 ⑨得宗専制政治
4. ①按司 ②グスク ③山北・中山・山南 ④アイヌ
5. ①二毛作 ②刈敷・草木灰 ③牛馬 ④大唐米 ⑤荏胡麻
6. ①定期市 ②三斎市 ③一遍上人絵伝 ④見世棚 ⑤宋銭
7. ①座 ②神人 ③供御人 ④問（問丸） ⑤銭納 ⑥為替 ⑦借上
8. ①非法 ②阿氐河荘
9. ①恩賞 ②分割相続 ③貨幣経済 ④一期分
10.①1297 ②永仁の徳政令 ③20 ④非御家人 ⑤凡下の輩 ⑥借上 ⑦一時的 ⑧没落
11.①地頭 ②非御家人 ③悪党

4-5. 鎌倉文化（上）

1. ①比叡山 ②法然 ③阿弥陀仏 ④念仏 ⑤往生 ⑥専修念仏 ⑦九条兼実 ⑧浄土宗
   ⑨選択本願念仏集 ⑩知恩院
2. ①親鸞 ②法然 ③悪人正機 ④唯円 ⑤歎異抄 ⑥善人 ⑦悪人 ⑧他力 ⑨浄土真宗 ⑩教行信証 ⑪本願寺
3. ①一遍 ②浄土教 ③信心 ④時宗 ⑤踊念仏 ⑥遊行上人 ⑦時衆 ⑧一遍上人絵伝
4. ①日蓮 ②法華経 ③南無妙法蓮華経 ④題目 ⑤日蓮宗 ⑥迫害 ⑦立正安国論 ⑧久遠寺
5. ①栄西 ②臨済宗 ③公案問答 ④興禅護国論 ⑤建仁寺 ⑥蘭溪道隆 ⑦建長寺 ⑧無学祖元 ⑨円覚寺

6. ①道元　②曹洞宗　③只管打坐　④永平寺　⑤正法眼蔵
7. ①貞慶　②明恵　③叡尊　④忍性　⑤北山十八間戸　⑥度会家行　⑦神本仏迹説　⑧伊勢神道
8. ①後鳥羽上皇　②藤原定家　③新古今和歌集　④西行　⑤山家集　⑥源実朝　⑦金槐和歌集　⑧鴨長明
　　⑨方丈記　⑩兼好法師　⑪徒然草
9. ①保元物語　②平治物語　③平家物語　④琵琶法師　⑤平曲　⑥九条兼実　⑦慈円　⑧愚管抄
　　⑨吾妻鏡　⑩虎関師錬　⑪元亨釈書
10.①有職故実　②金沢実時　③金沢文庫　④朱子学　⑤大義名分論

4-5.　鎌倉文化（下）

1. ①平重衡　②重源　③陳和卿
2. ①大仏様　②東大寺南大門　③禅宗様　④円覚寺舎利殿
3. ①蒙古襲来絵巻　②春日権現験記　③一遍上人絵伝　④似絵　⑤藤原隆信　⑥頂相
4. ①六波羅蜜寺空也上人像、康勝作　②一遍上人絵伝　③東大寺南大門、大仏様　④円覚寺舎利殿、禅宗様
　　⑤東大寺南大門金剛力士像、運慶・快慶ら作　⑥東大寺僧形八幡神像　⑦東大寺重源上人像
　　⑧興福寺無著像、運慶ら作　⑨平治物語絵巻　⑩石山寺縁起絵巻　⑪後鳥羽上皇像、伝藤原信実筆

5-1.　室町幕府の成立（上）

1. ①後深草上皇　②持明院統　③長講堂領　④亀山天皇　⑤大覚寺統　⑥八条院領　⑦両統迭立　⑧後醍醐天皇
2. ①北条高時　②長崎高資　③正中の変　④元弘の変　⑤持明院統　⑥光厳天皇
3. ①護良親王　②楠木正成　③足利高氏　④六波羅探題　⑤新田義貞　⑥1333
4. ①建武　②天皇　③綸旨　④記録所　⑤雑訴決断所　⑥国司・守護　⑦陸奥将軍府　⑧鎌倉将軍府
5. ①武士　②足利尊氏　③北条時行　④中先代の乱　⑤1336　⑥持明院統　⑦光明天皇　⑧建武式目
　　⑨1338　⑩吉野　⑪北朝　⑫南朝
6. ①北畠親房　②足利直義　③高師直　④観応の擾乱　⑤単独相続　⑥惣領制　⑦長期化
7. ①守護の権限　②大犯三カ条　③刈田狼藉　④使節遵行　⑤半済令　⑥年貢　⑦1　⑧近江・美濃・尾張
　　⑨守護請　⑩守護大名
8. ①国人　②国人一揆　③一味同心　④一揆　⑤土一揆

5-1.　室町幕府の成立（中）

1. ①足利義満　②1392　③後亀山天皇　④後小松天皇
2. ①足利義満　②京都　③段銭　④朝廷　⑤太政大臣　⑥日本国王
3. ①土岐康行　②明徳の乱　③六分の一衆　④山名氏清　⑤応永の乱　⑥大内義弘
4. ①守護　②管領　③細川・斯波・畠山　④三管領　⑤侍所　⑥所司　⑦赤松・一色・山名・京極
　　⑧四職　⑨守護代　⑩在京　⑪奉公衆
5. ①御料所　②土倉役　③酒屋役　④関所　⑤関銭・津料　⑥日明貿易　⑦段銭　⑧棟別銭
6. ①鎌倉幕府　②鎌倉府　③足利基氏　④鎌倉公方　⑤関東管領　⑥上杉
7. ①管領　②所司　③鎌倉公方　④関東管領　⑤九州探題　⑥守護

5-1.　室町幕府の成立（下）

1. ①建長寺船　②夢窓疎石　③後醍醐天皇　④天龍寺船
2. ①倭寇　②足利義満　③祖阿　④肥富　⑤朝貢貿易　⑥日本国王　⑦臣源　⑧勘合
3. ①刀剣　②銅　③硫黄　④銅銭　⑤生糸　⑥陶磁器
4. ①足利義持　②朝貢　③足利義教　④堺　⑤細川　⑥博多　⑦大内　⑧寧波の乱　⑨後期倭寇
5. ①李成桂　②高麗　③朝鮮　④足利義満　⑤宗　⑥富山浦・乃而浦・塩浦　⑦倭館　⑧応永の外寇
　　⑨木綿　⑩大蔵経　⑪三浦の乱
6. ①山北・中山・山南　②尚巴志　③琉球王国　④中継貿易　⑤首里　⑥那覇
7. ①十三湊　②昆布　③蝦夷ヶ島　④道南十二館　⑤アイヌ　⑥コシャマイン　⑦蠣崎　⑧松前

5-2.　幕府の衰退と庶民の台頭（上）

1. ①惣村　②宮座　③おとな・沙汰人　④寄合　⑤惣掟　⑥自検断　⑦入会地　⑧地下請

2. ①強訴　②逃散　③地侍
3. ①足利義持　②守護　③上杉禅秀
4. ①足利義教　②足利持氏　③永享の乱　④赤松満祐　⑤嘉吉の変
5. ①上杉　②上杉禅秀の乱　③足利持氏　④永享の乱　⑤上杉憲実　⑥結城合戦　⑦結城氏朝
　　⑧享徳の乱　⑨足利成氏　⑩古河公方　⑪堀越公方　⑫山内　⑬扇谷
6. ①徳政　②土倉・酒屋　③正長の徳政一揆　④播磨の土一揆　⑤嘉吉の徳政一揆　⑥徳政令　⑦分一徳政令
7. ①大乗院日記目録　②土民　③徳政　④酒屋・土倉・寺院　⑤借銭　⑥畠山満家

5-2.　幕府の衰退と庶民の台頭（下）

1. ①足利義政　②足利義視　③日野富子　④足利義尚　⑤家督　⑥1467　⑦応仁の乱　⑧山名持豊
　　⑨畠山義就　⑩斯波義廉　⑪細川勝元　⑫畠山政長　⑬斯波義敏　⑭1477
2. ①京都　②公家　③荘園制の解体
3. ①守護　②領国
4. ①守護代　②国人　③戦国大名　④下剋上
5. ①国一揆　②畠山　③山城の国一揆　④伊賀惣国一揆　⑤甲賀郡中惣　⑥浄土真宗　⑦富樫政親
　　⑧加賀の一向一揆
6. ①二毛作　②刈敷　③草木灰　④下肥　⑤苧・桑・楮・漆・藍・茶
7. ①加賀　②美濃　③播磨　④美濃・尾張　⑤備前　⑥京都　⑦揚浜　⑧古式入浜
8. ①六斎市　②連雀商人　③振売　④大原女・桂女　⑤座　⑥灯炉供御人　⑦石清水八幡宮　⑧大山崎の油神人
9. ①永楽通宝・洪武通宝　②明銭　③私鋳銭　④撰銭　⑤撰銭令　⑥酒屋・土倉　⑦酒屋役・土倉役
10.①京都　②兵庫湊　③大津　④馬借　⑤問屋　⑥関所　⑦関銭・津料

5-3.　室町文化（上）

1. ①増鏡　②北畠親房　③神皇正統記　④梅松論　⑤太平記
2. ①連歌　②茶寄合　③闘茶　④バサラ　⑤二条河原落書
3. ①北山文化　②金閣　③寝殿造　④禅宗様
4. ①臨済宗　②夢窓疎石　③五山・十刹　④南禅寺　⑤天龍・相国・建仁・東福・万寿
　　⑥建長・円覚・寿福・浄智・浄妙　⑦僧録
5. ①明兆　②如拙　③周文　④五山文学　⑤絶海中津　⑥義堂周信　⑦政治・外交顧問
6. ①猿楽　②田楽　③能　④金春・金剛・観世・宝生　⑤観阿弥　⑥世阿弥　⑦風姿花伝
7. ①鹿苑寺金閣　②瓢鮎図、如拙筆　③寒山拾得図、伝周文筆

5-3.　室町文化（下）

1. ①東山文化　②銀閣　③書院造　④禅宗様　⑤同朋衆　⑥山水河原者　⑦善阿弥
2. ①書院造　②襖障子　③畳　④明障子　⑤東求堂同仁斎　⑥枯山水　⑦龍安寺　⑧大徳寺大仙院
3. ①雪舟　②天橋立図　③土佐光信　④狩野正信
4. ①村田珠光　②侘茶　③武野紹鷗　④千利休　⑤池坊専慶　⑥池坊専応　⑦池坊専好
5. ①古今伝授　②東常縁　③宗祇　④一条兼良　⑤公事根源　⑥花鳥余情　⑦樵談治要　⑧吉田兼倶　⑨唯一神道
6. ①茶　②連歌　③狂言　④幸若舞　⑤小歌　⑥閑吟集　⑦御伽草子　⑧風流　⑨盆踊り
7. ①二条良基　②菟玖波集　③応安新式　④宗祇　⑤新撰菟玖波集　⑥水無瀬三吟百韻　⑦宗鑑
　　⑧俳諧連歌　⑨犬筑波集
8. ①大内　②山口　③桂庵玄樹　④薩南学派　⑤上杉憲実　⑥足利学校
9. ①庭訓往来　②御成敗式目　③節用集
10.①旧仏教　②鎌倉仏教　③五山派　④林下　⑤永平寺　⑥大徳寺
11.①京都　②日親　③法華一揆　④天文法華の乱
12.①本願寺　②蓮如　③御文　④講　⑤近畿・東海・北陸　⑥一向一揆　⑦伊勢長島　⑧越前
13.①慈照寺銀閣　②慈照寺東求堂同仁斎　③大徳寺大仙院庭園　④大徳寺大仙院花鳥図、伝狩野元信筆
　　⑤秋冬山水図、雪舟筆　⑥龍安寺庭園

5-4. 戦国大名の登場

1. 教科書で確認しよう。
2. ①細川　②三好長慶　③松永久秀
3. ①北条早雲　②堀越公方　③小田原
4. ①守護代　②上杉謙信　③武田信玄
5. ①大内義隆　②陶晴賢　③国人　④毛利元就
6. ①守護代　②国人　③今川　④武田　⑤守護　⑥権威
7. ①貫高制　②軍役
8. ①一族　②譜代　③外様衆　④地侍　⑤寄親・寄子制
9. ①分国法　②喧嘩両成敗法　③大名による裁判　④今川仮名目録　⑤塵芥集　⑥甲州法度之次第
   ⑦新加制式　⑧早雲寺殿廿一箇条
10. ①指出検地　②年貢　③軍役　④甲斐・駿河・伊豆　⑤石見・但馬　⑥城下町　⑦家臣　⑧商工業者
11. ①小田原　②府中　③春日山　④山口　⑤豊後府内　⑥鹿児島
12. ①宇治・山田　②長野
13. ①寺内町　②石山　③金沢　④富田林　⑤今井　⑥楽市
14. ①堺　②博多　③自治都市　④会合衆　⑤年行司　⑥ガスパル＝ヴィレラ　⑦町衆　⑧町　⑨町法
    ⑩月行事　⑪祇園祭

6-1. 織豊政権（上）

1. ①1492　②コロンブス　③1498　④ヴァスコ＝ダ＝ガマ　⑤マゼラン　⑥スペイン　⑦マニラ
   ⑧ポルトガル　⑨ゴア　⑩マカオ
2. ①1543　②ポルトガル　③種子島　④鉄砲　⑤種子島時堯　⑥堺　⑦根来・雑賀　⑧国友
3. ①南蛮貿易　②生糸　③火薬　④銀
4. ①1549　②イエズス会　③フランシスコ＝ザビエル　④ガスパル＝ヴィレラ　⑤ルイス＝フロイス
   ⑥一体化　⑦大友義鎮・有馬晴信・大村純忠　⑧ヴァリニャーニ
   ⑨伊東マンショ・千々石ミゲル・中浦ジュリアン・原マルチノ　⑩天正遣欧使節
5. ①織田信長　②桶狭間の戦い　③今川義元　④天下布武　⑤足利義昭　⑥姉川の戦い　⑦浅井・朝倉
   ⑧比叡山延暦寺　⑨1573　⑩長篠合戦　⑪鉄砲　⑫武田勝頼
6. ①一向一揆　②伊勢長島　③越前　④加賀　⑤石山本願寺　⑥顕如
7. ①堺　②安土城　③楽市令　④1582　⑤明智光秀

6-1. 織豊政権（下）

1. ①1582　②羽柴秀吉　③山崎の合戦　④柴田勝家　⑤賤ヶ岳の戦い　⑥徳川家康　⑦小牧・長久手の戦い
2. ①長宗我部元親　②島津義久　③1590　④北条氏政・氏直　⑤伊達政宗
3. ①関白　②豊臣　③惣無事令　④聚楽第　⑤後陽成天皇
4. ①蔵入地　②佐渡・石見大森・但馬生野　③京都・大坂・堺・伏見・長崎　④浅野長政・増田長盛・石田三成・
   前田玄以・長束正家　⑤徳川家康・前田利家・毛利輝元・小早川隆景・宇喜多秀家・上杉景勝
5. ①太閤検地　②1段　③京枡　④石盛　⑤石高　⑥検地帳　⑦耕作者　⑧一地一作人　⑨荘園制
   ⑩二公一民　⑪検地帳　⑫国絵図　⑬石高　⑭軍役　⑮石高制
6. ①刀狩令　②一揆　③農業　④人掃令　⑤兵農分離　⑥町　⑦村
7. ①大村純忠　②バテレン追放令　③高山右近　④サン＝フェリペ号事件　⑤フランシスコ会　⑥黒船　⑦海賊取締令
8. ①入貢　②名護屋　③文禄の役　④慶長の役　⑤豊臣政権

6-2. 桃山文化

1. ①山城　②平城　③西本願寺飛雲閣　④大徳寺唐門　⑤都久夫須麻神社本殿　⑥妙喜庵茶室
2. ①障壁画　②濃絵　③洛中洛外図屏風　④唐獅子図屏風　⑤伝長谷川等伯　⑥狩野山楽　⑦海北友松
3. ①活字印刷術　②慶長勅版
4. ①千利休　②今井宗久　③津田宗及　④北野大茶湯　⑤織田有楽斎
5. ①出雲阿国　②阿国歌舞伎　③女歌舞伎　④若衆歌舞伎　⑤野郎歌舞伎　⑥人形浄瑠璃

6. ①南蛮寺 ②コレジオ ③セミナリオ ④金属製 ⑤ヴァリニャーニ ⑥天草版 ⑦伊曽保物語
　　⑧日葡辞書 ⑨カステラ・カッパ・カルタ
7. ①洛中洛外図屏風、狩野永徳筆 ②姫路城 ③唐獅子図屏風、狩野永徳筆 ④智積院襖絵、伝長谷川等伯筆
　　⑤都久夫麻神社本殿、伏見城遺構 ⑥妙喜庵茶室、千利休の趣向 ⑦西本願寺飛雲閣、伝聚楽第遺構
　　⑧大徳寺唐門 ⑨南蛮屏風

6-3. 幕藩体制の成立（上）

1. ①今川義元 ②三河 ③織田信長 ④姉川の戦い ⑤長篠合戦 ⑥小牧・長久手の戦い ⑦北条 ⑧五大老
2. ①石田三成 ②毛利輝元 ③1600 ④福島正則 ⑤黒田長政 ⑥関ヶ原の戦い ⑦上杉景勝 ⑧島津義弘
3. ①1603 ②徳川秀忠 ③豊臣秀頼 ④方広寺 ⑤大坂冬の陣・夏の陣
4. ①親藩 ②譜代 ③外様
5. ①一国一城令 ②武家諸法度 ③金地院の崇伝 ④福島正則 ⑤改易
6. ①軍役 ②普請役 ③参勤交代 ④寛永令
7. ①400万石 ②佐渡・伊豆・但馬生野・石見大森 ③江戸・京都・大坂・長崎・堺 ④旗本・御家人 ⑤諸大名
8. ①老中 ②若年寄 ③大目付 ④目付 ⑤寺社奉行 ⑥町奉行 ⑦勘定奉行 ⑧評定所 ⑨譜代大名
　　⑩旗本 ⑪京都所司代 ⑫郡代 ⑬代官 ⑭勘定奉行
9. ①藩 ②地方知行制 ③城下町 ④俸禄制度

6-3. 幕藩体制の成立（中）

1. ①禁中並公家諸法度 ②京都所司代 ③武家伝奏 ④和子 ⑤後水尾天皇
2. ①後水尾天皇 ②沢庵 ③紫衣事件 ④幕府 ⑤天皇 ⑥明正天皇
3. ①スペイン ②ポルトガル ③禁教令 ④高山右近 ⑤元和の大殉教 ⑥スペイン
4. ①島原の乱 ②有馬晴信 ③小西行長 ④松倉 ⑤寺沢 ⑥益田時貞 ⑦オランダ
5. ①キリスト教 ②日蓮宗不受不施派 ③寺請制度 ④宗門改め ⑤寺檀制度
6. ①本山 ②末寺 ③本末制度 ④諸宗寺院法度 ⑤諸社禰宜神主法度 ⑥吉田 ⑦隠元隆琦 ⑧黄檗宗
7. ①朱子学 ②上下の秩序 ③相国寺 ④藤原惺窩 ⑤林羅山 ⑥林家
8. ①日光東照宮 ②霊廟建築 ③権現造 ④数寄屋造 ⑤桂離宮
9. ①俵屋宗達 ②本阿弥光悦 ③有田焼 ④薩摩焼 ⑤萩焼 ⑥酒井田柿右衛門 ⑦上絵付
10.①桂離宮、数寄屋造 ②彦根屏風 ③色絵花鳥文深鉢、酒井田柿右衛門様式 ④日光東照宮、権現造
　　⑤風神雷神図屏風、俵屋宗達筆 ⑥夕顔棚納涼図屏風、久隅守景筆

6-3. 幕藩体制の成立（下）

1. ①リーフデ号 ②ヤン＝ヨーステン ③ウィリアム＝アダムズ ④平戸 ⑤田中勝介 ⑥伊達政宗
　　⑦支倉常長 ⑧慶長遣欧使節
2. ①ポルトガル ②生糸 ③糸割符制度 ④京都・堺・長崎 ⑤江戸・大坂
3. ①朱印状 ②朱印船 ③島津家久・有馬晴信 ④末次平蔵 ⑤末吉孫左衛門 ⑥角倉了以・茶屋四郎次郎
　　⑦生糸 ⑧砂糖 ⑨銀 ⑩日本町 ⑪山田長政
4. ①スペイン ②ポルトガル ③禁教令 ④スペイン
5. ①西国の大名 ②平戸・長崎 ③奉書船 ④日本人 ⑤長崎
6. ①島原の乱 ②オランダ
7. ①ポルトガル ②出島 ③ケンペル ④日本誌 ⑤志筑忠雄
8. ①バタヴィア ②貿易の利益 ③オランダ風説書 ④唐人屋敷 ⑤銀
9. ①対馬 ②宗 ③己酉約条 ④倭館 ⑤知行 ⑥朝鮮通信使
10.①島津家久 ②薩摩藩 ③朝貢貿易 ④謝恩使 ⑤慶賀使 ⑥両属関係
11.①松前 ②アイヌ ③商場・場所 ④商場知行制 ⑤シャクシャイン ⑥場所請負制度

6-4. 幕藩社会の構造

1. ①苗字・帯刀 ②武士 ③百姓 ④職人 ⑤家持町人 ⑥かわた ⑦非人
2. ①家 ②身分 ③家長 ④長子 ⑤女性
3. ①小経営 ②名主・組頭・百姓代 ③本百姓 ④入会地 ⑤村請制

4. ①本百姓　②検地帳　③水呑　④名子・被官・譜代
5. ①本途物成　②四公六民　③検見法　④定免法　⑤小物成　⑥国役　⑦伝馬役
6. ①田畑永代売買の禁止令　②分地制限令　③商品作物　④田畑勝手作りの禁　⑤貨幣経済
7. ①城下町　②兵農分離　③地子　④武家地　⑤町人地　⑥経済
8. ①町　②町人　③名主・月行事　④町法　⑤町人足役　⑥地借　⑦借家・店借　⑧奉公人　⑨できなかっ
9. ①新田開発　②町人請負新田
10.①木曽檜　②秋田杉
11.①銅　②長崎貿易　③石見　④生野　⑤佐渡　⑥足尾　⑦別子　⑧たたら製鉄
12.①初期豪商　②角倉了以　③茶屋四郎次郎　④末吉孫左衛門　⑤今井宗薫

7-1.　幕政の安定

1. ①徳川家光　②牢人　③1651　④徳川家綱　⑤保科正之　⑥由井正雪　⑦慶安の変
　　⑧末期養子の禁止を緩和　⑨かぶき者　⑩殉死の禁止　⑪領知宛行状
2. ①池田光政　②閑谷学校　③熊沢蕃山　④花畠教場　⑤保科正之　⑥山崎闇斎　⑦徳川光圀　⑧大日本史
　　⑨前田綱紀　⑩木下順庵
3. ①徳川綱吉　②堀田正俊　③柳沢吉保　④天和令　⑤忠孝　⑥儒教　⑦木下順庵　⑧湯島聖堂
　　⑨林鳳岡　⑩大嘗会　⑪禁裏御料
4. ①生類憐みの令　②服忌令　③戦国時代
5. ①佐渡金山　②明暦の大火　③荻原重秀　④元禄小判　⑤騰貴　⑥富士山　⑦諸国高役金
6. ①徳川家宣　②新井白石　③間部詮房　④徳川家継
7. ①閑院宮家　②朝鮮通信使　③大君　④日本国王
8. ①慶長小判　②正徳小判　③海舶互市新例　④清・オランダ

7-2.　経済の発展（上）

1. ①備中鍬　②千歯扱　③唐箕　④千石簁　⑤踏車　⑥干鰯・〆粕・油粕　⑦宮崎安貞　⑧大蔵永常　⑨広益国産考
2. ①綿　②油菜　③紅花　④茶　⑤藺草　⑥藍玉　⑦黒砂糖　⑧奉書紙　⑨甲斐　⑩紀伊
3. ①網元　②干鰯・〆粕　③綿作　④上方　⑤俵物　⑥銅　⑦入浜塩田
4. ①朝鮮　②木綿　③地機　④西陣　⑤高機
5. ①有田　②伏見・灘　③野田・銚子

7-2.　経済の発展（下）

1. ①街道　②東海道・中山道・甲州道中・日光道中・奥州道中　③道中奉行　④箱根・新居
　　⑤碓氷・木曽福島　⑥小仏　⑦栗橋　⑧入鉄砲に出女
2. ①宿駅　②伝馬役　③助郷役　④問屋場　⑤継飛脚　⑥本陣・脇本陣　⑦旅籠屋
3. ①角倉了以　②河村瑞賢　③東廻り海運・西廻り海運　④菱垣廻船　⑤樽廻船　⑥北前船　⑦内海船
4. ①後藤庄三郎　②小判・一分金　③計数貨幣　④丁銀・豆板銀　⑤秤量貨幣　⑥寛永通宝　⑦金貨　⑧銀貨
　　⑨60匁　⑩4貫文　⑪藩札
5. ①両替商　②貸付　③三井高利　④天王寺屋・平野屋・鴻池　⑤三谷・鹿島屋
6. ①将軍のお膝元　②100　③消費都市
7. ①天下の台所　②大商業都市　③蔵屋敷　④蔵物　⑤蔵元　⑥掛屋　⑦納屋物
8. ①京都所司代・京都町奉行　②西陣織・京染・京焼
9. ①問屋　②仲買　③仲間　④十組問屋　⑤二十四組問屋
10.①問屋　②問屋制家内工業
11.①卸売市場　②堂島　③雑喉場　④天満　⑤日本橋　⑥神田

7-3.　元禄文化

1. ①井原西鶴　②談林俳諧　③好色一代男　④武道伝来記　⑤日本永代蔵　⑥世間胸算用
2. ①松尾芭蕉　②蕉風俳諧　③奥の細道
3. ①近松門左衛門　②人形浄瑠璃　③歌舞伎　④世話物　⑤曽根崎心中　⑥時代物　⑦国性爺合戦
　　⑧辰松八郎兵衛　⑨竹本義太夫

4. ①女歌舞伎　②若衆歌舞伎　③荒事　④市川団十郎　⑤和事　⑥坂田藤十郎　⑦芳沢あやめ
5. ①朱子学　②大義名分論　③谷時中　④山崎闇斎　⑤野中兼山　⑥垂加神道　⑦藤原惺窩　⑧林羅山
   ⑨木下順庵　⑩新井白石　⑪室鳩巣
6. ①中江藤樹　②熊沢蕃山　③陽明学　④知行合一　⑤大学或問　⑥池田光政
7. ①古学派　②山鹿素行　③聖教要録　④中朝事実　⑤伊藤仁斎　⑥古義堂　⑦荻生徂徠　⑧柳沢吉保
   ⑨政談　⑩経世論　⑪蘐園塾　⑫太宰春台　⑬経済録
8. ①貝原益軒　②宮崎安貞　③和算　④塵劫記　⑤関孝和　⑥発微算法　⑦渋川春海　⑧貞享暦
9. ①戸田茂睡　②契沖　③万葉代匠記　④北村季吟　⑤源氏物語湖月抄　⑥国学
10. ①土佐光起　②住吉如慶・具慶　③尾形光琳　④琳派　⑤紅白梅図屏風　⑥菱川師宣　⑦見返り美人図
11. ①野々村仁清　②上絵付法　③京焼　④蒔絵　⑤尾形光琳　⑥宮崎友禅
12. ①見返り美人図、菱川師宣筆　②色絵藤花文茶壺、野々村仁清作　③紅白梅図屏風、尾形光琳筆
    ④八橋蒔絵螺鈿硯箱、尾形光琳作　⑤六義園、柳沢吉保設計

8-1.　幕政の改革（上）

1. ①1716　②紀伊　③徳川吉宗　④側用人　⑤大岡忠相　⑥田中丘隅　⑦荻生徂徠　⑧室鳩巣　⑨足高の制
2. ①財政の再建　②相対済し令　③上げ米　④参勤交代　⑤御恥辱　⑥検見法　⑦定免法　⑧新田開発
3. ①年貢米　②米公方　③堂島米市場
4. ①青木昆陽　②漢訳洋書　③野呂元丈
5. ①大岡忠相　②定火消　③町火消　④目安箱　⑤小石川養生所
6. ①公事方御定書　②田安　③一橋　④清水　⑤三卿

8-1.　幕政の改革（下）

1. ①地主　②豪農　③小作　④年季奉公　⑤本百姓層　⑥村方騒動
2. ①家持町人　②地借・店借・商家奉公人　③出稼ぎ　④棒手振・日用稼ぎ
3. ①幕府や藩の支配　②土豪　③代表越訴型一揆　④佐倉惣五郎　⑤磔茂左衛門　⑥惣百姓一揆
   ⑦嘉助騒動　⑧元文一揆　⑨国訴　⑩世直し一揆
4. ①享保の改革　②天明の飢饉　③寛政の改革　④大塩の乱　⑤天保の改革　⑥年貢収納率
5. ①享保の飢饉　②打ちこわし　③天明の飢饉　④百姓一揆　⑤打ちこわし
6. ①徳川家治　②側用人　③田沼意次　④田沼時代
7. ①経済政策　②株仲間　③運上・冥加　④南鐐二朱銀　⑤俵物
8. ①印旛沼・手賀沼　②工藤平助　③赤蝦夷風説考　④最上徳内
9. ①賄賂　②天明の飢饉　③田沼意知

8-2.　宝暦・天明期の文化

1. ①シドッチ　②采覧異言　③西洋紀聞　④漢訳洋書　⑤青木昆陽・野呂元丈
2. ①前野良沢・杉田玄白　②解体新書　③蘭学　④蘭学事始　⑤古医方　⑥山脇東洋　⑦蔵志
3. ①大槻玄沢　②蘭学階梯　③芝蘭堂　④宇田川玄随　⑤稲村三伯　⑥ハルマ和解　⑦平賀源内
4. ①賀茂真淵　②本居宣長　③古事記伝　④塙保己一　⑤和学講談所　⑥群書類従
5. ①大日本史　②水戸学　③竹内式部　④宝暦事件　⑤山県大弐　⑥明和事件　⑦高山彦九郎　⑧頼山陽
6. ①石田梅岩　②心学　③手島堵庵・中沢道二　④安藤昌益　⑤自然真営道
7. ①懐徳堂　②富永仲基　③山片蟠桃
8. ①寺子屋　②女大学
9. ①洒落本　②山東京伝　③黄表紙　④恋川春町　⑤蔦屋重三郎
10. ①蕪村　②川柳　③柄井川柳　④狂歌　⑤大田南畝　⑥竹田出雲　⑦近松半二
11. ①鈴木春信　②錦絵　③喜多川歌麿　④東洲斎写楽　⑤大首絵
12. ①円山応挙　②池大雅　③蕪村　④平賀源内　⑤司馬江漢　⑥亜欧堂田善　⑦銅版画

8-3.　幕府の衰退と近代への道（上）

1. ①天明の打ちこわし　②徳川家斉　③松平定信　④徳川吉宗　⑤田安
2. ①天明の飢饉　②公金の貸付　③囲米　④旧里帰農令

3. ①打ちこわし　②勘定所御用達　③七分積金　④石川島に人足寄場　⑤札差　⑥棄捐令
4. ①朱子学　②寛政異学の禁　③柴野栗山・尾藤二洲・岡田寒泉　④昌平坂学問所　⑤海国兵談　⑥林子平
　　⑦山東京伝　⑧恋川春町　⑨蔦屋重三郎
5. ①閑院宮典仁親王　②武家伝奏　③尊号一件　④協調
6. ①専売制　②細川重賢　③上杉治憲　④佐竹義和
7. ①1792　②ラクスマン　③根室　④大黒屋光太夫　⑤近藤重蔵・最上徳内　⑥桂川甫周　⑦北槎聞略
8. ①レザノフ　②長崎　③松前奉行　④間宮林蔵　⑤ゴローウニン事件　⑥高田屋嘉兵衛
9. ①イギリス　②フェートン号　③松平康英　④江戸湾　⑤1825　⑥異国船打払令
10.①徳川家斉　②松平定信　③文政　④徳川家慶　⑤大御所
11.①関東取締出役　②寄場組合

8-3.　幕府の衰退と近代への道（下）

1. ①天保の飢饉　②郡内騒動　③加茂一揆
2. ①大坂町奉行所　②陽明学者　③大塩平八郎　④洗心洞　⑤生田万
3. ①モリソン号　②渡辺崋山　③慎機論　④高野長英　⑤戊戌夢物語　⑥尚歯会　⑦蛮社の獄
4. ①徳川家慶　②水野忠邦　③天保の改革
5. ①倹約令　②浅草　③為永春水　④人返しの法
6. ①十組問屋　②株仲間の解散　③乏しく　④下関　⑤越荷方　⑥棄捐令
7. ①三方領知替え　②上知令　③水野忠邦
8. ①北関東　②二宮尊徳　③報徳仕法　④大原幽学　⑤性学　⑥周防　⑦薩摩　⑧国訴
9. ①分業　②工場制手工業　③綿織物　④絹織物　⑤酒造
10.①調所広郷　②三都　③黒砂糖　④琉球王国　⑤俵物　⑥島津斉彬　⑦反射炉　⑧グラヴァー
11.①村田清風　②紙・蠟　③越荷方
12.①鍋島直正　②均田制　③有田焼　④反射炉　⑤大砲製造所
13.①おこぜ組　②伊達宗城　③松平慶永　④江川太郎左衛門　⑤徳川斉昭

8-4.　化政文化

1. ①荻生徂徠　②経世家　③海保青陵　④稽古談　⑤本多利明　⑥西域物語　⑦経世秘策　⑧佐藤信淵
　　⑨経済要録
2. ①徳川斉昭　②藤田幽谷・藤田東湖・会沢安　③平田篤胤　④復古神道
3. ①天文方　②高橋景保　③蛮書和解御用　④蕃書調所　⑤伊能忠敬　⑥大日本沿海輿地全図　⑦志筑忠雄
　　⑧暦象新書
4. ①シーボルト事件　②高橋景保　③蛮社の獄　④渡辺崋山・高野長英
5. ①広瀬淡窓　②吉田松陰　③高杉晋作　④緒方洪庵　⑤適塾　⑥福沢諭吉　⑦シーボルト　⑧鳴滝塾　⑨高野長英
6. ①寛政改革　②滑稽本　③十返舎一九　④式亭三馬　⑤人情本　⑥為永春水　⑦天保改革　⑧読本
　　⑨上田秋成　⑩曲亭馬琴　⑪合巻　⑫柳亭種彦
7. ①小林一茶　②北越雪譜
8. ①葛飾北斎　②歌川広重　③印象派
9. ①呉春　②渡辺崋山
10.①芝居小屋　②寄席　③歌舞伎　④相撲　⑤中村・市村・森田　⑥鶴屋南北　⑦大相撲
11.①伊勢神宮　②善光寺　③御蔭参り　④巡礼
12.①富嶽三十六景、葛飾北斎筆　②名所江戸百景、歌川広重筆　③鷹見泉石像、渡辺崋山筆
　　④東海道五十三次、歌川広重筆

9-1.　開国と幕末の動乱（上）

1. ①アヘン戦争　②異国船打払令　③天保の薪水給与令　④オランダ　⑤ビッドル
2. ①1853　②ペリー　③1854　④日米和親条約　⑤下田・箱館　⑥最恵国待遇　⑦プチャーチン
　　⑧日露和親条約　⑨択捉島　⑩得撫島　⑪樺太
3. ①阿部正弘　②朝廷　③諸大名　④発言力　⑤徳川斉昭　⑥蕃書調所　⑦講武所　⑧海軍伝習所　⑨安政の改革
4. ①ハリス　②堀田正睦　③孝明天皇　④1858　⑤井伊直弼　⑥日米修好通商条約

⑦神奈川・長崎・新潟・兵庫　⑧治外法権　⑨関税自主権の欠如

⑩オランダ・ロシア・イギリス・フランス　⑪改税約書

5.　①毛織物・綿織物・武器　②生糸　③五品江戸廻送令　④金貨　⑤万延貨幣改鋳　⑥物価上昇

6.　①松平慶永・島津斉彬　②井伊直弼　③違勅調印　④尊王攘夷論　⑤安政の大獄　⑥1860　⑦桜田門外

9-1.　開国と幕末の動乱（下）

1.　①安藤信正　②公武合体　③和宮　④徳川家茂　⑤坂下門外の変　⑥島津久光　⑦政事総裁職

⑧将軍後見職　⑨京都守護職　⑩文久の改革

2.　①東禅寺事件　②生麦事件　③イギリス公使館焼打ち事件　④天誅組の変　⑤生野の変　⑥長州

⑦薩摩・会津　⑧三条実美　⑨八月十八日の政変　⑩禁門の変　⑪長州征討

3.　①下関　②長州　③四国艦隊下関砲撃事件　④薩摩藩　⑤生麦事件　⑥薩英戦争　⑦イギリス

⑧パークス　⑨フランス　⑩ロッシュ

4.　①高杉晋作・桂小五郎　②奇兵隊　③薩摩藩　④西郷隆盛・大久保利通　⑤1866

⑥坂本龍馬・中岡慎太郎　⑦薩長同盟　⑧第2次長州征討　⑨孝明天皇

5.　①徳川慶喜　②山内豊信　③大政奉還　④王政復古の大号令　⑤総裁・議定・参与　⑥小御所会議

⑦辞官納地

6.　①世直し　②打ちこわし　③ええじゃないか　④天理教　⑤黒住教　⑥金光教　⑦教派神道

7.　①蕃書調所　②洋書調所　③開成所　④種痘所　⑤講武所　⑥海軍伝習

8.　①勝海舟　②咸臨丸　③西周・津田真道　④福沢諭吉　⑤伊藤博文・井上馨　⑥森有礼

9-2.　明治維新と富国強兵（上）

1.　①1868　②鳥羽・伏見の戦い　③徳川慶喜　④勝海舟　⑤西郷隆盛　⑥奥羽越列藩同盟　⑦五稜郭

⑧榎本武揚

2.　①五箇条の誓文　②由利公正・福岡孝弟　③木戸孝允　④天皇　⑤五榜の掲示　⑥徒党・強訴やキリスト教

3.　①版籍奉還　②知藩事　③薩摩・長州・土佐　④廃藩置県　⑤府知事・県令

4.　①政体書　②太政官　③正院　④左院　⑤三条実美・岩倉具視　⑥薩摩・長州・土佐・肥前　⑦藩閥政府

5.　①徴兵告諭　②国民皆兵　③徴兵令　④大村益次郎　⑤山県有朋　⑥戸主　⑦代人料

6.　①華族　②士族　③平民　④金禄公債証書　⑤秩禄処分　⑥廃刀令　⑦士族授産

7.　①田畑勝手作り　②田畑永代売買の禁止令　③地券　④地租改正条例　⑤金納　⑥3％

⑦地租改正反対一揆　⑧2.5％

8.　①工部省　②内務省　③新橋・横浜　④神戸　⑤砲兵工廠　⑥横須賀造船所

9.　①前島密　②電信　③生糸　④官営模範工場　⑤富岡製糸場

10.①開拓使　②クラーク　③札幌農学校　④屯田兵制度

11.①新貨条例　②銀貨　③不換紙幣　④渋沢栄一　⑤国立銀行条例

9-2.　明治維新と富国強兵（下）

1.　①福沢諭吉　②西洋事情　③学問のすゝめ　④中村正直　⑤森有礼・西周・加藤弘之・西村茂樹

⑥明六社　⑦明六雑誌　⑧中江兆民

2.　①学制　②功利主義　③東京大学　④福沢諭吉　⑤新島襄

3.　①神仏分離令　②廃仏毀釈　③大教宣布の詔　④紀元節　⑤天長節　⑥禁教　⑦浦上

4.　①洋服　②ざんぎり頭　③ガス灯　④鉄道馬車　⑤人力車　⑥太陽暦

5.　①岩倉具視　②木戸孝允・伊藤博文　③大久保利通　④津田梅子　⑤達しなかった

6.　①日清修好条規　②日露和親条約　③樺太・千島交換条約　④ロシア　⑤日本

7.　①江華島事件　②日朝修好条規　③釜山・仁川・元山　④領事裁判権　⑤関税免除

8.　①両属関係　②琉球藩　③尚泰　④台湾出兵　⑤沖縄県　⑥琉球処分

9.　①征韓論　②大久保利通・木戸孝允　③西郷隆盛・板垣退助　④後藤象二郎・江藤新平・副島種臣

⑤明治六年の政変　⑥民撰議院設立の建白書　⑦自由民権運動

10.①江藤新平　②佐賀の乱　③神風連の乱　④秋月の乱　⑤萩の乱　⑥西郷隆盛　⑦西南戦争

11.①徴兵制度　②学制　③血税一揆　④地租改正　⑤2.5％

9-3. 立憲国家の成立と日清戦争（上）

1. ①板垣退助・後藤象二郎・江藤新平・副島種臣　②1874　③民撰議院設立の建白書　④左院
　　⑤日新真事誌　⑥片岡健吉　⑦立志社　⑧愛国社
2. ①大久保利通　②大阪会議　③木戸孝允・板垣退助　④漸次立憲政体樹立の詔
　　⑤元老院・大審院・地方官会議　⑥讒謗律・新聞紙条例　⑦郡区町村編制法・府県会規則・地方税規則
　　⑧地方三新法
3. ①片岡健吉　②立志社建白　③国会期成同盟　④集会条例
4. ①私擬憲法　②交詢社　③植木枝盛　④東洋大日本国国憲按　⑤五日市憲法草案
5. ①1881　②開拓使官有物払下げ事件　③岩倉具視・伊藤博文　④国会開設の勅諭　⑤大隈重信
　　⑥明治十四年の政変　⑦黒田清隆　⑧五代友厚
6. ①板垣退助　②自由党　③大隈重信　④立憲改進党　⑤福地源一郎　⑥立憲帝政党
7. ①不換紙幣　②国立銀行　③インフレーション　④松方正義　⑤日本銀行　⑥銀兌換　⑦銀本位　⑧小作農
8. ①三島通庸　②河野広中　③福島事件　④高田事件・群馬事件・加波山事件　⑤秩父事件　⑥大井憲太郎
　　⑦大阪事件
9. ①星亨　②大同団結　③三大事件建白運動　④保安条例

9-3. 立憲国家の成立と日清戦争（中）

1. ①伊藤博文　②グナイスト　③シュタイン　④ドイツ　⑤華族令　⑥貴族院　⑦公・侯・伯・子・男
　　⑧内閣制度　⑨内大臣　⑩モッセ　⑪山県有朋　⑫市制・町村制　⑬府県制・郡制
2. ①ロエスレル　②伊藤博文　③井上毅・伊東巳代治・金子堅太郎　④枢密院　⑤1889　⑥大日本帝国憲法
3. ①総攬　②神聖　③侵ス　④統帥　⑤統帥権の独立　⑥参謀本部　⑦軍令部
4. ①対等　②貴族院　③衆議院　④輔弼　⑤法律ノ範囲内　⑥皇室典範
5. ①フランス　②ボアソナード　③大逆罪　④穂積八束　⑤民法典論争　⑥戸主権　⑦家督相続制度
　　⑧家の制度
6. ①25歳　②男性　③15円　④1％
7. ①黒田清隆　②超然主義　③民党　④山県有朋　⑤民力休養　⑥利益線　⑦松方正義　⑧品川弥二郎
　　⑨選挙干渉　⑩元勲総出　⑪伊藤博文

9-3. 立憲国家の成立と日清戦争（下）

1. ①岩倉具視　②寺島宗則
2. ①井上馨　②外国人判事　③鹿鳴館　④欧化主義　⑤ノルマントン号事件　⑥大隈重信　⑦大審院
　　⑧玄洋社
3. ①ロシア　②シベリア鉄道　③イギリス　④青木周蔵　⑤大津事件　⑥津田三蔵　⑦大審院長
　　⑧児島惟謙　⑨司法権の独立　⑩日清戦争　⑪陸奥宗光　⑫領事裁判権　⑬日英通商航海条約
　　⑭関税自主権　⑮小村寿太郎
4. ①日朝修好条規　②大院君　③壬午軍乱　④閔氏
5. ①金玉均　②甲申事変　③伊藤博文　④李鴻章　⑤天津条約　⑥事前通告
6. ①福沢諭吉　②時事新報　③脱亜論　④大井憲太郎　⑤大阪事件
7. ①参謀本部　②軍人勅諭　③忠節　④鎮台　⑤師団
8. ①1894　②甲午農民戦争　③日清戦争　④遼東半島　⑤北洋艦隊　⑥黄海海戦
9. ①1895　②伊藤博文・陸奥宗光　③李鴻章　④下関条約　⑤朝鮮の独立　⑥遼東半島　⑦台湾
　　⑧澎湖諸島　⑨賠償金2億両　⑩沙市・重慶・蘇州・杭州
10. ①ロシア　②フランス・ドイツ　③遼東半島　④三国干渉　⑤臥薪嘗胆
11. ①台湾　②樺山資紀　③台湾総督　④児玉源太郎　⑤後藤新平　⑥台湾銀行　⑦台湾製糖会社

9-4. 日露戦争と国際関係（上）

1. ①自由党　②進歩党　③憲政党　④大隈重信　⑤隈板内閣　⑥共和演説事件
2. ①山県有朋　②文官任用令　③軍部大臣現役武官制　④治安警察法
3. ①自由党　②伊藤博文　③立憲政友会　④元老　⑤首相の選任権

4. ①山東半島　②遼東半島　③旅順・大連　④九龍半島　⑤威海衛　⑥広州湾　⑦フィリピン
　　⑧ジョン＝ヘイ
5. ①扶清滅洋　②義和団　③北清事変　④北京議定書　⑤賠償金　⑥守備隊
6. ①閔妃　②三浦梧楼　③閔妃殺害事件　④高宗
7. ①ロシア　②伊藤博文　③日露協商論　④桂太郎　⑤イギリス　⑥日英同盟　⑦厳正中立
8. ①対露同志会　②万朝報　③黒岩涙香　④徳富蘇峰　⑤内村鑑三　⑥幸徳秋水・堺利彦　⑦平民新聞
　　⑧与謝野晶子

9-4.　日露戦争と国際関係（下）

1. ①1904　②旅順　③奉天会戦　④日本海海戦　⑤バルチック艦隊
2. ①機関銃　②外債　③内債　④増税
3. ①セオドア＝ローズヴェルト　②小村寿太郎　③ウィッテ　④ポーツマス条約　⑤韓国　⑥旅順・大連
　　⑦長春　⑧樺太　⑨漁業権　⑩賠償金　⑪日比谷焼打ち事件
4. ①桂・タフト協定　②日英同盟　③第2次日韓協約　④外交権　⑤統監府　⑥伊藤博文
5. ①高宗　②ハーグ密使事件　③第3次日韓協約　④内政権　⑤韓国軍　⑥義兵運動　⑦安重根
6. ①1910　②韓国併合条約　③京城　④朝鮮総督府　⑤寺内正毅　⑥土地調査事業　⑦東洋拓殖会社　⑧日本
7. ①関東州　②関東都督府　③旅順　④南満州鉄道　⑤大連　⑥アメリカ
8. ①1911　②辛亥革命　③孫文　④中華民国　⑤袁世凱　⑥軍閥
9. ①桂太郎　②立憲政友会　③西園寺公望　④鉄道国有法
10. ①桂太郎　②戊申詔書　③地方改良運動　④帝国在郷軍人会　⑤工場法
11. ①桂太郎　②大逆事件　③幸徳秋水　④特別高等課［特高］　⑤冬の時代

9-5.　近代産業の発展（上）

1. ①鉄道　②紡績　③産業革命　④日清戦争　⑤貨幣法　⑥金本位制　⑦三井物産　⑧横浜正金銀行
　　⑨造船奨励法　⑩航海奨励法
2. ①イギリス　②綿花　③渋沢栄一　④大阪紡績会社　⑤ガラ紡　⑥1890　⑦輸入量　⑧中国・朝鮮
　　⑨中国・インド・アメリカ
3. ①生糸　②製糸業　③座繰製糸　④器械製糸　⑤日清戦争　⑥アメリカ　⑦清国
4. ①横浜　②神戸　③官営　④東海道線　⑤民営　⑥日本鉄道会社　⑦青森　⑧日露戦争　⑨鉄道国有法
5. ①工場払下げ概則　②三井　③三菱　④古河　⑤政商　⑥財閥
6. ①鉄鋼　②官営八幡製鉄所　③賠償金　④筑豊炭田　⑤漢冶萍公司　⑥大冶鉄山　⑦日本製鋼所
　　⑧池貝鉄工所
7. ①株式所有　②コンツェルン　③持株会社　④三井・三菱・安田・住友　⑤古河市兵衛　⑥浅野総一郎
　　⑦川崎正蔵
8. ①綿布　②大豆粕　③綿布　④米　⑤原料糖　⑥植民地　⑦赤字

9-5.　近代産業の発展（下）

1. ①綿　②養蚕　③松方財政　④寄生地主制　⑤現物納　⑥定額金納　⑦地主　⑧出稼ぎ
2. ①繊維　②女性　③小作　④紡績　⑤製糸　⑥横山源之助　⑦日本之下層社会　⑧職工事情　⑨男性
　　⑩日本人　⑪高島炭鉱
3. ①日清戦争　②ストライキ　③高野房太郎・片山潜　④労働組合期成会　⑤足尾鉱毒事件　⑥古河市兵衛
　　⑦足尾銅山　⑧田中正造　⑨木下尚江
4. ①安部磯雄・片山潜・幸徳秋水・木下尚江　②社会民主党　③堺利彦　④平民新聞　⑤日本社会党　⑥直接行動派
5. ①治安警察法　②団結権　③ストライキ権　④工場法　⑤少年・女性　⑥深夜業

9-6.　近代文化の発達（上）

1. ①徳富蘇峰　②民友社　③国民之友　④三宅雪嶺　⑤政教社　⑥日本人　⑦陸羯南　⑧日本
2. ①国家主義　②徳富蘇峰　③高山樗牛　④太陽　⑤対露同志会　⑥万朝報　⑦黒岩涙香　⑧国民新聞
　　⑨戊申詔書
3. ①教派神道　②天理教・黒住教・金光教　③島地黙雷　④クラーク　⑤内村鑑三　⑥新渡戸稲造

⑦ジェーンズ　⑧海老名弾正

4. ①学制　②教育令　③森有礼　④学校令　⑤義務教育

5. ①教育勅語　②内村鑑三　③国定教科書

6. ①ボアソナード　②民法典論争　③ドイツ　④モース　⑤ベルツ　⑥フェノロサ　⑦コンドル

7. ①北里柴三郎　②志賀潔　③高峰譲吉　④鈴木梅太郎　⑤大森房吉　⑥木村栄　⑦長岡半太郎
　　⑧田口卯吉　⑨日本開化小史

9-6. 近代文化の発達（下）

1. ①明六雑誌　②国民之友　③日本人　④太陽　⑤中央公論

2. ①仮名垣魯文　②矢野龍渓　③坪内逍遥　④小説神髄　⑤二葉亭四迷　⑥尾崎紅葉　⑦幸田露伴

3. ①北村透谷　②森鴎外　③泉鏡花　④島崎藤村　⑤与謝野晶子　⑥正岡子規

4. ①田山花袋　②島崎藤村　③石川啄木　④夏目漱石

5. ①歌舞伎　②河竹黙阿弥　③川上音二郎　④新派劇　⑤坪内逍遥　⑥小山内薫　⑦新劇

6. ①工部美術学校　②フェノロサ　③岡倉天心　④東京美術学校　⑤狩野芳崖　⑥橋本雅邦　⑦高橋由一
　　⑧浅井忠　⑨黒田清輝　⑩青木繁　⑪高村光雲　⑫荻原守衛

7. ①電灯　②鉄道馬車　③路面電車　④石油ランプ

8. ①読書、黒田清輝筆　②湖畔、黒田清輝筆　③海の幸、青木繁筆　④老猿、高村光雲作
　　⑤悲母観音、狩野芳崖筆　⑥鮭、高橋由一筆　⑦収穫、浅井忠筆

10-1. 第一次世界大戦と日本

1. ① 1910　②西園寺公望　③上原勇作　④軍部大臣現役武官制　⑤桂太郎　⑥立憲政友会　⑦尾崎行雄
　　⑧立憲国民党　⑨犬養毅　⑩閥族打破・憲政擁護　⑪第一次護憲運動　⑫大正政変

2. ①山本権兵衛　②文官任用令　③軍部大臣現役武官制　④シーメンス事件

3. ①ドイツ・オーストリア・イタリア　②イギリス・フランス・ロシア　③日英同盟　④ 1914
　　⑤サライェヴォ事件

4. ①大隈重信　②ドイツ　③青島　④山東省　⑤袁世凱　⑥二十一カ条の要求　⑦国恥記念日

5. ①寺内正毅　②段祺瑞　③西原借款　④アメリカ　⑤石井・ランシング協定

6. ①ロシア革命　②寺内正毅　③シベリア出兵

7. ①綿織物　②生糸　③輸出超過　④船成金

8. ①鞍山製鉄所　②ドイツ　③化学　④電力　⑤蒸気力　⑥在華紡

9. ①美濃部達吉　②天皇機関説　③吉野作造　④民本主義　⑤天皇主権

10. ①寺内正毅　②シベリア出兵　③米騒動

11. ①原敬　②立憲政友会　③平民宰相　④３円　⑤小選挙区制　⑥高橋是清
　　⑦加藤友三郎・山本権兵衛・清浦奎吾

10-2. ワシントン体制

1. ①西園寺公望・牧野伸顕　②ヴェルサイユ条約　③ドイツ　④民族自決　⑤ウィルソン　⑥国際連盟
　　⑦イギリス・フランス・イタリア　⑧アメリカ

2. ①旧ドイツ権益　②五・四運動　③三・一独立運動

3. ①アメリカ・イギリス・日本　②日本　③ワシントン会議　④加藤友三郎・幣原喜重郎

4. ①四カ国条約　②アメリカ・イギリス・日本・フランス　③日英同盟　④九カ国条約　⑤中国
　　⑥石井・ランシング協定　⑦山東半島　⑧ワシントン海軍軍縮条約　⑨米・英・日・仏・伊
　　⑩ 5：5：3：1.67：1.67

5. ①加藤高明　②幣原喜重郎　③幣原外交　④加藤友三郎　⑤加藤高明　⑥不戦条約

6. ①ロシア革命　②米騒動　③鈴木文治　④友愛会　⑤大日本労働総同盟友愛会　⑥日本労働総同盟
　　⑦小作争議　⑧杉山元治郎・賀川豊彦　⑨日本農民組合

7. ①黎明会　②東大新人会　③森戸辰男　④ロシア革命　⑤共産主義　⑥堺利彦・山川均　⑦日本共産党

8. ①平塚らいてう　②青鞜社　③市川房枝　④新婦人協会　⑤治安警察法　⑥婦人参政権獲得期成同盟会
　　⑦山川菊栄・伊藤野枝　⑧赤瀾会　⑨西光万吉　⑩全国水平社

9. ①関東大震災　②朝鮮人　③亀戸　④大杉栄・伊藤野枝　⑤戦後恐慌

10.①清浦奎吾　②憲政会・立憲政友会・革新倶楽部　③第二次護憲運動　④加藤高明　⑤護憲三派内閣

11.①普通選挙法　②25歳　③男性　④治安維持法　⑤国体　⑥私有財産制度

12.①1924　②1932　③犬養毅　④立憲政友会　⑤憲政会　⑥立憲民政党　⑦憲政の常道

10-3. 市民生活の変容と大衆文化

1. ①サラリーマン　②女性　③職業婦人

2. ①洋風化　②文化住宅　③電灯　④洋服　⑤洋食　⑥ターミナルデパート　⑦宝塚少女歌劇団

3. ①大阪朝日新聞　②大阪毎日新聞　③中央公論　④改造　⑤キング　⑥円本　⑦高等学校令　⑧大学令

4. ①1925　②映画　③トーキー

5. ①マルクス主義　②河上肇　③石橋湛山　④西田幾多郎　⑤津田左右吉　⑥柳田国男　⑦野口英世
　　⑧本多光太郎

6. ①白樺　②有島武郎・志賀直哉・武者小路実篤　③プロレタリア文学　④種蒔く人　⑤戦旗
　　⑥小林多喜二　⑦徳永直

7. ①小山内薫　②築地小劇場　③赤い鳥　④童謡　⑤安井曽太郎　⑥岸田劉生　⑦横山大観

8. ①転生、平櫛田中作　②金蓉、安井曽太郎筆　③生々流転、横山大観筆　④麗子微笑、岸田劉生筆
　　⑤東京駅、辰野金吾設計

10-4. 恐慌の時代

1. ①ヨーロッパ　②1920　③戦後恐慌　④関東大震災　⑤手形　⑥震災手形　⑦日本銀行

2. ①台湾　②鈴木商店　③若槻礼次郎　④枢密院

3. ①立憲政友会　②田中義一　③モラトリアム　④三井・三菱・住友・安田・第一　⑤財閥　⑥三菱　⑦三井

4. ①無産政党　②田中義一　③三・一五事件　④治安維持法　⑤死刑　⑥特別高等課　⑦四・一六事件

5. ①北方軍閥　②孫文　③中国国民党　④中国共産党　⑤国共合作　⑥蔣介石　⑦北伐　⑧南京　⑨国民政府
　　⑩五・三〇事件

6. ①田中義一　②東方会議　③山東出兵　④済南事件　⑤不戦条約

7. ①張作霖　②関東軍　③河本大作　④爆殺　⑤満州某重大事件　⑥田中義一　⑦昭和天皇

8. ①張学良　②北伐　③国権回収

9. ①立憲民政党　②浜口雄幸　③井上準之助　④金解禁　⑤金輸出禁止　⑥整理・淘汰　⑦1929

10.①重要産業統制法　②生糸　③繭価　④身売り　⑤政党　⑥財閥

11.①浜口雄幸　②幣原喜重郎　③関税自主権　④ロンドン海軍軍縮条約　⑤立憲政友会　⑥海軍軍令部
　　⑦統帥権の干犯

10-5. 軍部の台頭

1. ①国権回収　②満蒙の危機　③1931　④関東軍　⑤石原莞爾　⑥柳条湖事件　⑦満州事変

2. ①立憲民政党　②若槻礼次郎　③不拡大方針　④関東軍　⑤立憲政友会　⑥犬養毅　⑦溥儀　⑧満州国
　　⑨不承認宣言

3. ①国家改造運動　②三月事件　③十月事件　④井上日召　⑤血盟団　⑥井上準之助　⑦団琢磨
　　⑧犬養毅　⑨五・一五事件　⑩海軍　⑪斎藤実　⑫政党内閣

4. ①斎藤実　②日満議定書　③満州国　④リットン調査団　⑤松岡洋右　⑥国際連盟からの脱退
　　⑦ロンドン海軍軍縮会議　⑧ワシントン海軍軍縮条約

5. ①立憲政友会　②犬養毅　③高橋是清　④金輸出再禁止　⑤管理通貨制度　⑥下落　⑦輸出　⑧綿織物

6. ①ブロック経済圏　②フランクリン＝ローズヴェルト　③ニューディール　④スターリン　⑤社会主義
　　⑥計画経済　⑦ソーシャル＝ダンピング　⑧綿花・石油・屑鉄　⑨アメリカ

7. ①1933　②重化学工業　③日本製鉄　④鮎川義介　⑤日産　⑥野口遵　⑦日窒　⑧満州・朝鮮

8. ①弾圧　②転向　③ナショナリズム　④国家社会主義　⑤赤松克麿　⑥社会大衆党　⑦佐野学・鍋山貞親

9. ①滝川幸辰　②鳩山一郎　③美濃部達吉　④岡田啓介　⑤国体明徴声明

10.①皇道派　②荒木貞夫　③北一輝　④日本改造法案大綱　⑤1936　⑥斎藤実　⑦高橋是清　⑧昭和天皇
　　⑨二・二六事件

11.①統制派　②広田弘毅　③軍部大臣現役武官制　④帝国国防方針　⑤国策の基準

10-6. 第二次世界大戦（日中戦争期）

1. ①ナチ党　②国際連盟　③ファシスト党　④広田弘毅　⑤日独防共協定　⑥枢軸陣営
2. ①塘沽停戦協定　②華北分離工作　③冀東防共自治委員会
3. ①抗日救国運動　②蔣介石　③張学良　④西安事件　⑤国共合作
4. ① 1937　②盧溝橋　③近衛文麿　④南京　⑤南京事件
5. ①国民党　②共産党　③抗日民族統一戦線　④重慶　⑤国民政府を対手とせず　⑥東亜新秩序
   ⑦汪兆銘　⑧援蔣ルート
6. ①広田弘毅　②近衛文麿　③増税　④公債　⑤インフレーション
7. ①国家総動員法　②議会　③国民徴用令　④企画院　⑤新興財閥　⑥既成財閥
8. ①生活必需品　②国家総動員法　③価格等統制令　④七・七禁令　⑤切符制　⑥配給制　⑦供出制
9. ①国体の本義　②矢内原忠雄　③大内兵衛　④人民戦線　⑤国民精神総動員運動　⑥産業報国会
   ⑦労働組合　⑧内閣情報局
10.①亀井勝一郎・保田与重郎　②中野重治　③島木健作　④火野葦平　⑤石川達三　⑥日本文学報国会

10-6. 第二次世界大戦（第二次大戦勃発）

1. ①張鼓峰　②ノモンハン
2. ①ソ連・イギリス・フランス　②独ソ不可侵条約　③平沼騏一郎　④ 1939　⑤イギリス・フランス
   ⑥阿部信行　⑦米内光政
3. ①日米通商航海条約　②ドイツ　③アメリカ・イギリス　④大東亜共栄圏　⑤石油・ゴム・ボーキサイト
   ⑥南進論
4. ①近衛文麿　②新体制運動　③大政翼賛会　④立憲政友会・立憲民政党・社会大衆党　⑤上意下達
   ⑥大日本産業報国会　⑦大日本婦人会
5. ①隣組　②回覧板　③配給
6. ①近衛文麿　②インドネシア　③インドシナ　④援蔣ルート　⑤北部仏印　⑥アメリカ
   ⑦日独伊三国同盟　⑧ガソリン　⑨屑鉄
7. ①日本語　②創氏改名　③皇民化政策
8. ①近衛文麿　②日米交渉　③野村吉三郎　④ハル
9. ①松岡洋右　②日ソ中立条約　③ソ連　④アメリカ　⑤独ソ戦争　⑥関東軍特種演習
10.①近衛文麿　②南部仏印進駐　③在米日本資産　④対日石油輸出
11.①御前会議　②帝国国策遂行要領　③中国からの全面撤退　④近衛文麿　⑤東条英機　⑥木戸幸一
   ⑦ハル＝ノート
12.① 1941　②マレー半島　③真珠湾　④リメンバー＝パールハーバー　⑤強制収容所

10-6. 第二次世界大戦（太平洋戦争期）

1. ①インドシナ　②マレー半島・シンガポール・香港・ビルマ　③東インド　④フィリピン　⑤軍政
   ⑥熱狂　⑦ミッドウェー海戦
2. ①東条英機　②翼賛選挙　③鳩山一郎・尾崎行雄・芦田均・片山哲　④翼賛政治会　⑤憲法　⑥政府提案
3. ①欧米　②大東亜共栄圏　③東条英機　④大東亜会議　⑤泰緬鉄道　⑥日本語　⑦神社参拝　⑧抗日運動
4. ①重慶　②中国共産党　③抗日根拠地　④三光作戦　⑤ 731 部隊
5. ①学徒出陣　②勤労動員　③女子挺身隊　④徴兵制　⑤闇取引
6. ①ガダルカナル島　②サイパン島　③小磯国昭　④レイテ島　⑤神風特別攻撃隊　⑥沖縄　⑦鈴木貫太郎
7. ①サイパン島　② B29 爆撃機　③本土空襲　④無差別爆撃　⑤東京大空襲　⑥学童疎開
8. ①フランクリン＝ローズヴェルト　②チャーチル　③蔣介石　④カイロ　⑤満州・台湾・澎湖諸島　⑥朝鮮
9. ① 1945　②フランクリン＝ローズヴルト　③チャーチル　④スターリン　⑤ヤルタ　⑥ドイツ
   ⑦ソ連　⑧対日参戦　⑨南樺太　⑩千島列島
10.①トルーマン　②チャーチル、のちアトリー　③スターリン　④ポツダム　⑤中国　⑥無条件降伏
11.①鈴木貫太郎　②黙殺　③ヤルタ協定　④アメリカ　⑤原子爆弾　⑥ソ連　⑦長崎　⑧受諾
   ⑨昭和天皇　⑩関東軍　⑪満蒙開拓移民　⑫中国残留孤児

11-1.　占領と改革（上）

1. ①連合国　②米・英・仏・ソ・中　③安全保障理事会　④拒否権
2. ①アメリカ　②マッカーサー　③連合国軍最高司令官総司令部　④GHQ　⑤間接統治　⑥ポツダム勅令
3. ①ワシントン　②極東委員会　③東京　④対日理事会　⑤中間指令
4. ①鈴木貫太郎　②東久邇宮稔彦　③一億総懺悔　④国体護持　⑤人権指令
5. ①協調外交　②幣原喜重郎　③婦人参政権　④労働組合　⑤秘密警察
6. ①A級戦犯　②極東国際軍事裁判所　③東京裁判　④東条英機　⑤B・C級戦犯　⑥天皇制
　　⑦昭和天皇　⑧人間宣言　⑨大政翼賛会　⑩公職追放
7. ①持株会社整理委員会　②株式所有　③独占禁止法　④持株会社　⑤カルテル
　　⑥過度経済力集中排除法　⑦日本製鉄　⑧三菱重工
8. ①寄生地主制　②窮乏　③自作農創設特別措置法　④第二次　⑤不在地主　⑥1町歩　⑦4町歩
　　⑧日本農民組合　⑨農業協同組合
9. ①国内市場　②労働組合法　③団結権・団体交渉権・争議権　④労働関係調整法　⑤労働基準法
　　⑥日本労働組合総同盟［総同盟］　⑦全日本産業別労働組合会議［産別会議］
10.①軍国主義　②修身　③教育基本法　④学校教育法　⑤公選

11-1.　占領と改革（下）

1. ①日本共産党　②日本社会党　③日本自由党　④日本進歩党
2. ①20歳　②男女　③39　④日本自由党　⑤吉田茂
3. ①幣原喜重郎　②松本烝治　③高野岩三郎　④マッカーサー草案
4. ①参議院　②帝国議会　③芦田均　④自衛　⑤1946年11月3日　⑥1947年5月3日
5. ①民法　②戸主　③家督相続　④均分相続　⑤大逆罪・不敬罪・姦通罪　⑥地方自治法　⑦公選　⑧内務省
6. ①復員　②引揚げ　③失業者　④配給　⑤買出し　⑥闇市
7. ①軍事費　②インフレーション　③幣原喜重郎　④金融緊急措置令　⑤預金封鎖
8 ①吉田茂　②傾斜生産方式　③石炭・鉄鋼　④復興金融金庫　⑤ゼネラル＝ストライキ
9. ①日本社会党　②民主党　③片山哲　④中道　⑤芦田均　⑥昭和電工事件

11-2.　冷戦の開始と講和

1. ①国際通貨基金　②固定為替相場制　③関税及び貿易に関する一般協定　④東欧　⑤共産主義
2. ①トルーマン　②マーシャル＝プラン　③北大西洋条約機構　④ワルシャワ条約機構
3. ①共産党　②国民党　③中華人民共和国　④毛沢東　⑤東側　⑥台湾　⑦蔣介石
4. ①北緯38度線　②ソ連　③アメリカ　④朝鮮民主主義人民共和国　⑤金日成　⑥大韓民国　⑦李承晩
5. ①1948　②工業国　③西側　④企業分割　⑤政令201号　⑥公職追放
6. ①吉田茂　②経済安定九原則　③ドッジ＝ライン　④赤字　⑤360円　⑥輸出振興　⑦シャウプ
　　⑧累進所得税制
7. ①不況　②下山事件・三鷹事件・松川事件　③国鉄労働組合　④共産党
8. ①1950　②北朝鮮　③朝鮮戦争　④国連軍　⑤人民義勇軍　⑥板門店
9. ①警察予備隊　②レッドパージ　③日本労働組合総評議会［総評］
10.①ソ連　②単独講和　③全面講和　④吉田茂　⑤施設提供　⑥アメリカ　⑦調印　⑧インド・ビルマ　⑨中国
11.①1951　②サンフランシスコ平和条約　③朝鮮　④台湾・南樺太・千島列島　⑤南西諸島・小笠原諸島
12.①日米安全保障条約　②アメリカ軍　③日米行政協定　④基地　⑤駐留費用
13.①湯川秀樹　②日本学術会議　③法隆寺金堂壁画　④文化財保護法　⑤文化庁

12-1.　55年体制

1. ①周恩来・ネルー会談　②アジア＝アフリカ会議　③バンドン
2. ①インドシナ休戦協定　②フランス　③南ベトナム　④北ベトナム　⑤南ベトナム解放民族戦線
　　⑥アメリカ　⑦ベトナム戦争
3. ①吉田茂　②血のメーデー事件　③破壊活動防止法　④公安調査庁　⑤保安隊　⑥MSA協定　⑦自衛隊
4. ①自治体警察　②警察庁　③教育二法　④任命制

5. ①内灘　②砂川　③ビキニ環礁　④第五福龍丸　⑤原水爆禁止世界大会
6. ①鳩山一郎・石橋湛山・岸信介　②日本民主党　③保守対革新　④日本社会党　⑤自由党
　　⑥自由民主党　⑦保守合同　⑧55年体制
7. ①日ソ共同宣言　②国連加盟
8. ①石橋湛山　②岸信介　③日本教職員組合　④1960　⑤日米相互協力及び安全保障条約　⑥条約批准
　　⑦60年安保闘争　⑧参議院
9. ①池田勇人　②寛容と忍耐　③所得倍増　④中華人民共和国　⑤ＬＴ貿易
10. ①佐藤栄作　②朴正煕　③日韓基本条約　④沖縄　⑤ベトナム戦争　⑥祖国復帰運動
　　⑦佐藤・ニクソン会談　⑧沖縄返還協定

12-2.　経済復興から高度成長へ（上）

1. ①ドッジ＝ライン　②朝鮮戦争　③アメリカ軍　④特需　⑤ＩＭＦ　⑥ＧＡＴＴ
2. ①1955　②神武景気　③岩戸景気　④オリンピック景気　⑤いざなぎ景気　⑥1973　⑦10％
3. ①自動車　②電気機械　③技術革新　④石油化学　⑤終身雇用・年功賃金・労使協調
4. ①第一次産業　②第二次・第三次産業　③重化学工業　④石炭から石油　⑤三池炭鉱
5. ①国内市場　②賃金　③春闘　④食糧管理制度　⑤米価　⑥農業基本法
6. ①輸出　②円安　③資源　④貿易黒字　⑤鉄鋼・船舶・自動車
7. ①ＧＡＴＴ11条国　②ＩＭＦ8条国　③経済協力開発機構　④三菱重工　⑤新日本製鉄
　　⑥三井・三菱・住友・富士・三和・第一勧銀　⑦六大企業集団

12-2.　経済復興から高度成長へ（下）

1. ①京葉・京浜・中京・阪神・瀬戸内・北九州　②太平洋ベルト地帯　③人口流出　④過密　⑤騒音
　　⑥大気汚染　⑦住宅　⑧核家族
2. ①過疎化　②兼業農家　③米　④食料自給率
3. ①白黒テレビ・電気洗濯機・電気冷蔵庫　②カー・カラーテレビ・クーラー　③スーパーマーケット
　　④洋風化　⑤減反政策
4. ①モータリゼーション　②名神高速道路　③東名高速道路　④東海道新幹線
5. ①テレビ　②映画　③画一化　④中流意識　⑤オリンピック東京大会　⑥日本万国博覧会
6. ①公害　②公害対策基本法　③環境庁　④住民運動　⑤新潟水俣病・四日市ぜんそく・イタイイタイ病・水俣病
7. ①革新自治体　②美濃部亮吉　③大阪・京都　④福祉政策

13-1.　経済大国への道（上）

1. ①ベトナム戦争　②軍事支出　③国際収支　④ドル危機　⑤ニクソン　⑥金とドルの交換停止
　　⑦ニクソン＝ショック　⑧308円　⑨1973　⑩変動相場制　⑪ＩＭＦ
2. ①1973　②アラブ石油輸出機構〔OAPEC〕　③安価な原油　④第1次石油危機
3. ①田中角栄　②日中共同声明　③日中国交正常化　④台湾　⑤民間
4. ①列島改造　②土地　③狂乱物価　④買いだめ　⑤スタグフレーション　⑥マイナス成長　⑦1973
5. ①金脈問題　②三木武夫　③ロッキード事件
6. ①福田赳夫　②日中平和友好条約　③大平正芳　④鈴木善幸

13-1.　経済大国への道（下）

1. ①パート　②減量経営　③オフィス＝オートメーション
2. ①輸出　②自動車・電気機械　③半導体・ＩＣ・コンピュータ　④貿易黒字　⑤貿易摩擦　⑥円高
3. ①ＧＮＰ　②債権国　③政府開発援助〔ＯＤＡ〕
4. ①貿易黒字　②自動車　③農産物の輸入自由化　④牛肉・オレンジ　⑤米
5. ①変動相場制　②プラザ合意　③生産拠点　④空洞化
6. ①不動産　②株式　③バブル経済　④過労死
7. ①中曽根康弘　②新自由　③戦後政治の総決算　④電電公社　⑤専売公社　⑥国鉄　⑦労使協調
　　⑧総評　⑨日本労働組合総連合会〔連合〕
8. ①竹下登　②消費税

13-2. 冷戦の終結と日本社会の変容

1. ①レーガン ②ケインズ政策 ③福祉国家政策 ④自由放任経済 ⑤小さな政府 ⑥新自由主義
   ⑦サッチャー ⑧中曽根
2. ①ゴルバチョフ ②ペレストロイカ ③1989 ④冷戦の終結 ⑤社会主義 ⑥東欧革命
   ⑦ベルリンの壁 ⑧東西ドイツ ⑨ソ連邦が解体
3. ①湾岸戦争 ②宮沢喜一 ③PKO協力法 ④カンボジア ⑤アフガニスタン紛争 ⑥イラク戦争
4. ①竹下登 ②海部俊樹 ③宮沢喜一
5. ①日本新党 ②細川護熙 ③自民党 ④小選挙区比例代表並立制 ⑤社会党・自民党 ⑥社会党 ⑦村山富市
6. ①橋本龍太郎 ②新ガイドライン ③5％
7. ①小渕恵三 ②新ガイドライン関連法 ③国旗・国歌法
8. ①株価 ②不良資産 ③複合不況 ④人員削減 ⑤海外展開 ⑥失業者 ⑦消費
9. ①小泉純一郎 ②民営化 ③規制緩和 ④所得格差 ⑤朝鮮民主主義人民共和国 ⑥拉致

論述問題の解法【解答例】

A-1

天武天皇は豪族たちを八色の姓という身分秩序に編成し、銭貨富本銭を鋳造した。次の持統天皇は飛鳥浄御原令を施行し、庚寅年籍を作成して民衆の把握を進め、中央集権国家の都として藤原京に遷都した。(93字)

A-2

①官吏養成のため都に大学、地方に国学がおかれ、教科に儒教経典を学ぶ明経道があった。(40字)
②和気氏の弘文院、藤原氏の勧学院など、大学で学ぶ寄宿施設の大学別曹が設けられた。(39字)

A-3

9世紀に国家財政の維持が困難になると、政府は大宰府に公営田、畿内に官田という直営方式の田を設け、中央の諸官庁も諸司田、天皇も勅旨田をもった。10世紀に入る頃、政府は受領と呼ばれる国司の最上席者に権限と責任を集中させた。受領は有力農民に田地の耕作を請負わせ、課税した。この請負人を負名という。課税基準は人から土地に転換し、成人男性に課す庸・調・雑徭などから、土地を基準とした官物と臨時雑役に簡素化された。(200字)

A-4

江戸時代の琉球王国は、独立国でありながら中国を宗主国として朝貢し、一方で薩摩藩の支配を受ける両属関係にあった。明治政府はここを日本領とする方針をとった。1872年琉球藩をおいて政府直属とし、琉球国王の尚泰を藩王とした。さらに琉球漂流民殺害事件に対する台湾出兵で、清国に対し日本の出兵の正当性を認めさせ、琉球の日本帰属を既成事実化した。1879年、琉球王国・琉球藩の廃止と、沖縄県の設置を強行した。(194字)

A-5

日本政府内の伊藤博文らは、対露交渉によって、ロシアの満州経営と韓国での日本の優越権を互いに認め合うという「満韓交換」をめざす日露協商論を主張した。(73字)

A-6

ロシア革命の影響を受けて日本国内でも共産主義の影響力が増大し、コミンテルンの日本支部として日本共産党が結成された。加藤高明内閣は共産主義を取り締まるため、治安維持法を制定した。(88字)

B-1

『宋書』倭国伝によれば、5世紀にヤマト政権の倭の五王が、度々中国の南朝に朝貢した。朝鮮半島南部の鉄資源と渡来人による先進技術を重視し、この地域での立場を有利にするためだった。埼玉県稲荷山古墳鉄剣や熊本県江田

船山古墳鉄刀には倭王武（雄略天皇）に仕えた地方豪族の名があり、ヤマト政権による地方豪族の組織化が広く進んでいたことがわかる。ヤマト政権は氏姓制度で豪族を組織し、大王を頂点とする政治体制作りを進めた。(202字)

B-2

江戸時代初期は海外との貿易がさかんだった。大名島津家久、長崎商人末次平蔵らは朱印船を出し、東南アジア各地で交易をおこなった。現地には多数の<u>日本町</u>が作られ、山田長政はタイの王室に重用された。しかし幕府は、スペイン・ポルトガルのキリスト教布教が侵略につながることを怖れ、1612年<u>禁教令</u>を出した。また、貿易利益を独占するため、中国船を除く外国船の寄港地を<u>平戸</u>と長崎に限定した。その後、スペイン船・ポルトガル船の来航を禁じる一方で、日本人の海外渡航と帰国を禁じた。また、中国船の寄航を長崎に限定し、平戸のオランダ商館も長崎に移し、鎖国の状態が完成した。朝鮮とは、<u>対馬藩</u>主の宗氏が己酉約条を結んで貿易を開始し、朝鮮から幕府へは朝鮮通信使が派遣されるようになった。琉球は島津家久の軍に征服されて薩摩藩の支配下に入り、幕府には謝恩使・慶賀使を派遣するようになった。蝦夷地のアイヌに対し、松前氏は交易独占権を保障され、商場知行制による藩制を敷いた。(415字)

B-3

政府は江戸時代の身分制度を撤廃し、藩主と公家を華族、藩士・幕臣を士族、百姓・町人を平民とした。通婚や職業選択の自由が認められ、<u>四民平等</u>となった。華族・士族に対しては、金禄公債証書を与えて秩禄支給を全廃した。一方で、国民皆兵をめざす徴兵制度を導入した。税制では、田畑永代売買の禁止令を解き、<u>地券</u>を発行して土地の所有権を認め、地券所有者に地価の３％の地租を金納させるという地租改正を進めた。思想界では自由主義・個人主義などの西洋近代思想が流行し、福沢諭吉の『学問のすゝめ』、中村正直訳の『<u>西国立志編</u>』などが読まれた。福沢らの洋学者は明六社を組織し、近代思想の普及に努めた。政府は功利主義的教育観を唱え、国民皆学をめざす学制を公布した。西洋化は世相にもみられ、洋服が広まり、ちょんまげを切った<u>ザンギリ頭</u>が文明開化の象徴となった。その一方で政府は神仏分離令を出して神道国教化を進めたため、廃仏毀釈が広がった。(400字)

C-1

鎌倉幕府では、将軍独裁だった源頼朝の死後、北条氏が台頭した。北条時政は執権となって幕府の実権を握り、その地位は息子義時が継いだ。<u>承久の乱</u>に勝利した幕府は、六波羅探題をおいて朝廷に対する優位を確立し、また畿内・西国にも多数の新補地頭をおき、支配を全国化させた。３代執権北条泰時は連署・評定衆をおき、有力御家人の合議制による執権政治を確立した。そして頼朝以来の先例や武家社会の慣習・道徳にもとづく<u>御成敗式目</u>を制定し、幕府の勢力圏での裁判の基準とした。蒙古襲来後、北条氏得宗の勢力が強大となった。９代執権北条貞時は幕府の全権を握り、御内人と北条一門が幕政を主導する得宗専制政治を確立した。この時期に御家人の窮乏化が目立ち始めた。幕府は<u>永仁の徳政令</u>を出して窮乏する御家人を救済しようとした。しかし効果は一時的で、中小御家人の多くが没落していき、将軍と御家人の主従関係を基本とする幕府体制は揺らいでいった。(398字)

C-2

田沼意次は商工業者の仲間を株仲間として広く公認し、運上などの営業税の増収をめざした。天保改革で幕府は、物価騰貴を抑えるため、江戸の十組問屋など株仲間の解散を命じた。しかし、物価騰貴の原因は、下関の越荷方など地方市場で商品が売買されていたためで、この政策は逆に江戸への入荷減を招き、後に撤回された。幕末に貿易が始まり物価騰貴が進むと、幕府は五品江戸廻送令を出し、江戸の問屋を通じて輸出するよう命じた。(199字)

C-3

第一次世界大戦後アメリカは<u>ワシントン会議</u>を開き、日本の中国での膨張を抑えようとした。九カ国条約で中国進出の機会均等を確認し、石井・ランシング協定は廃棄された。1920年代の日本は対米英協調外交を進めていった。しかし、1931年日本が満州事変を起こし、満州国を建国すると、アメリカは反発して不承認宣言を出した。1937年に始まった日中戦争が長期化すると、日本は<u>東亜新秩序</u>を掲げて南京に汪兆銘の傀儡政権を樹立した。一方、重慶に拠点を移して抗戦していた蔣介石の国民政府に対し、アメリカ・<u>イギリス</u>は東南アジアから<u>援蔣ルート</u>を通じて支援した。第二次世界大戦が勃発すると日本は、<u>東南アジア</u>の欧米植民地への南進政策を進め、米英との対立を深めた。アメリカは対日屑鉄禁輸など経済制裁を本格化させた。1941年日米交渉が始まったが、ハル＝ノートで日本軍の中国からの全面無条件撤退などが要求され、交渉は成立せず、太平洋戦争に突入した。(398字)

高校の先生がつくった 教科書の要約と年表で学ぶ日本史　解答

2021 年 7 月 10 日　第 1 版 1 刷印刷
2021 年 7 月 20 日　第 1 版 1 刷発行

編著者　　梶野靖夫
発行者　　野澤武史
印刷所　　株式会社　太平印刷社
製本所　　有限会社　穴口製本所

発行所　　株式会社　山川出版社
　　　　　〒 101-0047　東京都千代田区内神田 1-13-13
　　　　　　　電話　03-3293-8131（営業）　03-3293-8135（編集）
　　　　　　　https://www.yamakawa.co.jp/
　　　　　　　振替口座　00120-9-43993